우한용 교수의 픽션에세이

떠돌며 사랑하며

우한용 교수의 픽션에세이

떠돌며 사랑하며

우한용

수필과비평사

| 책머리에 |

왜, 떠돌며 사랑하기인가

회의와 망설임 없는 글쓰기가 어디 있겠는가. 예를 들자면 이런 것이었다. "돌아보는 일은 내다보기 위한 방략이다. 역사가 그러하듯이."

우공은 이렇게 써놓고 그 문장을 한참 들여다보았다. 이게 누가 누구한테 하는 말인가? 혼자 하는 말이라면 그 어마어마한 역사를 왜 끌어다 대는가? 나아가 의문이 이어졌다. 그 내용은 맞는 말인가?

다음 문장은 더욱 가관이었다. "아직 목숨이 붙어 있는 한, 돌아볼 일에 몰두하기보다는 내다보는 작업에 더 큰 비중을 둘 수밖에 없다." 목숨이 붙어 있는 한이라니, 우공은 문장 가운데 전제를 확인하고 있었다. 그러나 다시 생각해 보면 지금 여기서 돌아보는 것이나 내다보는 것이나 결국 정착하지 않는 떠돌기 아닌가 싶었다. 내용이야 그렇다 치고, 자신이 쓰는 글이 보편자아를 상정하고 있는 게 아닌가, 우공은 덜컥 겁이 났다.

해서, 우공은 '그'라는 대명사를 주어로 내세우기로 했다. '나'라는 건방지기 짝이 없는 주어를 돌려놓고 '우공'이라는 고유명사나 '그'라는 대명사를 끌어들여 겸손해지기로 작심했다. 주어가 없는 경우는 독자가 알아서 짐작할 일이다. 우리말이 본래 주어 안 내세우는 미덕이 있지 않던가. 분석보다는 공감의 어법에 익숙한 게 한국어다.

돌이켜 생각해보면 그의 생애는 한 뙈기 묵밭을 일구는 과정이었다. 아직까지는 그렇다. 밭이 있으니 농사를 멈출 수 없고, 그러자면 계절의 순환을 눈여겨보며 밭으로 나가 몸을 굴신거려야 한다. 그렇게 살아가는 것, 그게 사랑하기 아닌가 생각해보곤 한다. 자기가 살아 있다는 것을 확인하고 살아야 한다는 바람의 음성을 듣는 것, 거기 포함되는 모든 것이 사랑이란 이름에 감싸이는 것이려니 그런 생각도 해보았다.

묵밭은 그의 몸이었다. 묵밭이라는 게 그렇듯이 그의 몸은 거칠고 토박했다. 별 특징도 없었다. 체력이 뛰어난 것도 아니었다. 남달리 높은 지능을 타고나지도 못했다. 그러나 잡초와 잡곡이 그런대로 자랄 수 있는 땅심(지력)은 갖춘 토지였다. 그래서 부지런히 밭을 일구지 않으면 식구들의 양도糧道를 감당할 수 없었다. 그게 그가 박토를 사랑한 오롯한 이유였다.

욕심 없다는 그의 말과는 달리, 우공은 욕심이 많았다. 그건 살아가는 힘이었다. 그러나 성취는 그다지 크지 못했다. 교육을 한다고 나섰으니, 그 짝사랑의 과정에서 개도 안 먹는다는 똥이나 누고 다니는 선생으로서 성취가 클 수 있겠는가. 남을 가르치기보다 자성 쪽으로 방향을 튼 것은 근년 십 년 안쪽이다. 자성이란 떠돌던 이가 돌아와 자신을 되돌아보는 사랑의 한 방법이다. 그러니까 우공이 쓰는 이 글도 자기사랑의 한 가닥인 셈이다.

그는 장르의식이 선명하지 않았다. 이루지 못한 욕심 때문이었을 것이다. 소설도 쓰고 싶고 시를 놓치고 싶지 않았다. 그림을 그리고 싶었다. 경비행기를 장만해 자기 손으로 조종해서 미대륙을 횡단하고 싶었고, 낙타를 사서 사하라 사막을 건너고도 싶었다. 말하자면 묵밭은 잡초도 곡식도 함께 자란다. 그가 하는 일이라는 게 대체로 뒤범벅이었다. 뒤범벅인 가운데 그래도 그를 내세워준 데가 학교라는 울타리였다.

울타리가 있으면 묵밭에 꽃이 피기도 한다. 학회라는 데를 드나들며 논문을 발표하고, 책을 내고, 소설집을 묶어내고, 장편소설을 쓰기도 했다. 묵밭에 피는 꽃은 특별히 힘들여 가꾸지 않는 한 잡초에 묻히고 말기 십상이다.

일이관지하는 노력이 있어야 하는데 너무 많이 벌려놓은 욕심 탓에 묵밭은 다시 묵밭으로 돌아가곤 했다. 그렇게 회귀하여 돌아가는 것을 자연이라고 항변할 자신은 없다고, 언제던가 그가 털어놓은 적이 있다.

그는 묵밭을 그런대로 땀흘리며 일궜다. 그게 교육이라는 것이었다. 남의 집 애들 가르치기 시작한 것이 십오세 소년부터이니, 이를 교육에 포함한다면 반세기 넘는 시간 남 가르치는 일로 살았다. 남을 가르치는 교육은 어느 날부턴가 자신의 교육으로 향했다. 남을 가르치는 것보다는 자기의 내면을 성찰하고 아릿한 삶의 향기를 수탐搜探하고 그걸 기록하는 데 시간을 쓰기로 했다. 그가 써 놓고 발표하지 않은 글을 정리하여 책으로 낸다면 아마 십여 권은 넘을 것이다. 그러나 그는 과거로 돌아가는 일을 사뭇 조심한다. 과거로 몰래 돌아갔다가 미래를 내다보는 꿈꾸기를 멈추지 않을까 심히 저어하는 것이었다.

교육과 함께 문학이라는 것을 한다고 그가 나선 것은 비유와 허구의 그늘에 숨어들어 둥지를 틀어 보고자 하는 자신에 대한 보호본능 때문이었는지도 모른다. 자서전을 쓰거나 실기를 기록하자면 자신의 존재가 괴멸되고 말 것 같은 위기감을 감당할 수가 없었다. 그는 앞으로도 자서전은 못 쓸 것 같다는 불길한 예감을 가지고 있다. 하물며 자기고백을 강요하는 수필이라니, 가당치 않은 일이 아니겠는가.

역마살, 그는 남 못지않게 많이 돌아다녔다. 가는 데마다 밑지는 장사 않겠다는 심정으로 살펴보고 풍정을 맛보느라고 몸이 고달펐다. '일처소일작품'의 원칙을 아직도 고수하고 있는 것은 그의 토포필리아, 묵밭을 아끼는 심성이 되어가는 듯하다. 여행은 작정을 하고 떠도는 일이다. 물론 돌아올 집이 있기 때문에 여행은 불안하지 않다. 그러나 그것이 사는 일인 한, 사랑하는 일인 한 사물의 핵심에 도달하는 사유가 동반되어야 하는 게 아닌가 하는 것이, 여행에 대한 그의 고정관념이다.

강희안의 〈고사관수도〉 같은 말년을 그는 꿈꾸었다. 그래서 폭포가 있는 산자락을 사고 싶기도 했다. 묵밭 주인에게 그런 독점욕이 허용될 턱이 없다. 지금 몸을 의탁하고 계절 어기지 않고 피어나는 꽃을 구경할 수 있게 된 것은 순전히 그의 아내 원유은(元裕恩, 이것은 그가 사랑해 마지않는 아내의 실명이다.)의 유념성에 말미암은 결과이다. 그는 아내의 땅에 말뚝을 박고, 혹은 마누라의 바다에 닻을 내리고 흔들리며 떠돌기를 꿈꾸는지도 모른다.

행인지 불행인지, 그는 닻을 내릴 줄 모른다. 끝 간 데까지 가 보자는 셈이다. 그러나 그가 떠나는 길 끝자락에는 언제나 우람한 설산의 영봉이 버티고 있었다. 네팔 트래킹에 나섰다가 겨우 마나슬루 봉우리 하나 사진에 담아 가지고 왔을 뿐이다. 이 책의 표지는 도착과 출발을 동시에 보여준다. 도착은 사랑함이고 출발은 떠돌기의 다른 이름이다.

그는 생각한다. 아직도 나의 묵밭은 옥토가 되기 멀었다고. 그래서 그는 밭에 나가 땀을 흘린다. 이 일은 '내가' 걸어다닐 수 있을 때까지 계속될 것으로 그는 믿는다. 그 안에 떠돌기도 사랑하기도 모두 포함되어 있다. 문학에서 교육으로 그리고 창작으로 그의 떠돌기는 계속될 것이다.

오늘은 그의 묵밭에 놋쇠요령소리 같은 폭양이다.

누구라도 다른 사람들이 머물러 주어야 떠돌 수 있다. 시인이면서 화가인 진동규 형은 우공이 떠돌 수 있게 머물러 주는, 말하자면 큼지막한 둥지다. 우공은 진동규 시인에게 촉발되어 작품을 여러 편 썼다. 삶과 문학의 교감이 같이 이루어진 셈이다. 간지에 그림을 넣을 수 있게 해준 배려에 우공은 감복하고 있다.

장르를 가로질러 가는 책을 내는 일이 떠돌기라면, 책을 만들어주는 출판사는 작가가 머물러 묵을 수 있는 여사旅舍 같은 처소다. 수필과비평사의 서정환 사장과는 35년 세월 교감을 이어왔다. ≪소설과비평≫ 동인지를 만들어

주기도 했고, 현대문학이론학회의 학회지 ≪현대문학이론연구≫를 초창기부터 오늘까지 발행해 주는 우의를 지켜왔다. 우공은 주로 떼를 쓰는 편이었고 서정환 사장께서는 너그럽게 수용해 주었다.

수필과비평사의 유인실 주간은 명함이 화려하다. 문학박사에다가 시인이며, 평론가를 겸하고 있다. 우공은 그가 빛나는 문학적 성취를 이룰 걸로 믿는다. 한경선 편집장은 글이 섬세하고 결이 곱다. 글과 사람이 딱 들어맞는 예를 보여준다. 이 책이 나오는 데에 두 분의 노고가 컸다. 본인들이야 아니라고 할 것이지만 우공은 그렇게 믿고 있다.

우공은 ≪수필과비평≫에 기여한 바가 별로 없다. 그런데도 잡지를 꼬박꼬박 보내주어 잡지사 돌아가는 형편을 대강 알고 지낸다. 우공과 교분을 가지고 지내는 학계의 인사들 글을 읽을 수 있는 것은 큰 기쁨이었다. 수필계 돌아가는 형편을 짐작하는 계기가 되기도 했다.

우공이 걱정하는 게 하나 있다. 새로운 시도는 늘 위험부담을 안게 된다. 명분이야 수필이란 장르가 풍부해져야 하고, 수필이 허구와 사실을 넘나들 수 있다는 것이다. 이런 시도가 전통적 수필에 익숙한 분들의 속을 뒤집어놓는 게 아닌가 하는 것이 우공의 염려다. 생물학의 잡종강세 논리가 문학에도 적용되라는 것이 우공의 기대다. 그 기대가 헛되지 않기를 바란다면, 이 또한 과욕일 터이다.*

2017년 오월 어느 무덥던 날

우한용

---

* 여기 나오는 이름들은 실명과 가명이 섞여있다. 가공의 인물에 필자가 임의로 만들어 붙인 경우도 있고, 실명을 유추할 수 있는 정도로 변형한 것도 있다. 필자는 우공이라고 일관되게 썼으나, '그'라는 대명사를 활용하기도 하였다.

차례

/

3부

연꽃 벙글 때까지

/

4부

서늘한 실존의 감각

/

5부
손이 걸어야

1부

떠도는 자의 터잡기

〈해맞이 하는 숲〉, 2016, 72.7㎝×60.6㎝, 아크릴

땅, 그 욕망의 덫

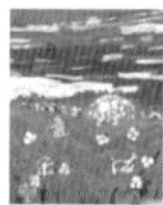

▎소설에 공식 같은 것은 없다, 그게 우공의 주장이었다. 그에게는 모든 게 소설이었다. 우공은 자기가 땅을 가지게 된 이야기부터 하기로 했다. ≪인간의 대지≫를 쓴 생텍쥐페리는 땅을 얼마나 가지고 있었을까. 또 '대지'로 번역되곤 하는 ≪훌륭한 땅 The Good Earth≫을 쓴 펄벅은 땅의 소유자라서 그런 작품을 쓴 것인가. 그런 하잘것없는 생각을 하다가 우선 써 놓은 글을 읽어보았다. 자기야 소설이라고 우겨도 다른 이들이 아니라고 고개를 저으면 어쩔 수 없다는 생각을 하면서였다.

내가 내 땅을 가진다는 것은 별로 생각한 적이 없는 우공이었다. 그것은 남의 일, 예컨대 갑부들의 돈놀음이나 농투성이의 물려받은 재산이거나 그런 것이었다. 그런데 아내의 결행으로 그의 관념이 깨어졌다.

그의 아내가 충북 충주시 앙성면 동네에 과수원을 하나 샀다. 칡고개라서 그런 이름이 붙은 것 같은데 동네 이름이 '갈치葛峙'였다. 통도 크지 하면서 저러다가 일내는 것 아닌가 걱정스레 쳐다보고 있다가,

좋다 생각도 않던 과수원을 갖다니 이 무슨 귀신의 조화냐 싶어 아내에게 고맙다면서, 그는 밭일을 하기로 나섰다.

그 과수원을 '도화원'이라 이름 붙이기로 하였다. 복숭아꽃이 아름답기 때문이다. 그리고 자기 집안의 소망이 거기 담겨 있다는 데에 그런 이름을 붙인 이유가 있었다. 그런데 이 고장은 복숭아뿐만 아니라 충주사과의 주산지이다. 일찍 익는 복숭아는 만물을 7월 방학할 무렵부터 따기 시작한다. 그리고 끝물은 9월 중순까지 간다. 복숭아에 이어서 사과를 따기 시작하니까 소출의 단층이 없다. 이 동네 분들은 과수원 운영을 기막히게 하는 이들이다.

과수원 일하는 것 구경만 하고 있기는 심심해서 그는 어딘가 무어든지 심을 수 있는 데가 없을까 살펴보기 시작했다. 과수원의 복숭아나무는 어떤 놈은 나이가 너무 많아 수를 다하고 말라 버리기도 하고, 열매까지 소담하게 달렸는데 그때부터 시나브로 말라 주저앉는 놈도 있어서 예측을 할 수 없는 공간이 비어 나가게 마련이다. 그런 공간은 달리 이용할 수 있는 게 아닌가 하면서 무엇을 심을까 고심을 하다가, 토마토도 한 줄 심고 과수원 구석에는 제법 훤칠한 공간이 있어서 호박을 서너 포기 심었다.

토마토나 호박이나 가뭄을 잘 이기고 줄기를 뻗기 시작하면서, 매우 사나운 식물이라는 생각이 들 정도로 기세가 등등하게 번져 나가기 시작했다. 한편으로는 자라고 열매를 맺는 것이 기특하기도 하고, 한 주일 지나서 가면 전에 없던 열매가 잘 달린 게 신통하기도 했다. 그런데 문제가 불거지기 시작했다. 토마토 때문에 과수 소독을 맘대로 할 수 없고, 호박이 너무 자라 과일나무를 감고 올라갔다. "교수님,

과수원은 과수원다워야 합니다." 과수원을 관리하는 구이장의 일갈이었다. 농부가 본다면 의당 그렇기도 하겠다 싶었다.

뭔가 작물을 심어서 싹이 트고, 잎이 번지고, 꽃이 피고, 열매가 달리는 것을 보고 싶은 욕구, 그것은 거의 원초적인 빛깔이었다. 복숭아나무 없애버리는 폐원閉園 신청을 할까 하다가는 금방 그만두기를 거듭하곤 했다. 과수원은 과수원대로 두고 다른 작물 심을 수 있는 땅을 어떻게 마련하나 하는 생각에 골몰했다.

바라는 대로 이루어지는 것일까. 과수원과 언덕을 격해서 맞붙어 있는 땅 한 뙈기가 두어 해 묵고 있었다. 개죽나무가 아름드리로 자라 올라가고 돌자갈밭 사이에 뽕나무도 우거져 있었다. 그런 나무 사이에 전에 누군가 붙여먹던 공터가 자리잡고 있었다. 견물생심見物生心이라는 말이 적실했다. 과수원 옆의 그 밭에 씨를 뿌려 보자는 작정을 했다. 누구 땅인지 알 도리도 없고, 씨 뿌릴 시기를 놓치면 한 해를 기다려야 한다. 나중에 주인이 나타나서 시비를 가리기로 든다면 적정한 배상을 하기로 하고 봄부터 몇 가지 작물을 심었다. 빈 땅은 심어먹은 사람이 임자라던 정이장의 이야기가 그의 귀에 쏙 들어왔다.

그런데 그 한 해는 도둑질 농사라 할까, 마음이 편할 날이 없었다. 아래 밭에서 일하는 사람들이 나타나 두세두세 이야기를 할라치면 그를 두고 입질들을 하는 것 같고, 낯모르는 사람이 밭 옆을 지나가면 혹시 주인이 아닌가 해서 마음이 쓰이었다. 거기다가 그저 농사하는 밭만으로는 너무 삭막하다고 백일홍이며 라일락이며 그런 화초를 잔뜩 심어 놓은 터라 지나가는 사람들 눈에 잘 띌 만한 여건을 스스로 만들고 있었다.

마음을 조이면서 이런 일을 하는 게 욕망을 숨기는, 얼마나 얄팍한 짓거리인가 생각을 하던 끝에, 저걸 사면 안 될까 하는 쪽으로 집착이 그의 안에 똬리를 틀었다. 토질이 척박하고 농사 전력이 신통치 않은 걸로 보아 값이 그리 호되지 않겠다 싶었다. 그 땅을 구입하자는 결행을 하기로 하고 몇 가지 여건을 알아보았다. 동네 정이장을 중개역으로 삼았던 터라, 이런저런 골치아픈 일들은 알아서 처결해 주리라 믿고 추진하기로 했다.

마침 강릉대 교수로 근무하는 석우石宇와 지방에 출장을 함께 갈 일이 있었다. 자기 차로 함께 움직일 기회가 왔다. 이런 기회에 내심의 구상을 공적인 일로 확정하자는 소심한 배포가 자리하고 있었다. 최교수와 동네 정이장을 같이 만나 점심을 하면서, 언덕 아래 있는 그 땅을 알아봐 달라고 청을 넣었다. 얼마 후 연락이 왔다. 주인을 확인했고 팔 의사가 있다는 것이었다. 그는, 놓치지 말고 잡아 두라는 당부를 거듭했다. 곧장 만날 날짜를 잡았다. 그리고 기다리는 며칠은 밤마다 그야말로 만리장성萬里長城을 쌓았다 부수고, 그리고는 다시 쌓기를 거듭했다.

대금을 지불할 날이 되었는데, 정이장 이야기가 공무원 신분인 교수님이 이런 데 땅을 사면 자칫, 교육부장관 자리 놓치는 게 아닌가 하면서 사모님 이름으로 하는 게 어떠냐는 제안을 해왔다. 생각해 보니 그럴 법한 이야기였다. 자기가 장관자리 같은 것을 바라는 바는 천만 아니지만, 자금 출처가 어떠니 하는 이야기가 나온다면 그 자체가 말썽이 아닌가 싶었다. 아내 이름으로 등기를 하고 농사는 자기가 지으면 되지 않겠나 하면서, 그렇게 하자고 했다. 사실 그는 씀씀이에서 처와 본인을 갈라놓지 못하는 무감각한 책상물림이었다.

이런저런 서류를 갖추어야 하는 지점에서 문제가 본격적으로 불거졌다. 한마디로 자기와 상의를 하지 않은 것이 불쾌하다는 아내의 타박이었다. "당신이 과수원을 사서 내게 선물했는데 나는 그 땅 사서 당신한테 선물하는 것이다, 그게 무에 잘못이냐, 일단 가 보자." 하고는 아내와 길을 나섰다.

이놈의 땅이라는 것이, 아내도 잘 아는 바이기는 하지만, 그럴 줄 알았다는 이야기가 나올 만했다. 과수원 언덕 밑이라 과수원 농약이 날아올 것이고, 밭 꼴이 나도록 손질을 하자면 아름들이 개죽나무며, 찔레덩굴 등을 쳐내는 공사를 해야 할 판이었다. 거기다가 그가 꿈꾸던 대로 연못도 파고 과수도 심고, 남은 땅에는 밭을 일궈 보겠다는 그의 청사진에 아내는 고개를 내두를 뿐이었다.

결국, "당신이 알아서 해요. 난 몰라요." 하는 야박한 허락을 받고 수속을 마쳤다. 그의 생애 처음으로 자기 땅을 가지게 된 것이었다. 겨울 동한기凍寒期가 지나기를 기다려 작업을 시작했다. 나무를 베고, 돌을 고르고, 연못도 파고 해서 정원을 갖춘 경작지를 장만한 것이다. 그런데 말이 그렇지 연못에는 물이 언제 괼지 모르고, 공사를 하느라고 포클레인이 다져 놓는 땅은 잡풀 한 줄기 솟아오를 가망이 없어 보였다.

보기 싫은 나무 다 벤 속이 시원할 까닭이 없었다. 그는 마음을 졸이다가 회초리 같은 묘목을 심느라고 심었다. 그것도 가지가지 종류를 달리해서 묘목을 갖춰 심었는데 언제 잎이 벌 것인가 아득하기만

했다. 도화원의 꿈은 그야말로 몽유夢遊의 별천지가 아닌가 싶었다. 그나마 위안이 되는 것은, 연못가에 남겨 둔 뽕나무들이었다. 햇살이 벌면 서늘한 그늘을 드려 줄 것이다. 바람이 이는 대로 잎이 반짝이며 뒤집히고 그 사이로 흰구름도 흐를 것이려니 기대를 하면서, 도화원에 상림원桑林園이라는 이름을 하나 더 달아 두자는 생각을 했다.

동산 원園자를 잘 쓰기가 힘들어서 상림원桑林苑이라고 쓰는 경우도 있다. 상림桑林은 중국 상나라 때에 7년 동안 가뭄이 들자 탕임금이 기우제를 지내던 들판으로 알려져 있다. 거기서 이런 고사가 나왔다고 한다. 책유상림지육 도무규벽지영(責逾桑林之六 禱無圭璧之贏). 상림원에서 하늘에 물은 여섯 가지 조건을 들어 자신을 책하고, 제를 지냄에 제수인 옥 종류의 보물이 혹 없는 것은 아닌가 하는 성찰이다. 상림의 여섯 가지란 탕왕이 하늘에 물은 견책사유에 해당하는 것이다. 첫째 정치가 알맞게 조절되지 않았는가, 둘째 백성들이 직업을 잃고 있지 않은가, 셋째 궁실이 너무 화려하지 않은가, 넷째 여자들의 치맛바람이 심하지 않은가, 다섯째 뇌물이 성행하지는 않는가, 여섯째 아첨하는 사람들이 들끓지는 않는가. 스스로를 견책하면서 하늘에 물은 이러한 물음은 정치뿐만 아니라 일상에서도 의미있는 자성의 제목이 될 만하다.

그 상림원上林苑의 원苑은 임금이 신하들과 사냥할 수 있도록 만든 나라의 정원을 뜻한다. 뭘로 봐도 그는 나라의 정원을 따라잡을 여건은 안 된다. 그러나 내가 이 집안의 가장으로서, 크게 보면 자신이 임금이라 해도 무방하지 않겠는가. 다만 자기 다스림이 투철한 자세라야 할 것은 물론이다. 해서 상림원上林苑이라 써도 무방하겠다는 생각을 했다.

상림원을 오가며 한 해 연구년을 지낼 생각을 하니 자못 흥취가 돋았다. 내년에는 나무도 자랄 것이고, 밭에 곡물도 풍부하게 심어, 연못에 괸 물에 뽕나무 그늘이 일렁이는 날을 받아 친구들을 불러야겠다고 그는 다짐을 두었다. 그러자면 뽕나무도 더 심어 이름과 실상이 어울리게 해야겠다는 생각으로 해가 가기를 거듭했다.*

▌손보면서 읽은 원고를, 우공은 그의 친구 지산에게 보냈다. 이런 답이 왔다. 나는 친구가 자수성가한 사람이라는 것을 잘 아네. 뿐만 아니라 그래서 친구가 존경스럽기까지 하다네. 그런데 내가 이제까지 겪은 바로는 자수성가한 사람들은 대개 욕심이 많데그려. 아마 거기다가 집을 짓고 또 여건이 되면 땅을 더 사려 할 터인데 그게 학자와 교육자로서 자네 이미지를 망가뜨리는 것은 아닐지 걱정이네. 그런 골치아픈 일 해봐야 소설 쓰는 데 소용이 될지는 몰라. 그런데 상림이니 규벽이니 하는 궁벽한 말을 찾아 쓰는 버릇을 어찌할거나.

자네는 자네의 상림원桑林苑을 욕망의 꽃으로 비유하고 싶을 것이네만, 좁은 내 소견으로는 '욕망의 덫'이 더욱 절핍할 걸세. 사람들 살아가는 모습이 대개 그렇지 않던가. 자네 또한 그들과 별로 다르지 않을 터라서 그런 생각을 한다네. 삼복염천에 밭고랑에 엎어져 풀 뜯고 있을 자네 생각하니 안되었다는 생각이 들기도 하네.

하나만 덧붙이기로 하세. 글이란 자고로 체體라는 게 있어서 어디든지 귀속되게 마련이 아니던가. 〈장진주사〉, 〈채련곡〉, 〈애련설〉, 〈추성부〉, 〈악양루기〉, 〈일신수필〉 그런 예에서 보는 바처럼 사, 곡, 설, 부, 기, 그리고 한국의 경우 연암의 '수필' 그런 것들이 체일 터인데, 요새 개념으로 한다면 장르가 아닐까 하네. 자네 글이 소설로 가자면 뼈를 바꾸고 모양을 고쳐야 할 것이라는 생각이 드네. 장르라는 게 어느 개인이 만드는 게 아니지 않던가. 시도는 가상하나 과욕일 것 같으이. 지산 배.

풍경을 사다

— 앙성 입주기

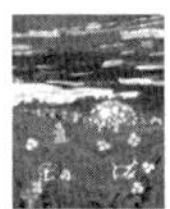

❙ 현대를 고향상실의 시대라고 한 철학자가 있다. 우공은 그 명제와 맞닥뜨릴 때마다 자신은 고향이 있는 사람인가 스스로 묻곤 했다. 우공은 충청남도 아산군 도고면 향산리라는 비산비야, 바람이 모진 마을에서 태어났다. 그 동네 사람들은 자기 마을을 피미라고 불렀다. 아마 직산稷山쯤 되는 한자어의 순우리말이 그럴 것이다. 종묘사직宗廟社稷에 쓰이는 '직'은 기장이나 피를 뜻한다. 기장을 뜻하는 피와 산을 뜻하는 뫼가 음전되어 피미가 된 듯하다. 아무튼, 온양온천, 천안, 인천, 서울, 전주를 거쳐 다시 서울로 올라온 우공은 마땅히 자기 고향이라고 내세울 만한 데가 없었다. 떠돌이 면하기 어려운 행로일지도 모른다는 생각을 하곤 한다. 한편으로 지산의 예측이 어김이 없다는 생각을 했다.

참으로 오래 망설였다. 작은 집을 한 간 마련해 들어가는 데 이렇게 많은 망설임이 동반될 줄을 짐작이나 했을까. 그것은 순전히 밭 때문이었다. 밭을 밭대로 밭답게 관리하는 것이 밭을 대접하는 올바른 방법이라는 생각을, 그는 오래 견지해 왔다. 밭을 밭대로 두고 집을 세울 수 없는 일이었다. 또 그 밭에 생애를 걸고 사는 마을 사람들에게 너무 튀는 모양과 빛깔로 집을 세우지 말자는 다짐이 망설임으로 이어졌다. 그리고 나무. 집을 세우기 위해 과수원의 나무를 건드리는 것은 죄를 짓는 일이라는 생각을 변함없이 해 왔다. 집을 빌려 사는 게 오래 가꾼 과수 해치면서 내 집 가지고 사는 것보다 편하고 합리적이라는 생각 때문에 다섯 해를 망설인 셈이었다.

그런데 그런 생각들이 고정관념이란 쪽으로 방향을 틀기 시작했다. 촌에 와서 이곳 사람들하고 똑같이 살기는 어려운 일이지만, 이런 환경에서 살아보는 것이 정신적 여유와 그가 해야 할 소설작업을 위해 필요한 조건이기도 했다. 물론 그가 가질 수 있는 욕심의 최대치라는 생각과 함께였다. 과수원 한 구석에 집을 세우되 과수며 밭이며 원형을 해치지 말고 공사를 하자는 작정이었다. 그러다 보니 우선 어느 시점을 잡아 공사를 해야 하는가 하는 문제가 생겼다. 전부터 집은 봄이나 가을에 지어야 한다고 들었다. 그런데 과수 전지를 하고 거름을 내는 봄부터 사과를 따고 과수원 일이 마무리되는 가을까지는, 과수원에서 공사를 한다는 것 자체가 마을 사람들에게 불편을 끼치는 일이었다. 뿐만 아니라 남들 일하는데 놀러다니는 행각을 보이는 것 같아 조심이 되기도 했다. 그래저래 생각을 하다가 겨울 공사를 하기로 했다.

말이 겨울 집짓기지 도무지 할 일이 아니었다. 기온이 내려가면서 콘크리트를 칠 수 없고 물을 써야 하는 바닥 공사는 특별히 온화한 날이 아니면 손을 댈 수 없는 형편이었다. 그러나 공사를 맡아 하는 편에서도, 공사를 맡기는 편에서도 겨울이 일을 하기 가장 좋은 계절이라고 공감을 하고 일을 강행하기로 했다. 일을 벌이기는 했는데 그 과정 어느 하나 마음 편한 게 없었다. 좁은 농로를 통해 자재를 실어 올려야 하는 날, 공교롭게 눈이 내려 염화칼슘을 뿌리고 싸리비로 눈을 치워야 했다. 지붕을 해 이는 날은 영하 십오 도를 헤아리는 강추위였는데 바람까지 불어서 지붕에 올린 타일이 칼바람에 날아가는 악천후였다. 페인트는 봄이 와야 칠이 먹는다고 한다. 배수관 공사 또한 봄이 되어 날이 풀려야 마무리를 할 수 있다고 한다. 그런데도 그가 공사를 밀고 나간 것은 남들의 눈치를 가급적 피하자는 오롯한 생각 때문이었다.

무엇보다 공사를 하는 기사와 인부들을 볼 때마다 안쓰러운 마음 때문에 공사를 당장 그만두라 하고 싶었다. 그러나 그렇게만도 할 수 없는 이유가 있었다. 공사를 맡은 기사가 겨울에 일을 해내야 봄에 약속된 다른 공사를 추진할 수 있다고 약간의 우김성을 보였다. 다소 불안하기는 했지만 그렇게 하자고 하는 수밖에. 그는 일이 어떻게 진척되는지 궁금해서 부랴부랴 차를 몰고 현장을 찾아갔다. 날이 꽤 추웠다. 얼굴이 퍼렇게 얼어 가지고 일하는 인부들이 안쓰러워 공사를 중단하라 하고 싶었다. 인부들은 이만한 추위쯤이야, 하면서 의연하게 나왔다.

12월에 시작한 공사가 2월 말경 해서 거의 마무리가 되었다. 거실과 방 하나, 화장실이 딸린 내 집이 생긴 것이다. 배수시설이라든지 하는 것은 아직 그대로 남았지만 실내는 아늑하고 바라보는 전망이 훤하게 트이고 동네에서 다소 떨어져 글쓰기에 더없이 좋은 환경이었다.

3월 초 동네 사람들에게 인사하는 모임을 갖기로 하고 동네 정이장에게 연락을 부탁했다. 그런 연락은 직접 해야 정감이 있고 하니 연락처만 확인해주면 자기편에서 하겠다고 해도 동네 잘 아는 당신이 맡아서 연락을 해 주마 했다. 고마운 마음으로 그렇게 하자고 물러섰다.

3월 6일 일요일, 그는 아내와 시간을 내어 새로 지은 집에 가서 몇 가지 정리를 하고 정이장이 예약한 식당으로 갔다. 예정시간이 거의 다 되었는데 아무도 없는 빈방에 음식만 준비되어 있었다. 사람들이 안 모이면 어쩌나 했는데 한둘 모이기 시작해서 삼십여 명이 모여들었다. 그동안 이 동네 얼굴 익히고 지낸 이들이 불과 몇 사람일 뿐인데, 입주 인사 치고는 큰 성황이었다. 자리가 어우러지면서 술잔이 오가고 이야기가 풀리는 통에 제법 화려한 점심이 되었다. 동네 사람들의 요구가 슬슬 쏟아져 나왔다. 길을 어떻게 해 달라, 전에 자기 집 과수원 나무 건드린 것 섭섭했다, 이 동네 와서 살려면 같이 어울려야 한다는 등의 이야기가 오갔다. 그래, 남의 동네에 와서 살려면 그런 절차야 거쳐야 하는 것이거니, 인사를 나누고 헤어지기 전에 노래방 모드로 돌아가는 것을 적절히 안추르면 자리를 마무리할 작정이었다.

점심이기는 하지만 술을 곁들인 터라 취흥이 고조될 즈음 해서 자리가 파하는 것이 다소 아쉽기는 했다. 그런데 이 동네 부녀회에서 내일 대만으로 여행을 가기로 되어 있어서 준비할 일들이 있다고 한다. 아무튼 인사를 치른 것으로 만족하기로 했다. 그의 아내도 그런 분위기에 동조를 해 주었다. 그의 아내는 다른 사람에게 술 권하는 것을 자제하라는 눈짓을 했다. 특히 젊은 여자들에게 술 권하는 게 보기 그렇다는 이야기에 알심을 넣곤 했다. 알았다, 하고는 입단속을 하느라고 제법 점잔을 빼며 주민 초대행사를 마칠 수 있었다.

집이라는 게 아무리 작아도 종합적인 구성을 요한다. 이른바 생태학의 어원인 오이코스는 생활 전반에 필요한 요건을 만족하는 공간으로서의 집인 것이다. 생활이라는 것이 얼마나 많은 장만이 있어야 하는지는 이사를 할 때면 실감하게 된다. 평소 그저 그렇게 지내던 물건이 이삿짐에 한꺼번에 쏟아져 나오고 다시 정리되기를 기다리는 동안, 한 몸뚱이 사는 데 뭐가 저리도 많은 게 필요하다냐, 그의 어머니는 늘 그렇게 말했다. 아파트를 세내어 살던 짐을 옮기는 과정에서도 간단한 살림이 이렇게 많은 것들이 동원되는가 놀라울 지경으로 물건들이 쏟아져 나온다. 그래서 물욕 없이 산다는 게 얼마나 가혹한 절제를 해야 하는가 절감하게 되는 것이다.

과수원 한 가장자리에다가 새로 지은 그의 집은 전망이 참 기가 막히다. 이런 이야기는 약간의 과장을 포함하는 것이기는 하지만, 그의 실감으로는 이만한 전망을 달리 구할 데가 없을 듯하다고, 속으로 쾌재를 불렀다. 앞으로 앙성 시내가 저윽이 내려다보인다. 거기 사는 사람들의 삶의 모습을 상상하는 데 더없이 좋다. 그리고 앙성 읍내 건너편으로 38번 국도가 산자락 밑으로 지나간다. 사람들이 움직이는 것을 보면 그들 삶의 모습을 상상하게 한다. 옹기종기 모여 마을을 이루고 사는 사람들의 삶이 유독 정겨워 보인다. 정겨움뿐이랴. 그간 그가 들은 이야기만도 아 저건 소설 소재다, 하고 무릎을 쳤던 적이 한두 번이 아니었다.

앙성 읍내 저 뒤쪽으로 뚜렷한 자태를 보이는 산들이 우람하게 솟아 있다. 불교적 이미지를 풍기는 설화가 살아 있는 '보련산' 봉우리들이 연이어 왼편으로 뻗어 나간다. 오른편으로는 명성황후 민비가 피난을 왔다가 서울을 바라보며 돌아갈 날을 기다리던 '국망봉'이 자리 잡고 있다. 이 산들은 산자락이 여러 겹으로 겹쳐지면서 원근법에 따라 배치하기라도 한 것처럼 변화를 이루며 주봉을 향해 올라간다. 다시 보면 앞으로 나지막한 산이 누워 있고, 그 뒤로 좀 높은 산이 앉아서 명상에 잠기고, 그리고 그 뒤로는 아직 눈이 녹지 않은 산봉우리가 상서로운 기운을 흩어내며 그윽하게 솟아 하늘에 머리를 대고 있다. 그는 이러한 풍경을 전에 본 적이 없거니와 이 이상의 풍경을 기대하기는 너무 욕심사나운 속물근성이라고 생각했다. 집을 짓고 보니 그러한 풍경이 오롯이 자기 차지가 되었다. 풍경을 내 것이라 한다면 치사한 물욕이라 할지 모르지만, 그러한 물욕이야 용납될 만한 것이 아닌가. 생애 처음으로 내 것을 챙긴 그의 주변머리를 탓하기만 할 것은 아니라고, 그는 슬그머니 눙쳤다.

풍경은 돈을 요구한다. 좀 몰지각한 이야기 같지만 현실이 그렇다. 넓은 창으로 내다보이는 한 폭의 풍경을 위해서 때로는 과분한 투자가 요구된다. 스카이라운지에서 근사한 와인 한잔하면서 명멸하는 시가지의 불빛을 바라보자면 다소간 유축한 비용이 있어야 한다. 하물며 그러한 풍경을 내 것으로 하기는 쉽지 않은 과정과 유다른 노력이 필요하다는 것도 안타까운 일이지만, 현실이었다.

봉이 김선달 이야기처럼 풍경을 사고파는 일에 그가 끼어든 것이다. 자기가 지은 집에 입주한다기보다는 자기 집 창으로 들어오는 한 폭 풍경을 그의 시야에 입주시키는 일을 한 셈이다. 입주야 마찬가지 아닌가. 말이 같으면 뜻도 같은 경우가 허다하다. 아무튼 입주는 했는데, 이 집에서 무엇을 이룰 수 있을지는 아직 모른다. 진정으로 바라는 바는 욕심 없이 나이를 먹는 일이라고 그는 혼자 궁시렁거렸다. *

2011. 3. 6.(일)

▌우공의 친구 강상수가 동생 하수를 데리고 집에 놀러 온다고 왔다. 앞으로 잘 풀리라고 화장지를 사 가지고서였다. 그런데 하수라는 친구가 입이 제법 사나웠다. 뭔가 시비를 걸고 나올 것 같은 예감이 들었다. 형님보다 동생이 감사나운 법이다. 형수보다 계수씨가 어려운 이유도 유사한 맥락에서 이해된다. 우공이 예상했던 대로 하수가 입질을 시작했다.

"형님, 이거 주춧돌도 없는 집을 지었네요." 땅에다가 콘크리트 묻어놓지 않겠다고 바닥에 콘크리트를 못 치게 했고, 주춧돌도 벽돌로 쓰도록 했던 것을 두고 하는 얘기였다.

"상량식도 안 하고 집 짓는 법이 어디 있어요?" 우공은 변명할 생각이 없었다.

"우리 부르면 판을 깰까봐, 치사하게." 어차피 고향 없는 서생이 억지로 집 마련했으니 그런 소리 들어도 싸다는 생각으로, 우공은 멍하니 하늘을 올려다보았다.

아무리 아우뻘이지만, 상대방의 이야기에 답은 못할망정 하늘이나 쳐다보는 것은 말의 길이 아니었다. 더구나 대화주의를 신봉하는 우공으로서는 결코 잘한 일이 아니었다. 우공은 강상수에게 욕심없이 나이를 먹는 방법이 무엇이냐고 슬그머니 떠보았다.

"그런 거 나한테 묻지 않고 지내야 욕심이 없어 보인다네."

"하긴 내가 소설 쓴다는 게 욕심이지. 소설은 욕망의 문학이거든."

"그럴 것이네. 욕심 없는 인간을 그린 소설은 수필로 다가갈 것이야."

욕망 부추기기와 욕망 소거하기 어느 쪽이 자신이 잘할 수 있는 일인지 우공은 숙고의 시간이 필요하다는 생각을 했다.

쌍폭재雙瀑齋 물소리

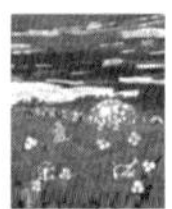

▌한때 웰빙이니 참살이니 방방 뜨던 사람들이 이제는, 너나 할 것 없이 나이 잘 먹기, 입만 열면 웰에이징 타령이다. 우공이 어떻게 그런 한가한 시간이 났는지 박물관에 들렀다. 박물관이란 말하자면 늙은 물건들을 보관하고 전시해서 공개하는 장소이다. 박물관에서 강희안의 〈고사관수도〉를 보고는 무릎이 탁 꺾였다. 우공은 무릎을 세워 전에 있었던 일을 더듬어 보았다. 그의 기억에는 그저 흘러가는 물을 바라보는 관수가 아니라 쏟아져내리는 폭포를 바라보는 관폭觀瀑이었다. 그것도 폭포가 쌍으로 흘러내리는 풍광이었다. 이후 우공은 폭포에 걸신들린 사람처럼 돌아가기 시작했다.

자기한테 없는 것을 남이 가지고 있으면 그 물건은 금방, 그에게 선망의 대상으로 부각한다. 아니 남의 소유물보다는 남 그 자체가 부러워진다. 특히 기호품이나 세속적인 의미의 재산이 그런 것 같다. 근간 남의 정원에 어우러진 꽃이며 잘 가꾼 나무들이 그에게 부러움의 대상으로 전환되곤 했다. 바람과 햇빛 또한 물리치기 어려운 욕망의 대상이다. 나아가 땅과 물은 거의 마력을 지닌 유혹의 대상이다. 그러한 것들을 소유한 사람은 자기보다 크고 강하고 부유하고 인격마저 한결 높이 우러러보이기까지 했다.

이런 일이 있었다. 연못을 만드는 것은 근심을 파는 짓이란 이야기를 누군가 했다. 더구나 연못으로 늘 흘러드는 수원이 없어서 장마가 진다든지 폭우가 내리면 물을 저장하고 바라보는 그런 연못은 방수가 잘되어야지 그렇지 않으면 물이 금방 빠져 나간다. 제대로 된 기술이 있는 것도 아니고 자재를 고를 줄도 모르면서 방수를 한다고 하고는 물을 채워 보면 금방 새 나가고 만다. 그래서 또 실망이다. 종내는 아예 방치를 하고 만다. 근심과 후회를 거듭하다가 결국은 멀쩡한 땅에다가 꼴사나운 시멘트 웅덩이를 파고 지저분하게 방치하는 꼴이 된다는 것이다. 그렇기로서니 자재나 기술이 얼마나 좋아졌는데, 연못이 근심으로만 남을 것인가 하면서, 그는 연못을 팠다.

연못을 파고 한 해가 지나는 동안, 조증躁症과 울증鬱症이 반복되는 사이에 근심 또한 깊어졌다. 장마가 지거나 큰비가 내리면 연못에 물이 찰찰 넘치다가는 며칠 지나서 가 보면 배반의 바닥을 드러내고 만다. 근본적으로 다시 개조를 해야 한다는 생각을 하곤 했다. 연뿌리라도 사다 심고 연못가에 부들이라도 기르고 싶었던 소망은 여전해서, 한번 더 실망을 하더라도 방수를 하기로 했다.

동네 방수 기술자를 불러 상의를 했다. 모르타르에다가 방수액을 섞어서 한 번 씌워주면 충분하다고 자신을 한다. 그렇게 하기로 하고 일을 맡겼다. 기사는 자재의 양이며 운반 방법 등을 이야기하다가 혼자는 어렵겠다고, 아무래도 조수를 하나 써야 하겠다며 그를 쳐다봤다. 형편대로 하라 하고는 작업을 한다는 날 나가 보았다. 기사와 조수는 서로 호흡을 잘 맞춰 가면서 일을 했다. 모르타르를 개어 바르는 일을 하는 모습이 그의 선친을 떠올리게 해서, 마음 저 밑바닥에 가라앉아 있던 짠한 기억이 부유물처럼 솟아오르게 했다. 간식을 준비할 여지가 없어서 커피라도 대접하자고 커피를 끓였다.

커피를 마시는 동안 조수로 따라온 이와 수인사를 나누었다. 이름이 박 아무라고 하는데, 세삼細蔘을 갖다 놓았으니 어디다 그늘을 만들고 심어 보라고 했다. 초면인데 뜻이 고마웠다. 기사보다 일여덟이 위라는 이야기를 듣고 예삿사람이 아니라는 생각을 하기도 했다. 나이를 거슬러 상하관계 구성되는 일은 쉽지 않기 때문이다. 그런데 이런 이야기를 꺼냈다.

"친구분 가운데 이 동네 와서 같이 지낼 분 없으세요?"

"같이 지내고 싶은 사람이야 많지요. 그런데 왜요?"

"집터 좋은 데가 있어서요."

생각해 보니 마음 맞는 친구와 이웃해 살 수 있다면 얼마나 좋겠는가 하는 뜻을 가졌던 적도 있었다. 그렇게 시작된 이야기가 점심 후 곧바로 그 좋다는 데를 가 보자는 쪽으로 기울었다.

앙성면 소재지 남쪽으로 가로질러 뻗은 38번 국도 교각 밑으로 해서 골짜기로 접어들었다. 방향은 남쪽 방향이지만 산세가 웅장하고 산그늘이 깊어서 북쪽 산계곡으로 들어가는 느낌이었다. 오른편으로 국망산이 우람하게 버티고 앉아 있고, 왼편으론 장미산성의 전설이 어린 보련산이 높직하게 자리를 잡았다. 그 사이로 물길이 흘러내리고,

조금 진입해 들어가자 계곡 양편으로 집들이 한가하게 자리잡고 있다.

충주와 노은으로 가는 길을 따라 10분도 채 못 달리다가 굽이를 돌아가는 데서 왼편으로 내려가자 바로 주차장이 있고, 거기 잇대어 펑퍼짐한 언덕처럼 터를 닦아 놓은 공간이 나타난다. 물길을 바로잡아 택지를 조성해 놓았다고 한다. 왼편은 택지를 조성하느라고 산자락을 까내린 듯 잡풀이 우거지기 전이다. 오른편으로는 높직한 언덕 위로 지방도로가 지나간다. 정면으로는 산줄기가 내려오다가 멈춘 듯, 봉긋한 봉우리가 안산案山처럼 자리잡고 있다. 갓 피어나는 녹음이 청신한 빛깔로 산기운을 뿜어내며 산등을 뒤덮었다. 그 방향으로 조금 올라가면서 철철철 계곡을 흘러 내리는 물소리가 귀에 가득 들어왔다.

물소리 하나만으로도 그는 귀가 번쩍 뜨였다. 좋은 곳이다. 한마디로 가경佳景인저! 그런 감탄이 흘러나온다. 가경은 가경可經 혹은 가경可耕으로 전이된다. 경영해봄직하고 또는 붙여볼 만하다는 생각이다. 그에게 땅을 소개하기 위해 데리고 온 신기사가 그의 눈치를 챘는지 스스로 좋은 땅이라고 감탄하며, 어떠냐고 묻는다. 이럴 때 그는 갑작스레 언어의 통제력을 잃는다. 땅이 좋다는 감탄에 동화되어 덩달아 감탄을 하면서 지세를 살핀다. 남쪽으로 바라보고 좌우편으로 계곡이 벋어 있고, 그 계곡에서 내려오는 두 줄기가 각각 폭포를 이루어 해맑은 소리를 내며 흘러내린다. 가히 쌍폭雙瀑이나 양폭兩瀑이라 할 만한 폭포가 형성되어 있는 것이었다. 이 택지를 산다면 폭포 둘이 한꺼번에 자기 것이 된다. 평당 20만 원, 600평, 1억 2천이란다. 거기다가 폭포 위에 있는 하천 부지까지 경작을 하거나 나무를 심을 수 있다고 충동질을 한다.

좋은 땅입니다! 하면서, 아내의 결재가 떨어져야 하는 사항이니 좀 기다리자 하고는 돌아왔다. 돌아오는 길에 그 땅의 약점을 몇 가지 이야기해 놓았다. 흥정을 하기 위함이었는데, 흥정이 안 되면 공연한 탓만 하게 되는 셈이었다. 눈치가 보였다.

그 주 주말, 그는 아내를 부추겨서 쌍폭을 보러 갔다. 아내는 일단 좋다는 이야기를 하면서 남편의 설명을 솔깃해서 듣는 자세가 다소곳했다. 그러다가는 그 땅의 장점과 단점을 골고루 들어가면서, 지금 경작하는 밭은 어떻게 할 것이며, 이미 터가 잡히기 시작하는 땅을 처박질러 놓고 이런 구석진 데다가 또 뭘 심고 정자를 세우고 그러다가 죽도 밥도 안 된다는 것이다. 하여 무리라는 것이었다. 그는 평생에 처음 투자 개념을 생각하는 것이라며 땅을 갈라서 사용할 계획을 펼쳤다. 폭포 둘을 한꺼번에 바라볼 수 있는 데는 내 집을 단정하게 하나 앉히고, 그 아래에 200평 정도 두 구획을 만들어 펜션 부지로 팔자는 이야기를 했다. 그의 경영 전략이었다.

"당신은 그런 전문가가 아니라구요!"

"전문가가 어디 따로 있답디까?"

그렇게 야박하게 나올 게 뭐냐고 투덜거리면서, 집터 아래에 있는 펜션을 구경하러 가자고 했다. 잘 꾸며진 펜션은 주변이 정리가 반듯하게 되어 있고, 조경도 제법 규모가 갖추어져 있었다. 펜션을 쓸 것도 아닌데 남의 집에 들어가 어슬렁거리는 게 무람한데 개까지 캉캉 짖어대는 바람에 금방 돌아나왔다. 곧이어 야구캡을 쓴 50대 남자가 나와서 인사를 청했다. 그는 얼떨결에, 그리고 그런 펜션을 경영하는 분에 대한 존경심으로, 명함을 내밀면서 정식으로 인사를 건넸다. 상대방도 명함을 건네면서 윤 아무 교수를 아느냐고 물었다. 아, 비교문학을 하는 분, 육사에 근무했던 분 그런 식으로 아는 척을 했다. 그 윤 교수가 당신의 동서라면서 반가워했다. 그리고는 자기가 서울서 직장을 일찍 마무리하고 여기 와서 터를 일군 이야기를 주섬주섬 펼쳐 놓았다. 시골로 와서 살기로 한 의지며 땅을 구입한 과정이며 재력 같은 것들이 하나같이 부럽기만 했다. 그는 나보다 한결 고수가 여기와 있구나 하는 생각을 했다. 이럴 때 그는 자기가 사회적으로 어떤 자리에 있고, 남들에게 어떤 존경을 받는지 하는 것은 까맣게 잊어버린다. 상대방의 이미지는 증폭을 거듭해서 폭포처럼 우람한 소리를 내며 그의 심장 안으로 '겁도 없이 수직으로' 쏟아진다. 자기 동서에게 소개했던 땅이 있다면서 돌아볼 생각이 있느냐고 슬그머니 이끌었다. 그리 급한 일정도 아니고 해서 그러마 하고 따라 나섰다.

펜션이 자리잡은 터는 계곡을 따라 내려가면서 골고루 시설을 앉혔다. 계곡은 굽이를 돌아가면서 폭포를 하나 만들기도 한다. 이런 풍경에 폭포까지! 폭포 옆에는 자신이 처음 와서 지었다는 정자도 시간의 흔적을 간직하고 있다. 계곡에 다리를 놓아 언덕 위로 올라가게 되어 있는 통로는 운치로 가득하다. 지금은 가동을 중단한 수지공장 앞으로 메타세콰이어가 울창하게 자라 올라가 있고, 그 앞으로 주목이 어른 키로 길을 넘어 자라 있는 가운데에 폭 안긴 땅이 400여 평이라고 한다. 땅의 위치가 집을 짓고 한가하게 살기 좋은 여건이었다.

그런데 여기는 폭포 소리가 안 들린다. 그 이야기는 겉으로 드러내지 않기로 입을 다물었다. 구경 잘 했다는 인사로 돌아가려 했는데, 집에 들러 차라도 한잔하자며 앞서갔다. 안주인과 인사를 하고 차 대접을 받았다. 차를 마시면서도 여전히 그의 귀에는 폭포 소리만 가득히 넘쳐났다.

그의 아내가 적절치 않다는 이야기를 하는 것은 자기 주관으로 그럴 뿐이지 그의 입장에서는 그런 절경을 어디서 구할 수 있다는 것인가, 그가 폭포를 가지고 있다는 것이 얼마나 운치있는 일인가 스스로 가치를 부여하면서 온갖 상상을 다했다. 우선 정자를 지을 생각을 하면서 청수재聽水齋라는 이름을 붙여 본다. 물소리를 듣기가 얼마나 좋은가, 그리고 물소리 가운데 온갖 잡념을 씻고 청랑한 물소리 가득한 정자에서 산바람을 쐬는 운치를, 아내여, 짐작이나 하는가. 물가의 누마루라고 해서 근수헌近水軒이라는 이름도 생각해 본다. 산수에 가까운 각실로 생각하면 인산수각鄰山水閣이라는 이름도 그럴듯하다. 쌍폭정, 양폭루, 이수정은 어떨까, 한수마루閑水마루는? 수폭정睡瀑亭이라 해놓고 폭포 소리 들으면서 졸음에 겨워 앉아 산바람을 쐬는 것은 어떠한 지경일까. 그런 생각을 하면서 그는 며칠 안달을 했다.

마침 그 땅이 두 필지로 되어 있다고 한다. 폭포 있는 데만 잘라서 팔라고 하면 어떨까? 알아본 바로는 그게 120평 가량이 되는데, 그것만 잘라 판다면 평당 25만 원은 주어야 할 것이라고 한다. 그렇게 따지면 3천만 원 정도가 된다. 그렇게 하는 것이 무리가 되면 폭포 위 땅이 하천부지라고 하니 그걸 세를 내서 이동식 정자를 앉혔다가 효용이 다하면 거두어 가는 방법은 어떨까. 폭포를 하나 가지고 싶은 생각이 별별 공상과 궁상으로 그를 몰아붙였다.

안절부절을 못 하다가 마침내는 혼자서 찾아가 폭포를 우두커니 바라보다가 돌아오기도 했다. 그렇게 며칠을 지내는 동안 그의 마음 한 가운데 쌍폭정이라는 우람한 정자가 서고, 그 정자 한 구석에 쌍폭재雙瀑齋라는 서실도 하나 마련된다. 자기 손으로 현판도 만들어 단다. 그리고 꽃이 이울고 녹음이 우거지는 철을 맞아 친구를 불러 한가한 청담을 나누다가 폭포 소리를 벗해서 술이라도 마시고 돌아가게 한다. 돌아가는 친구의 뒷모습이 길 모퉁이로 사라질 때까지 손을 저어 주고는 다시 정자로 돌아와 남은 술 몇 잔을 더하고는, 오수를 즐기다가 산그늘이 내리기 시작하면 건넛마을로 돌아가는 운치 또한 별스런 맛이 아니겠는가. 그 지경이면 글이야 써도 그만, 안 써도 그만 아닐까.

며칠 메일도 처리를 하지 못하고 폭포를 갖고 싶어서 안달을 하는 동안, 메일은 100개도 넘게 밀려와 있고, 무슨 회의 일자를 잡자는 전화가 오고, 논문 심사를 해 달라는 부탁도 있고, 원고를 독촉하는 전화가 거듭 걸려오곤 했다. 이렇게 분주하고 잡답한 사람이 폭포를 가진다는 게 무슨 의미가 있을 것인가 하는 생각이 들었다.

그런데 희한한 일은 그 사이 그의 이명이 개구리 소리에서 폭포 소리로 바뀐 것이다. 그는 그 이명을 내면에 폭포를 가지고 살라는 메시지로 들었다. 좋다, 내일 아내 몰래 계약을 하러 갈 참이었다. 마누라 몰래 땅을 산 남자 이야기를 소설로 쓸 작정도 했다. 소설 인세가 나오면 폭포를 못 살 이유가 없다. 그의 속생각을 모르는 아내는 잔소리 잊고 가볍게 코를 골며 잤다. 아내의 코고는 소리가 그의 귀에는 폭포 물소리로 들렸다.

스스로 돌보는 자성이 어려운 이유는 간단하다. 자신의 모습은 남을 통해서만 볼 수 있기 때문이다. 잘잘못도 남을 통해서만 확인할 수 있다. 도덕률이라는 게 별것인가. 자기 안에 들어와 있는 남의 규준이 아니던가. 자기 안의 폭포 한 자락을 강희안의 〈고사관수도高士觀水圖〉처럼 즐기는 데 꼭 폭포를 사야 한다는 것은 자성이 없는 집착이 틀림없다. 폭포 소리를 그윽히 듣고 싶은 집착을 버려야 한다는 완악스런 집착은 그의 이명 속에서 더욱 거센 폭포가 되어 흘러내렸다.*

▍ 경연이라는 친구가 우공을 찾아왔다. "그래 폭포는 사셨수?" "폭포를 사다니?" "거, 다 헛짓입니다." 쌍폭재라는 당호까지 지어 가지고 그에게 보내지 않았던가? 우공은 자신의 귀를 의심했다. 늘 같이 만나고 세세한 인생사까지 이야기하고 지내는 사이기 때문에 혹 자기도 자연스럽게 이야기를 한 것인지도 모른다는 생각이 들었다.

둘이 맥주잔을 비우는 사이 우공은 깜박 졸음에 빠졌다. 폭포수 아래 물을 맞으며 몸을 씻었다. 갑자기 겨드랑이에서 날개가 돋아 하늘을 날기 시작할 무렵, 경천사지 13층탑이 크레인에 들려올라가 서서히 움직이기 시작했다. 경연이 탑을 지고 산으로 오르면서 반가사유상의 미소를 보이고 있었다.

"어이, 우공…. 친구 불러놓고 낮잠이라니, 그런 법이 어디 있소?" 경연의 목소리는 각이 져 있었다.

"자네가 탑을 지고 산으로 올라가던 건 뭔가?"

경연은 우공에게 들어보라 하고는 이야기를 했다. 어려서 잘 못 먹은 사람은 커서 늘 허기를 느끼면서 사는 법이다. 폭포를 사고 싶어서 안달하는 모습을 심리학 지식이 좀 있는 독자가 읽는다면, 우공이 어려서 얼마나 존졸이 살았는지 금방 간파할 것이라고 했다.

글의 표면은 아무래도 상관없다는 뜻인가. 읽는 사람은 글의 이면을 읽는다는 셈인데, 이면에서 다시 이면으로 들어가면 그건 어쩔 수 없이 다시 표면이 되는 것이 아니던가 싶었다.

저승에서는 쌍폭재 물소리, 그 실재와 만날 것인가. 우공은 다시 경연의 미소하는 얼굴을 조용히 바라보았다.

꿈꾸기에 필요한 땅

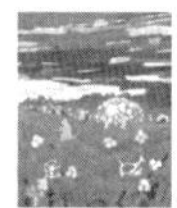

땅을 사는 것은 꿈을 꾸는 일이다. 그 꿈은 두 방향으로 갈래가 뻗는다. 하나는 꿈을 꾼 다음에 땅을 사는 것이다. 땅이 필요하고, 그 필요에 따라 땅을 산다면 이는 땅을 구매하는 일 자체가 꿈이다. 땅을 사놓고 이러저러한 일들을 하겠다고 구상한다면 이는 꿈을 꾸기 위해 땅을 사는 셈이다. 우공은 그에게서 받은 원고를 읽어 내려가면서 인간에게 땅이란 무엇인가 하는 황당하고 제법 진지한 생각에 빠졌다.

지난 2016년 1월에, 그는 꿈을 꾸기 위해 땅을 샀다. 앙성에 터를 장만하고 오가기 시작한 게 2007년부터니까, 그 해가 10년째로 접어드는 시점이었다. 그동안 앙성에 드나들며 많은 경험을 했다. 웃을 일도 있었고, 눈물나는 일도 겪었다. 물론 웃을 일, 흐뭇한 일이 더 많았다.

그의 아내가 처음 구입한 땅은 잘 가꾸어진 복숭아 과수원이었다. 거기서는 꿈꿀 일이 별로 없었다. 주변에는 복숭아 과수원이 둘러싸고 있어서, 봄이 되면 도화원 한가운데 몽유夢遊를 하는 일이 전부였다. 그리고 과수원을 다른 사람에게 주어 관리하게 했기 때문에 그가 할 일은 별로 없었다. 과수가 좀 성글게 서 있는 사이 자투리땅에다가 호박을 심었다가 호박이 너무 무성하게 자라는 바람에 과수원을 관리하던 이장한테 한마디 들었다. 한번은 복숭아나무 사이에다가 토마토를 심어서 잘 자라 열매를 맺었다. 한데 농약을 쳤으니 먹지 말라고 경고 비슷한 이야길 했다. 관리인한테 과수원에는 과수만 자라야 과수원답다는 퉁을 맞기도 했다.

남에게 주어 부치도록 한 과수원에서는 아무런 꿈을 꿀 수 없었다. 그 무렵이었다. 그의 과수원 언덕에서 내려다보이는 언덕 아래편에 묵은 땅이 있었다. 전에는 밭으로 썼다는데 방치해 놓아서, 개죽나무가 아름드리로 자라고 사이사이 뽕나무가 무성하게 가지를 뻗고 자라 올라갔다. 그리고 돌무지에는 덩굴식물이 뒤얽히는 바람에 땅으로서는 별 쓸모가 없었다. 그 묵정밭을 바라볼 때마다 저 땅이 내것이라면 하는 생각을 했다. 그리고 그는 꿈을 꾸기 시작했다.

나무를 베어내고 매실을 심어 매화밭을 조성하고 싶었다. 그리고 돌자갈을 정리하면, 그 위에다가 정자를 하나 세울 만했다. 정자 아래는 연못도 하나 파고 잉어를 기른다면 풍경이 근사할 것 같았다. 또 연도 심어서 연꽃 벙그는 그늘에서 짧은 명상에 잠기는 것은 얼마나 운치있는 일인가. 그런 꿈들을 꾸었다.

동네 정이장한테 혹시 그 땅을 내놓을 의향이 없는가 주인에게 알아봐 달라고 했다. 연락이 왔다. 마침 땅 주인이 연세가 높아지면서 용돈이 필요하기도 하고 해서, 땅을 내놓을 생각이 있다는 것이었다. 내 꿈을 위해 땅을 매입하는 일은 속속히 진행되었다. 그래서 결국 그 땅을 샀고, 땅을 토대로 꿈꾸기를 실행했다. 나무를 베어내고, 연못을 파고, 그리고 정자도 세웠다. 황무지가 정원으로 바뀐 것이다.

꿈은 꿈으로 이어진다. 꿈이 욕망이기 때문이다. 그런데 그 꿈을 방해하는 요소가 생기면 다른 꿈을 꾸게 된다. 윗밭 과수원을 관리하던 구이장이 밭을 내놓겠다고 할 무렵해서, 집을 한 간 짓기로 하고 과수원 모퉁이에다가 조그마한 조립식 주택을 세웠다. 농막에 불과하지만 그에게는 꿈의 궁전이나 진배없었다.

그런데 아래밭에 이어진 땅을 사서 유럽식의 장원(château)를 만들 작정이었는데, 앞집 과수원에서 한발 앞에 그걸 사버렸다. 그 다음으로 욕심이 나는 것은 서쪽으로 내려다보이는 밭이었다. 전에 밭을 내놓으면 자기가 살 터이니 그렇게 하자는 이야기를 한 적도 있었다. 그런데 이 밭은 팔라고 이야기하기는 어려운 속내가 있었다. 영농법이 재래식이기는 하지만, 남편이 세상을 뜨고 이제 홀로 사는 아주머니가 농사를 짓는 터라서, 마음 아픈 데를 건드릴까봐 함부로 말을 붙이기 조심스러웠다. 그런데 문제는 집 주변으로 지저분한 풍경을 만든다는 점이었다. 검정 비닐을 깔아 두 해씩 쓰기 때문에 겨울부터 봄까지 비닐 쪼가리가 날아와 밭에 심은 나무 여기저기 걸려 마치 무슨 상장喪章처럼 나부끼면서 휘날렸다. 저런 밭은 자기가 사서 잘 건사하는 방법 말고는 뜻없는 피해를 피하는 방법이 없다는 생각을 했다. 나무를 심어 그 밭을 가리기로 하고 울타리 삼아 측백나무를 심었다.

자기가 지은 집이 남달리 마음을 끄는 것은 남쪽으로는 국망봉이 건너다보이는 풍광이 거룩하고 우람하다는 점이었다. 그런데 어느 날 보니 그 자랑거리가 무망하게 되어 버렸다. 그의 밭 왼편 아래 있는 정씨네 과수원에서 전기를 끌어다 쓰느라고 전선을 늘이는 바람에 풍경화 한 폭의 산자락이 굵은 전선으로 여지없이 잘리고 말았다.

그때부터 그는 다른 꿈을 꾸기 시작했다. 전깃줄 밑으로 펼쳐진 정이장네 복숭아 과수원을 살 꿈을 꾼 것이다. 땅을 정리하고 거기다가 정자도 짓고, 각종 덩굴식물을 심고 유리로 된 온실을 하나 근사하게 지어 겨울에도 남쪽나라 식물이 잘 자랄 수 있도록 하자는 그런 꿈을 꾸었다. 정이장이 밭을 내놓겠다고 한 지 네 해가 지나서야 그는 망설임 끝에 결국은 그 밭을 샀다.

그 밭은 집에 들어오는 길 오른편 밑으로 푹 꺼져 내려간 언덕 아래 자리잡은 터라서 한참 손질을 해야 밭다운 밭을 가꿀 수 있는 여건이었다. 그러나 언덕 아래 밭이 이용하기 따라서는 평지밭보다 한결 유용하게 쓸 수 있다는 생각이었다. 우선 등뒤로 언덕이 있어 북풍을 막을 수 있고, 남쪽으로는 시가지가 내려다보여 야경이 아름답다는 장점이 있었다. 그런데 꺼져 내려간 땅을 메우는 데 들어갈 돈이 만만치 않다는 게 문제였다. 꿈이 욕망이라면 욕망은 돈이었다. 따라서 꿈 또한 돈이었다.

꿈을 꾸는 데는 다른 꿈을 지워야 한다는 부담도 따르게 마련이다. 현재는 복숭아밭이 잘 가꾸어져 있는데, 다른 작물을 심을 밭을 만들기 위해서는 복숭아나무를 파버려야 한다. 과수원과 일반 밭을 같이 운영하는 것은 쉽지 않다. 어느 하나를 선택하고 어느 하나를 버려야 하는 판단의 시점에 놓인 셈이다. 꽃몽오리를 잔뜩 매달고 겨울을 견딘 나무들을 어떻게 파버려야 할지 마음부터 아파왔다.

꿈은 꿈으로 남아야 매력이 있는 것이라는 생각을 되뇌었다. 현실화된 꿈을 바탕으로 새로운 꿈을 꾸는 것은 매우 힘들기 때문이다. 그래서 별은 아득히 멀어야 한다. 별과 더불어 길렀던 꿈이 현실로 다가온다면, 별이 손에 잡힌다면 그 별은 이미 별이 아니다. 그래서 손에 잡히지 않는 별 하나쯤은 그대로 남겨 두어야 할 것이라고, 그는 후회 비슷한 감정에 젖어들었다.

밭을 정리하고 새해에 심을 작물들을 생각하느라고 그의 머리가 바삐 돌아간다. 완두콩에서부터, 감자, 옥수수, 참외, 노각외, 가지, 그런 것들을 심고 취나물이며 고사리, 둥굴레, 그런 것들도 심고 꽃을 볼 수 있는 작물도 심어야 하겠다는 생각으로, 심고싶고하는 그의 밤길은 멀기만 하다.

그렇게 욕심내서 심는 가운데 이 밭은 또 평범해져서 고추나 호박을 심는 그런 밭이 될 것이다. 결국 꿈은 평범한 꿈으로 돌아가고, 내가 남들과 더불어 평범하게 사는 인간이라는 깨달음이 오는 무렵이 되면, 꿈을 정리해야 할 것이란 허무감이 그의 가슴으로 몰려들었다.*

▌그의 부탁도 있고 해서, 우공은 그의 글을 잡지사에 보냈다. 잡지사에 송고한 원고가 되돌아왔다. 내용이 너무 평이해서 독자의 호기심을 일구어내지 못할 것이라면서, 편집장은 땅을 팔아서 출판사에 투자할 생각은 없는가 물어보는 권면까지 했다. 그가 우공에게 연락을 해왔다. 연락이라는 게 토지를 사유화한 역사를 아는가 묻는 물음이었다. 우공은 프랑스에서 잔디밭에 작은 팻말을 세워 사유지(privé)라고 경고하는 것을 보고는 눈앞이 아득해지던 기억을 떠올렸다.

2부

과수원 가는 길

〈오배이골 찔레꽃〉, 2016, 65.2㎝×53㎝, 아크릴

전지론剪枝論

— 과수의 운명

▌아무데나 '론'이니 '설'이니 하고 갖다 붙이는 버릇이, 우공에게는 점점 버거워지는 중이었다. 그는 쉬운 이야길 어렵게 하는 전문가가 교수라는 비난을 대체로 긍정하는 편이었다. 한편으로 감각이 세련되고 논리가 치밀해지면 언어가 일상언어와 다르게 갈 수밖에 없다는 것이 우공의 주장이기도 했다. 그래서 그는 쉽게 읽히는 소설을 요구하는 독자들을 별로 달가워하지 않는다. 우공은 자신이 검토한 원고를 수열이라는 후배에게 보냈다.

앙성에 거처를 마련해 들어오면서 동네 분들에게 양해를 구한 사항이 있었다. 과수원을 경영하는 것이 아니라 꽃을 보기 위해 과일나무를 기르는 것이니, 과일나무를 잘 기르지 못하더라도 흉보거나 질책하지 말라는 부탁이었다. 그런 부탁의 말이 씨가 된 것인지 과일나무가 시나브로 죽기도 하고, 멋대로 자라 올라가 과일나무 축에도 끼기 어려운 형상이 되었다. 꽃을 보는 나무이니 농약을 안 쓰기로 작정을 했다는 이야기를 했을 때, 농약을 안 쓰면 결국 나무가 죽는다면서, 이곳 분들은 농약사용 불가피론을 내세웠다. 농약을 안 쓰고 지내기를 한 오 년 했다. 농약을 안 쓴다는 원칙이 나무를 죽게 하는 꼴이 되었다.

과수원 운영이라는 측면에 본다면 영점짜리 행동 가운데 하나가 이곳 사람들과 다른 전지 방식이다. 이곳 사람들의 전지는 전지가위로 가지를 잘라주는 정도로 그치지 않는다. 기계톱을 동원해서 너무 늙은 나뭇가지를 잘라 주어야 한다. 기계톱 돌아가는 소리는 굉음에 가깝다. 어떤 경우는 아예 나무를 베어 버리기도 한다. 복숭아나무의 경우 20년 정도가 평균수명인 모양이다. 20년이라도 대개는 대를 이어서 길러온 나무들이다. 지금 나이가 60인 사람은 그의 40대, 60 좀 넘은 아버지와 함께 과수원 일을 했을 법하다. 아버지는 심고 아들은 베고, 그 아들이 다시 묘목을 길러 과수원을 운영하고 하는 식으로 대물림이 되는 과수원이 대부분이다.

전지가위는 이곳 과수원을 운영하는 이들에게는 일종의 직업적 필수품이다. 일년 내내 허리에다가 가죽으로 맵시있게 만든 가위집에 전지가위를 차고 다닌다. 과수원을 돌아보다가 눈에 띄는 대로 가지를 자르고 나무 모양을 바로잡아 준다. 나무 모양을 바로잡아 준다는 것은 과일이 잘 열리게 나무 모양을 정리해 준다는 뜻이다. 과일이 잘 열릴 뿐만 아니라 열린 과일을 따기 쉽게 나무를 길러야 한다. 그러니 나무가 너무 높이 자라 올라가도 안 되고, 가지가 너무 빽빽해서 통풍이 잘 안 되거나 햇살이 골고루 들지 않아도 과일나무로서는 제격이 아니다. 제격이 아니라는 것은 돈이 안 되는 과일나무로 자란다는 뜻이다. 돈이 되는 나무라야 과일나무로서 제 몫을 하는 것이 현실이다.

전지해서 잘 기른 과일나무를 다듬어 주다가 눈가를 다친 적이 있다. 복숭아나무 가지 하나가 시들어서 보기 싫었다. 종일 일을 한 뒤 끝이었는데 세수를 하고 슬리퍼를 끌고 밭가를 어슬렁거리다가 시들은 나뭇가지 하나가 눈에 들어왔다. 새로 산 지 얼마 안 되어 잘 드는 톱을 찾아들고 복숭아나무로 다가갔다. 그리고는 나뭇가지에 톱질을 했다. 나뭇가지는 분명히 내 몸을 비켜 떨어져 내리게 되어 있었다. 그런데 우지직 소리와 함께 나뭇가지가 내 머리를 향하여 떨어져 내렸다. 전지를 해서 나뭇가지가 비틀어져 있었기 때문이었다. 메스로 그은 것처럼 나뭇가지가 윗눈꺼풀을 째고 지나갔다. 병원 응급실에 가면서 전지를 하지 않은 나무였다면 그렇게 방향을 종잡을 수 없게 넘어지지는 않았을 거란 생각을 했다. 수술을 한 것처럼 한쪽 눈 눈꺼풀이 쌍꺼풀이 져서 결국은 짝짝이 눈이 되었다.

이곳에서 과수원을 운영하는 이들은 겨울 강추위가 조금 물러가면 곧바로 전지를 시작한다. 대개는 내외가 단출하게 일들을 한다. 그러나 일꾼을 사서 전지를 할 때는 사다리가 대거 동원되어 과수나무 사이에서 은빛깔로 번쩍거리고, 가위질하는 소리가 째깍째깍, 새떼들이 즐겁게 지저귀는 듯해서 장관이다. 겨울이라 대개 검은 옷들을 입는데 과일나무에 새들이 모여들어 나뭇가지를 잘라대는 모양을 연상하게 한다. 이들은 전지를 하느라고 계절을 당겨서 산다. 식당으로 가서 점심들을 먹는데 나무에 올라가는 날은 술들은 안 하는 금주의 날로 삼는 게 일반이었다. 전지하는 일이 경건한 의식인 셈이다.

전지를 한다는 것은 자연수自然樹를 경영수經營樹로 전환하는 일이다. 자연에 경영이 개입했을 때 대개는 가차없는 마름질을 하고 잔인한 처치를 해야 하는 경우도 있다. 결국 과수나무에 돈이 주렁주렁 열려야 하는데, 그 돈이 너무 열려 가지가 찢어지고 나무가 죽는다면, 또 손이 안 닿는 높은 데 과일이 열려 영농비를 뭉텅 내놔야 한다면 경영에 실패할 것은 물론이다. 그래서 자르고 비틀고 묶어매고 해서 나무를 경영논리로 조작(操作, manipulation)하는 것이다. 이첨저첨 일그러진 생애를 살아야 하는 것이 과수나무의 운명이다.

전지하지 않고 자연수로 두었다가 꽃을 보겠다는 생각은 정작 꽃이 피면 달라진다. 남들이 전지하고 꽃을 따주고, 어린 과일을 따서 정리하기 때문이다.

복숭아나무처럼 꽃이 요염한 경우도 흔치 않다. 성적 매력으로 가득한 여성을 도색녀桃色女라고 하는 까닭을 복사꽃을 가까이서 본 사람은 안다. 성적으로 음란한 영화를 도색영화桃色映畵라고 하는 데도 마찬가지 이유가 있다. 성적 매력이 너무 강해서 남자를 홀려 마침내 죽음에 이르게 하는 경우 도화살桃花煞을 맞았다고 하는 것은 끔찍한 일이다. 복숭아꽃이 너무 아름다워 환장해서 죽고못살다가 결국 죽음에 이를 수도 있을 지경으로 아름다운 꽃, 그게 복숭아꽃이다. 이런 요염한 꽃을 유가의 수염 긴 식자들이 내놓고 좋아했을 턱이 없다. 그래서 유교식의 제사상에는 복숭아가 못 올라간다.

복숭아나무들이 꽃을 피우기 시작하면, 관리와 경영을 잘 못해서 날로 퇴락해 가는 과수원이지만, 도화원桃花園을 연출한다. 다른 과수원은 적화摘花라고 해서 미리 꽃을 따 주기 때문에 꽃이 성글다. 그런데 전지를 안 한 나무는 가지마다 꽃이 다닥다닥 달려 가히 낙원을 뜻하는 '도화원'으로 변한다. 이때는 매화가 이울기 시작하는 때라서 복숭아꽃이 더 아름다워 보인다. 복숭아나무 아래는 민들레가 노랗게 피어나 분홍과 노랑이 다투어 어울린다. 그런데 이때 그는 나무와 안타까운 심리적 줄다리기를 해야 하는 것이다.

꽃이 이울면서 잎이 피어나기 시작할 때, 그는 이때서 전지를 하겠다고 가위를 들고 과수원 안으로, 제비꽃이며 민들레 같은 봄꽃을 밟으면서 잠입潛入해 나뭇가지를 잘라 주어야 하는 것이다. 꽃을 보고 고맙다는 뜻으로 그대로 복숭아가 달리는 대로, 익건 말건 멋대로 흐드러지게 두어야 하는데 그러지를 못하는 것이다. 잔인하기로 따져본다면 과수원을 경영하는 분들의 전지보다 그 자신이 한결 윗길이라는 생각을 하게 된다. 꽃이 피자마자 잘리는 나뭇가지들. 물론 그 뒤에 적과摘果라 해서 너무 많이 열린 열매를 솎아 주는 과정이 있기는 하다. 그렇다고 그가 적과를 안 하는가 하면, 또 그러지를 못해 제대로 된 복숭아 몇 개 먹겠다고 어린 복숭아를 따서 버리곤 한다. 종족보존의 본능을 가차없이 제한하고 차단하는 것이 아닌가 하는 생각까지 든다. 모든 과일이 그렇듯이 복숭아는 인간에게 매력있는 먹잇감이지만 복숭아로서는 씨를 키우는 게 우선이 아닌가. 그래서 자손을 퍼뜨리는 일이 복숭아나무의 소명이 아니던가 싶다.

단원 김홍도의 그림 가운데 낭원투도閬苑偸桃라는 게 있다. 삼천갑자 동방삭이가 서왕모의 과수원에서 선도仙桃를 도둑질해 가는 모양을 그린 그림이다. 배경설화에 해당하는 모티프가 없다면 늙은이가 복숭아를 들고 있는 그림일 뿐이다. 도교에서 최고의 지위를 차지하는 여성, 서왕모가 선도를 기르는 과수원 '낭원'에서도 전지를 할까. 하기는 거기서는 일천 갑자, 6만 년에 한 번 꽃이 피어 열매가 연다니, 그 사이 전지가위가 다 녹슬고 말 그런 시간이 갈 터이고, 서왕모의 낭원에 전지 따위가 있을 턱이 만무할 것 같다.*

▌수열에게서 답신이 왔다. 수열은 자기 이름을 한자로 나무 수樹 기쁠 열悅을 쓴다. 우공은 수열의 이름을 보면서 그게 자신이 추구하는 최고의 경지라는 생각을 하곤 했다. 나무의 기쁨이란 자연의 조화 가운데 핵심이 아닌가 싶었다.

수열이 보낸 메일 내용은 이런 것이었다. 수열 왈, 동방삭의 목숨을 알았으면 이제는 석숭의 부를 누려야 할 것입니다. 그러나 동방삭이 애첩을 백 명 넘겨 거느렸다고 해도 결국은 참수를 당한 인물로 기록되어 있습니다. 석숭의 금곡원 같은 별장은 꿈도 꾸지 마세요. 천하의 부자 석숭도 반란군에게 잡혀 참수를 당했고, 그의 애첩 녹주는 투신 자살했습니다.

전지가 어떠니 그런 얘기 그만하시고, 술이나 한잔 사세요. 건배 제의는 사양합니다. 술자리에서 건배 제의를 하라고 해서 사람 당혹스럽게 하는 장난도 이제는 작파할 때가 되었습니다.

우공은 그 지점에서 반복되는 짓은 어쩔 수 없이 상투적이 된다는 생각을 했다. 반복은 새로운 생각을 가로막는 장애물이다. 똑같은 곳에 한 10년 살았으면 흥미를 잃을 만도 하다는 생각으로 이어졌다.

행을 달리해서 이런 내용이 적혀 있었다. 김홍도의 〈낭원투도〉 액자 만들어 보내니 방에다 걸어놓고 도화원의 분위기를 살려보기 바랍니다. 총총.

오죽을 손질하다

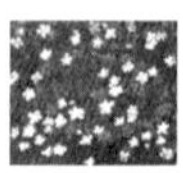

▌ 우공은 스스로 자신의 집념에 대해 두려운 감정을 지니고 있다. 그런데 하는 행동은 집념 그대로를 노출하고 실행하는 쪽으로 치달린다. 때로 욕심이 넘치기도 한다. 어떤 경우는 얼굴에 온화한 표정을 짓고 속으로는 징벌의 상상력을 축조하기도 한다. 그는 남의 이야기를 잘 듣는 얇은 귀를 가지고 있다. 좋게 얘기하면 전고를 중시한다고 할까. 못되게 말하자면 타성적이라 할 만하다. 오죽과 연관된 우공의 관념과 개인적 상상력의 거리가 얼마나 먼가 하는 것을 생각하면서, 그는 원고를 검토했다. 그리고는 그 원고를 호균互筠이란 친구에게 보냈다.

사월 초하루, 그는 대나무[오죽, 烏竹]를 싸 주었던 비닐을 벗겨냈다. 겨울이 워낙 추워 댓잎이 대부분 말라 버렸다. 댓잎이 아직 살아 있는 것만 남기고 잘라냈다. 살아 있는 댓잎은 그렇게도 깔끔한데, 이게 마르니까 비늘 같은 북더기가 날린다. 살아 있는 것이 아름다운 까닭은 물기를 머금고 있기 때문이다. 꽃잎이며 나뭇잎은 물론 나무 줄기도 물기를 머금어야 윤이 난다. 윤기는 생명력의 다른 표징이다.

대나무는 한 해에 키가 다 자라고, 그 다음에는 영근다. 그래서 대나무에는 나이테가 없다. 한 해 자란 대나무 키가 3m가 넘는다. 한 해에 3m씩 자란다면, 10년 자라면 키가 30m가 되는 셈이다. 한 해만 자라니 망정이지 매년 그렇게 자란다면 기형적인 식물이 될 것은 물론이다. 봄에 죽순이 올라올 때는 한나절이 다르게 쑥쑥 자라 올라간다. 그래서 우후죽순雨後竹筍이란 말이 생겨난 것인 모양이다. 이 말은 죽순이 여기저기 한꺼번에 자라 올라온다는 뜻이기는 하지만, 여기저기 돋아나 쑥쑥 자라는 모습이 자연스럽게 연상된다. 아무튼 작년에는 뿌리가 잡힌 대나무가 자라 올라가 창문을 거의 가릴 정도가 되었다. 다른 나무 같으면 전지를 해 주어 키를 조절할 수 있을 터인데, 대나무는 중도막을 잘라 버리면 나무가 영 우습게 되어 버린다. 쇠붙이를 거부하는 속성이 대나무의 오연傲然함을 상징하는 것이 아닌가, 그는 생각했다.

대나무, 특히 오죽은 푸른 빛깔로 줄기가 나와 시간이 쌓이면서 줄기 빛깔이 검게 변한다. 처음에는 연한 푸른색이 도는 줄기가 뻗어 올라가다가 차츰 짙은 갈색이 섞이기 시작한다. 얼마간 그렇게 색조가 유지되다가 어느 날 문득 자기 색깔, 까마귀 빛깔을 드러내기 시작한다. 검은 줄기의 마디에서 옆으로 뻗어 나오는 작은 가지들에 달리는 댓잎은 붓으로 친 것처럼 날렵하고 윤기도 흐른다. 특히 바람에 일렁이는 댓잎은 청삽淸颯한 상상을 불러온다. 푸른 바람에 머리를 날리면서 하얀 구름을 닮은 꿈을 꾸는 모양은 생각만 해도 청신한 기운을 돋아나게 한다. 그가 대나무 사랑하는 이유 가운데 하나였다.

대나무는 마디가 분명한 것이 매력 가운데 하나다. 잘 자란 대나무의 마디와 마디 사이가 두어 뼘씩이나 된다. 대나무는 종류에 따라 다르지만 오죽의 경우, 아래쪽 몇 마디를 땅에서 훤칠하게 뽑아 올린 다음에는 마디마다 곁가지를 내어 나무의 균형을 잡는다. 마디 옆으로 잔잔한 가지를 달아 균형을 유지하는 대나무는 위로 올라가면서 줄기가 가늘어지고, 상대적으로 옆으로 뻗는 가지가 커져서 끄트머리는 대개 유연하게 휘어져 바람이라도 불면 서걱서걱 가벼운 소리를 내며 일렁인다. 아무튼 마디가 있기 때문에 균형이 잡힌다. 그리고 공학적 성장을 하기도 한다. 마디는 대나무의 빈 속에 가름대를 만들어 준다. 그렇게 해서 힘을 분산하는 효과를 얻게 된다. 그는 대나무 구조의 오묘함에 진저릴 쳤다.

그는 거년에 정년을 하면서도, 이제 하나의 마디를 거쳐 간다는 느낌이 짙게 다가왔다. 달리 생각하면 자기 스스로 커다란 마디를 만들고 있다는 의미로 전환되기도 했다. 마디가 분명하고 깔끔한 삶을 생각해 보기도 한다. 내 자리, 내 지위, 내 나이 등에 따라 만들어지는 마디가, 자기 삶의 무늬와 더불어 정갈하기를 바라곤 했다.

오죽 마디마다 달린 잔가지를 전지가위로 잘라내고 끝을 잘라버렸다. 까만 대나무 줄기를 노란 잔디 위에 던져 놓았다. 시간의 실팍한 줄기가 잔디 위에 놓이는 듯하다. 발을 엮어서 창에 달아볼 생각을 하기도 했다. 그런데 가지를 잘라낸 부분이 칼끝처럼 날카로워 손을 잘못 스쳤다가는 금방 상처가 날 것 같다. 대나무 줄기는 무작정 위로 자라 올라가기 때문에, 나이테는 안 생기는 대신 섬유질이 철선鐵線처럼 질기다. 탄성이 높은 섬유질로 되어 있는 대나무는 성장과정의 특

이성으로 인해 다른 나무와 변별되는 특성을 드러낸다. 줄기의 겉면은 쇠처럼 단단하지만 안으로 들어갈수록 목질이 연해지고 속에는 파라핀 종이처럼 된 피막皮膜이 들어 있다. 너무 연약해서 온전한 상태로 꺼내기 쉽지 않지만 물고기의 부레를 연상하게 한다. 겉에서 안으로 들어가는 과정을 통해 점점 연하고 부드러워지는 성질이 대나무의 속성이다. 외유내강外柔內剛의 역방향으로 목질이 형성되어 있는 것이다. 말하자면 내유외강內柔外剛이랄까. 그러나 이런 양분법에 속아 넘어가거나 거기 관습이 되어 타성으로 굳어지면 사유의 유연성을 잃게 될 게 아닌가 싶기도 하다. 유기체에서 내외를 가른다든지 안팎을 분리하여 생각하는 것은 고정관념의 일종이다. 다른 나무도 겉은 단단한 껍질 즉 수피樹皮로 덮여 있고, 그 밑에 유연한 물관과 체관이 형성되어 있으며, 안의 목질부는 딱딱하게 굳어 있다. 밖과 안과 속이 그 나름의 일정한 층서層序를 이루고 있는 것이다. 인간의 부실한 언어로 비유를 해서 사물의 본질을 왜곡할 일이 아니라는 게 그의 생각이었다.

표리부동表裏不同이란 말 또한 마찬가지이다. 안팎이 똑같은 인간은 사실 별 재미가 없다. 표리부동이란 대상의 의미를 파악하는 데 혼란을 빚게 한다는 뜻인지도 모를 일이다. 겉으로는 점잖은데 속으로는 난잡하게 놀아나는 인간, 겉으로는 친절한데 안으로는 칼을 가는 인간, 남을 위하는 척하면서 자기 속을 챙기는 인간, 그런 인간을 표리부동이라고 질타한다. 그런데 겉으론 유약해 보이지만 안으로 강직한 사람은 외유내강이라고 해서 칭찬해 마지않는다. 그런 사람을 표리부동이라 질책하지 않는 게 세태 인심이다. 의미론적 천착을 한 연후라야 본심을 알 수 있는, 의미작용의 난해성을 보이는 인간의 인식이 미치는 한계가 그런 것인지도 모를 일이다.

대나무는 오죽이든 청죽이든 속을 알 수 없는 게 특징이다. 겉을 보아서는 속을 알 수 없는 게 대나무의 생리이다. 그런 대나무를 두고 겉은 야물고 속은 연하다고 나무랄 여지는 없어 보인다.

오죽을 정리해 두면 여러 군데 쓸모가 있을 것 같아서, 그는 전지가위로 잔가지를 잘라 정리해 놓았다. 잔가지를 잘라낸 부분에 손을 대보았다. 날카로운 칼끝처럼 억센 가지 끝이 손끝에 선뜩하게 느껴진다. 대나무를 엇자르면 끄트머리가 날카로운 창이 된다. 이른바 죽창竹槍이다. 전주에서 부안 나가는 길에 백산면 죽산이라는 곳이 있다. 동학농민혁명 때 흰옷 입은 사람들이 죽창을 들고 모여, 앉으면 죽산이고 서면 백산이라는 말이 생겼다고 한다. 죽창을 들고 일어섰던 선조들이 새삼 떠오르는 까닭이 무엇인가. 그의 눈앞에 안개가 서렸다.

오죽을 다듬다가 생각이 죽창에까지 이르렀으면 거기서 생각을 접어야 할 것 같았다. 선죽교善竹橋의 피묻은 대나무까지 생각을 이끌고 간다면 과도한 지적 유희 혹은 만상漫想에 이르는 것 같아서였다.*

▌호균이 우공에게 메일을 보냈다. 대나무 그거 흉물이야. 대뿌리가 구들장 밑으로 파고들면 집안이 망한다는 거라네. 무덤 옆에 대를 심으면 그 뿌리가 시신을 감아든다지 않던가. 오죽을 다듬어서 피리 만들어 불 생각은 않고 죽창이 어떠니 하는 흉한 소리를 하는 걸로 봐서 자네는 대를 심어 기를 체모가 아닌 듯하네.

선비가 대나무 아끼는 예는 여러 문헌에 보이거니와 하필, 석정 시인이 병풍에 쓰인 중장통의 〈낙지론〉 가운데 '어찌 임금의 신하되어 벼슬하는 것을 부러워하랴.' 하는 구절에 눈길이 머물렀을까.

석정문학관에 갔을 때 豈羨夫入帝王之門(기선부입제왕지문)이라는 구절이 액자에 표구되어 걸려 있던 게 떠올랐다. 중장통이 자기 집을 꾸미면서 대나무 심는 이야기를 한 구절 끼워 놓았던 것이다. 그러나 그것은 우공의 호사가 아니었다.

우공은 오죽의 죽순은 먹을 수 있을까 없을까를 상고하느라고 봄밤이 짧았다.

연장에 대하여

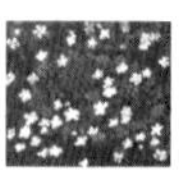

▌연장이라니, 우공은 제목을 보면서 혼자 낄낄거리고 웃었다. 별걸 다 걷어잡아 글을 쓴다고 나서더니 드디어는 '양물'까지 들고나와 설을 풀겠다는 거 아닌가 싶어서였다. 그런데 글을 읽어보니 전지가위로 손 다친 이야기였다. 엷은 배반감 같은 게 지나갔다. 자기가 쓴 글을 읽고 거기서 배반감을 느끼다니 이게 뭐하는 짓인가 싶기도 했다. 그러나 다시 생각해 보면 거듭되는 자기배반의 세월을 살아온 것 아닌가 하는 생각도 들었다. 내가 나를 오롯한 존재로 내세우지 못하고 하나의 도구로 소외시키는 데서 오는 어긋나는 감정이 그런 결과를 가져오는 게 아닌가 싶었다. 우공은 원고를 이성식이란 후배한테 보냈다.

연장을 다른 말로 연모라고도 한다. 얼핏 보면 한자어 같은 느낌이 드는데, 순우리말이다. 어감으로는 연장보다 연모가 좀 품위있는 말로 생각된다. 연장을 넣어 두거나 운반하는 통을 연장통이라 한다. 그러나 연모는 다룰 줄 안다든지, 연모를 골고루 갖추었다든지 하는 맥락에서 주로 사용된다. 연장은 물리적 실체를 가리키지만 연모는 인문적 대상을 가리키는 도구를 뜻한다. 예컨대 언어는 사고의 연모라고 하기는 하지만 사고의 연장이라고 하지는 않는다. 그런데 도구道具란 한자어가 연장과 연모를 아우르게 되면서, 연장과 연모는 쓰임이 줄어들었다.

전지가위 같은 것은 연장이라고 하나 연모라고 하나 정확한 변별은 잘 모르겠다. 아무튼, 그는 전지가위를 하나 새로 샀다. 이전에 장만한 것은 오래 써서 잘 안 들기 때문에 줄로 갈아서 쓰기도 했다. 그런대로 품을 줄여 주었다. 삼월 중순, 전번에 와서 복숭아나무 전지를 하는 데도 요긴하게 썼다. 웃자란 도장지徒長枝를 잘라 주는 데는 힘이 부쳤다. 전지가위가 잘 안 드는 것도 그렇지만, 관절염으로 손가락 통증이 심해서 욱신거리는 약지가 힘을 못 쓰기 때문이기도 했다. 그날 아니면 달리 날을 잡아 전지를 하기는 좀 어려운 형편이었다. 결국 무리하게 손을 쓰게 되었다. 다음날부터 손가락이 부어오르고 벌겋게 충혈되어 아파오기 시작하는데 정신이 아찔할 지경이었다. 그때부터 전지가위 타령이 시작되었다. 힘이 덜 드는 전지가위가 있어야 한다는 푸념이었다.

묘목도 몇 가지 살 겸해서 양재동 미림농원엘 갔다. 거기는 한편에서는 묘목을 중심으로 매장을 열고 다른 한편에서는 원예재료를 팔았다. 원예재료점에서 전지가위를 골랐다. 기왕 사는 김에, 하면서 진열대 위에 전시된 것 가운데 가장 잘 들 것처럼 보이는 제품을 골랐다. 일본에서 수입한 제품인데 자그마치 사만오천 원 가격표가 붙어 있다. 아내는 남편이 손을 앓는 것을 보고 딱하던지 좋은 제품으로 사라고 나서서 권했다. 그가 집어든 것은 손잡이가 검은 코팅이 되어 있고,

재래식 가위처럼 손받침이 둥그렇게 생긴 게 모양도 준수했다.

앙성에 오면서 봄꽃이 만발한 정원을 그려보았다. 그에게, 나무를 심어 자라고 그 나무가 피워내는 꽃을 보는 것은, 남의 정원에서 꽃을 보는 것과는 사뭇 다른 감회를 자아낸다. 자신이 심은 나무들이 꽃이 핀다는 것, 그것은 기적과 다를 바 없는 은총이고 축복이다. 과연 그랬다. 매화가 만개하여 흐드러졌다. 매화향이 허공에 소용돌이를 일으키며 하늘로 솟아오른다. 살구꽃이 화사하게 피어 언덕에 구름처럼 우아하게 솟아올랐다. 개나리는 억세게 자라, 그래서 촌스럽게 밭둑에 진노랑으로 뒤엉켰다. 벚나무도 이제는 숙성한 나무가 되어 꽃이 만개했다. 잡목으로 가득하던 골짜기에 꽃의 궁성을 만들어 놓기까지, 지난 칠 년은 땀이 밴 시간이었다.

그는 얼토당토 않게 전지가위를 들고 밖으로 나갔다. 전지가 덜된 가지들에 가위를 대본다. 제법 굵은 가지도 섬벅섬벅 잘 먹는다. 역시 제값을 한다는 생각을 하며 아래밭으로 내려가는 언덕길로 접어들었다. 키를 넘게 자란 앵두나무가 이제 막 꽃을 피워내어 흐드러지는 판이었다. 처음에는 사람 다니는 길은 비켜서 심어야 한다는 계산을 했던 터였다. 그런데 성장세가 워낙 실하다 보니 가지들이 그의 어깨며 목을 스치게 생겼다. 전지가위도 새로 샀것다, 잘되었다 싶어 꽃가지를 몇 개 잘랐다. 역시 섬벅섬벅 잘 먹었다.

꽃가지를 가지고 올라와서는 화목 쌓아 놓은 위에 걸쳐놓고 화병에 담기 좋게 손질했다. 한 가지가 양쪽으로 갈라진 게 있어서, 어떤 가지를 잘라야 화병에 잘 어울릴 것인가 하는 생각을 하다가, 이놈이다 하고는 제법 굵은 가지를 대강 잡고 가위질을 했다. 아뿔싸, 꽃가지는 떨어지고 장갑 안으로 칼날이 선뜩 스쳤다. 급히 장갑을 벗었다. 왼손 수도(手刀) 부분에서 빨건 피가 솟아오른다. 대강 한 치는 되는 길이로 살이 떡 벌어졌다. 오른손으로 싸잡고 아내를 불러 밴드를 찾았다. 밴드가 없는 모양이다. 아내는 질겁을 해서 소리를 치며 화장용 면지를 내준다. 손수건을 찾아 붙들어 매고 병원에 가자 했다. 운전하는 아내의 자세가 불안하다. 이런 일이야 연장을 다루다 보면 언제든지 생길 수 있다는 식으로 통증을 참으며 읍내(소재지) 의원을 찾아갔다. 초진이라고 등록을 하란다. 의사가 손수건을 끌러 펼쳐 보더니 꿰매야 하겠다고 하며, 자기네는 실도 없고 도구도 없어서 꿰매는 일은 못한다고 한다. 옆 진료실에서는 어떤 할머니가 허리 마사지를 받고 있는 중이었다. 아이구구, 아이구, 아이구 죽겠다. 신음인지 탄성인지 아무튼 죽겠단다. 의사는 정형외과를 찾아가라면서 소독약을 발라 주고 거즈를 대고 종이 테이프로 몇 군데 찔끔 붙여 주었다.

감곡까지 가서 한세정형외과를 찾아갔다. 전에 들른 적이 있는 병원이었다. 마취를 하고 서너 바늘 꿰맸다. 이전 같으면 붕대로 감고 견디면서 일할 수 있는 정도가 되는 상처인데, 병원이 있기 때문에 병원 방식대로 처리하게 된다. 한 이틀 항생제 주사를 맞으러 오라 한다. 원무과 직원이 처치 준비를 해 주고, 의사가 와서 처치를 한다. 의사는, "오늘은 오전 내내 꿰매네!" 하면서 불평인지 농담인지, 그렇게 중얼거리고는 마취 주사를 놓고 '바느질'을 뚝딱 마무리하고는 어디 사느냐, 무얼 하는 사람이냐, 어떻게 이 동네까지 왔느냐 질문을 해냈다. 친절하되 좀 속기가 있다는 생각을 하는 중인데, 자기도 집은 서울이라고 나서서 자랑처럼 이야기를 늘어놓았다. 서울 사람이 이

촌에 와서 의사 노릇하는 게 어떤 의미인지 모르겠다.

아내가 운전해 돌아오는 차안에서, 그는 붕대로 감고 반창고를 붙인 손을 들여다보았다. 여러 가지 생각들이 오간다. 부주의? 너무 잘 드는 전지가위? 도처에 위험이 도사리고 있는 농촌 작업 환경? 도구를 쓰는 인간의 운명?

부주의? 부주의가 틀림없었다. 이전에 쓰던 전지가위라면, 어떻게 잘라야 쉬 잘라질까 생각하면서 그런 실수를 하지 않았을 것이다. 할아버지는 손자에게 그런 이야길 하곤 했다. 연장을 쓰려면 눈을 네 개 다섯 개 가지고 일해야 한다는 것이었다. 나이와 더불어 집중력이 떨어지면 자칫 실수를 하기 마련이다. 상처가 쓰렸다. 그는 전지가위를 쓰는 동안 주의하라는 경고쯤으로 생각하기로 했다. 그는 손가락 잘려나간, 동네 몇 분의 얼굴을 떠올려 보았다.

너무 잘 드는 전지가위? 할머니는 할아버지한테 칼을 갈아 달라면서, 늘 그렇게 말했다. "안 드는 칼에 손 베인다." 그런 이야기에는 할아버지에 대한 원망도 깔려 있는 것이었다. 남편이 칼 잘 갈아주면 주부가 왜 손을 다치겠나, 안 드는 칼을 들고 억지로 일하다가 손을 다치게 된다는 불평이었다. 시대가 달라져서 꼭 그런 것은 아닌 듯한데, 아무튼 연장이 너무 잘 드는 바람에 나뭇가지로는 성이 안 차서 사람을 베러 드는 것은 아닌가 하는 애니미즘다운 발상을 하기도 했다.

농촌 작업 환경은 생각보다 많은 위험이 도사리고 있다. 물, 흙, 불은 말할 것도 없고, 농기구, 전기기구, 경운기, 소독기, 기계톱 등 기계들은 언제든지 위험하다. 더구나 그처럼 농촌에서 농기계를 다뤄본 경험이 없는 경우 그 위험은 배가된다. 기계를 쓰는 것은 몸 편하게 하고자 함인데 위험은 목숨을 노리는 경우가 허다하다.

도구를 쓰는 인간? 위험할 수밖에. 도구를 안 쓰고 몸으로 하는 일들은 몸이 느끼는 감각 때문에 무리를 하지 않게 된다. 물론 어느 정도까지 그렇기는 하지만. 몸이 못 버티면 물러날 수밖에 없을 터였다. 손으로 나뭇가지를 꺾다가 손이 아프면 그만두게 마련이다. 그런데 전지가위는 물론, 낫, 톱 그런 도구를 이용할 경우 일로 인한 노고와 통증이 감소된다. 그리고 일은 속도를 내게 된다. 따라서 위험에 노출되기가 한결 쉽다. 아차하는 순간, 자기가 이용하는 연장이 자신을 향해 반역의 자세를 취하고 달려드는 것이었다.

그는 아내가 운전하는 그 거창한 도구, 자동차 안에서 생각을 이어갔다. 인간은 도구를 만들어 쓸 줄 아는 존재로 규정된다. 이른바 호모 파버(homo faber)가 그것이다. 이는 다른 말로 창조자로서의 인간이란 의미이다. 무엇인가를 만들 줄 안다는 뜻이다. 도구를 만들기 위해서는 그 도구를 만드는 도구를 또 만들어야 한다. 도구의 도구의 도구의…. 도구라는 구도 가운데 맨 꼭대기에 올라가는 것은 아마 인간의 이성을 설정해야 할 것이다. 이성 또한 인간이 사고를 가능하게 하는 연모이기 때문이다.

상처 꿰맨 손바닥이 욱씬거렸다. 결핍은 욕망을 창조한다. 필요는 발명의 어머니라고 하던, 중학교 때 담임선생님의 이야기가 떠올랐다. 욕망은 결핍을 창조한다. 결핍과 욕망은 맞물려 돌아간다. 충족은 욕망을 안 만들어내는가? 충족과 함께 지속이 문제이다. 충족되어도 지속되지 않는 충족은 또 다른 욕망을 불러오게 마련이다. 욕망의 연결고리를 끊는 방법이 없는 셈이다.

"다음엔 어떤 일 저지를 차례지? 새것만 보면 눈이 돌아가설랑." 운전하던 그의 아내가 옆을 흘긋 쳐다보며 중얼거렸다. 아쉬운 대로 낡은 전지가위를 그대로 쓸 걸 그랬다는 후회가 들기도 했다. 후회는 욕망의 산물이다. 후회가 욕망을 만들고 욕망은 선택을 강요한다. 그 선택의 결과가 비극적일 때, 그 책임을 돌릴 존재가 없는 세상에서 연장을 탓하는 이성이라는 연모는 무엇인가? 모를 일이다. 그는 입맛을 쩍 다셨다.*

▌며칠 지나 이성식이 보내온 답은 이런 것이었다.

우공 대형 전, 그렇게 시작한 문장은 연장타령으로 이어졌다. 나는 연장 이야기할 자격이 없는 사람이 되었다오. 어젠가 우공과 목욕탕에 갔을 때, 내 연장 보고 참나무 방맹이 같다던 말씀은 추억의 지평선을 넘었답니다. 집안 내력도 있고, 그녀느 사업이라고 한다고 술을 마셔댔더니 고혈압이 나타나는 바람에 아스피린을 먹기 시작했지 않겠소. 그랬더니 어느 날부턴가 시나브로 양물이 잘 익은 차조, 그 조대가리처럼 아래로 축 처져서 명상에 빠졌는지 고개를 들지 않는다오.

"이성을 이성으로 통제하지 못하는 이성은 연장으로서 효용을 끝낸 게 아닌가 싶소." 우공은 그 말장난을 이렇게 읽었다. 여성을 여성으로 대하지 못하는 연장은 남성으로서의 권위를 상실한 것이다. 우공은 그런 말장난을 두고 웃음이 나서 빙긋하다가는, 그게 내 이야기 아닌가 싶어 책상 앞에 한참을 어정쩡하니 앉아 있었다.

나무, 이 또한 욕심일러라

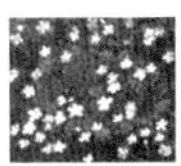

▍나무는, 존재의 층서로 본다면 하느님 바로 아랫자리에 위치한다. 세계수 또는 우주수라고 하는 물푸레나무는 북구신화의 주신 오딘이 심은 것으로 되어 있다. 가지는 하늘에 뻗어 있고 뿌리는 지하세계까지 내려가는 이 나무는 인간의 사사로운 욕망의 대상이 될 수 없는 지고의 존재다. 나무가 돈이 되는 것이 새삼 얘깃거리로 삼기는 철이 늦었다. 그러나 묘목을 사면서 주머닛돈을 따지는 것은 좀 단작스러운 속기가 있다. 아무튼 우공은 글을 손질해서 후배 수열에게 보냈다.

주말에 밭에 가서 나무를 심을 요량으로, 그는 서초동 종묘상에 갔다. 혼자 가기가 뭣해서 아내와 막내를 대동했다. 나무를 조금 알면서 나무가 돈으로 보이는 착시현상을 겪게 되었다. 착시라고 해서 별다른 것은 아니다. 잘 지은 아파트 조경을 하느라고 소나무를 심었으면, 저건 한 그루에 2천만 원은 주었겠네, 호두나무 3년생 묘목은 4만 원 정도는 주어야 할걸, 그런 식이다. 그렇게 보면 이팝나무는 물론 조팝

나무 가느다란 한 줄기에도 돈이 걸린다는 희한한 경제적 인식(!)을 갖게 되었다.

나무가 돈으로 보이는 사람은, 돈으로 환산되는 나무이기 때문에, 심은 묘목이 실패를 하면 속이 상하는 것을 지나 마음이 아리다. 전에 느티나무를 두 그루 사서 오르막길 양편으로 심었는데 한 그루가 실패를 했다. 느티나무는 수피가 유독 검은 게 특징이다. 꺼멓게 타 죽은 것처럼 말라가는 나무를 보는 동안 별별 불길한 생각이 머리를 오갔다.

나무를 사는 데는 다 그만한 이유가 있다. 복숭아만 가꾸는 과수원에 나무가 시들어 죽든지 하면, 그는 다른 종류의 나무를 샀던 것이다. 왕대추나무(천황) 10그루, 샤갈 그림을 보러 갔다가 시립미술관 입구에서 본, 겨울에도 잎이 떨어지지 않아 살그락거리는 대왕 참나무 2단, 작년에 수확을 해서 잼을 만들어 먹은 블루베리 4년생 6그루, 안내책자에 올라 있는 꽃이 화려해서 미산딸나무 10주, 고흐가 그린 구불구불하게 가지가 자라는 운용매화 한 그루, 아내가 좋아하는 적단풍 2묶음, 그리고 서민들은 심지 못하게 하고 궁중에서 키웠다는 황금회화나무 5주는 선물로 얻었다. 나무만 사면 화단을 가꿀 재료가 마땅치 않아 작약을 10뿌리 보태어 샀다. 청구서가 70만 원 가까이 된다. 나무 사는 데다 돈을 쓰는 것을, 그의 아내는 타박하지 않는 편이었다.

나무를 사 가지고 와서 '앙성별서(仰城別墅)' 조경 이야기를 하다가 겨울에도 파랗게 살아 있는 나무를 심자는 이야기가 나왔다. 과수원 끝자락이 길로 이어져 있고, 복숭아 나무가 낙엽이 지고 나면 길이 훤히 내다보여 아늑한 맛이 없다. 측백나무 울타리를 하기로 했다. 그리고 집으로 들어오는 입구에는 사철나무를 심고, 그 사이 사이 수국을 심어 운치를 내기로 했다. 앙성에 가는 길에 장호원 방향으로 돌아서 전부터 나무 거래를 해오던 '서림농원'에 들렀다. 사장이 직접 나무 이야기를 한다. 안주인은 출타중이라 했다. 종묘장에는 아직 나무가 와 있지 않은 상태다. 종묘장을 돌아보며 나무 감상을 하고 흥정을 하기도 했다. 이렇게 여유를 부리는 것이 돈을 쓰게 하는, 아니 자기 스스로를 합리화하는 구매 방법이 되는 셈이었다.

미측백나무 100주, 민측백은 잎이 엉성해서 울타리 역할을 하지 못한다고 한다. 그래서 잎이 무성한 미측백을 권고받고 그렇게 하자 한다. 사철나무 100주, 20주씩 심을 경우 5 무더기는 된다. 호두나무 3주는 복숭아 실패한 곳에 심을 작정이었다. 집 앞에 모과나무가 길러서 가을에 모과 열리는 모양을 보는 운치를 위해 모과나무 2주, 썰렁한 언덕에 가을을 맞아 황금빛으로 타오르는 은행나무를 보고도 싶었다. 은행나무 5주, 나라꽃은 그래도 심어야 할 게 아닌가 해서 무궁화 10주 그렇게 해서 128만원이 된다. 묘목 값을 이렇게 지불해도 되나 싶은데 아내는 소나무 이야기를 하며, 농장주와 반송을 구경하고 있었다. 그는, 내가 고른 것은 내가 내고, 당신이 선택한 반송 값은 당신이 내야 해, 속으로 생각했다. 그리고는 아내가 움직이는 동선을 따라 묵연히 그림자처럼 움직일 뿐이었다.

그는 자기가 산 나무를 다음 날 앙성으로 배달을 해 달라 했다. 그런데 거기서 끝내지 못하고 이삭줍기가 더 매력이 있다는 듯이 안 팔려나간 나무들을 둘러보았다. 종묘장을 돌아보는 중에 나무와 연관된 기억과 기대가 또 욕심을 불러온다. 전에 백목련 한 그루를 심었는데 자목련도 하나 구해서 쌍을 갖추어 놓았으면 싶었다. 화살대처럼 반듯하게 자라올라가고 조건을 제대로 갖춰 주면 가을을 넘기면서 단풍이 선염하게 고운 남천, 잎이 곱고 꽃과 열매가 아름다운 산딸나무는 제법 잘 키웠다. 묘목 심어 놓고 풀 때문에 고생을 하던 생각을 하면 좀 큰 놈으로 사야 하리라. 연못가에 향나무가 없다면 운치가 없지, 그 울릉도에서 사온 향나무가 자라기를 언제 기다리랴. 향나무에 대한 욕심이 솟아나는 거였다. "저 향나무 얼마면 되겠습니까?" 그는 주인을 올려다보았다. "공사용을 팔면 삼십만 원은 받아야 하는데, 절반만 내고 가져가세요." 옳거니를 외치며 그의 눈은 향나무 옆에 심은 목백합으로 돌아갔다. 목백합은 잎에 윤기가 넘치는 게 매력이다. 서양식으로 튤립나무라고 하는데, 5년생 몇 그루가 미끈한 수형을 보인다. "반송, 저거 꼭 사고 싶은데…" 그의 아내는 멈칫거리면서 남편의 의향을 묻는 눈치였다.

"얼머랍디까?"

"삼십 만원 내라네요."

인천 집에 있는 것을 운반해 심는 게 나을 것 같다면서, 그는 한전을 팔았다. 눈은 풍년이고 주머니는 흉년이었다.

농원 매장에서 눈여겨 봐두었던 나무들이, 집에 와서 누워 있는데도 눈앞에 오락가락했다. 아마 오늘 주문한 나무를 심는 일이 끝나면 기어코 그 나무들을 사러 갈 것이다. 그는 생각을 달리하기도 했다. 산을 덮고 있는 그 나무들에 얹힌 시간의 흔적과 태양과 물과 바람이 길러낸 나무들의 값은 따지지 말아야 한다는 것이었다. 태양의 아들, 바람의 자식인 그 나무들을 욕심내는 것은 속물로 사는 동안만 할 일이다.

봄이 되면 나무가게는 마치 어시장처럼 붐빈다. 일손이 모자라면 외국인 노동자들까지 동원한다. 사과나무 한 주를 들고 좋아라 꿈을 꾸는 아주머니, 팽나무를 사 들고 즐거워하는 노인, 금송을 너무 비싸서 만졌다 놓았다 하는 양복신사…. 나무와 맺는 갖가지 인연을 만날 수 있는 종묘상의 봄풍경이 마냥 즐겁지만 않은 것은, 그게 사색의 제목이 되기 때문이다. 자본화된 수목과 인간의 욕망.

그는 침대에서 일어나 컴퓨터를 켰다. '나무, 이 또한 욕심일러라.' 하는 제목으로 글을 시작했다. 원고료 작정이 없는 글이었다.*

(2011. 3. 13.)

▌수열이 보내온 답신은 우공의 기대를 작신 눌러놓는 것이었다.

"왜 이딴 메일을 자꾸 보내지요? 나무가 사색의 제목이 된다면, 그걸로 충분하지 돈을 얼마 썼는지 그걸 무슨 자랑이라고 늘어놓는 겁니까? 자신은 로맨스를 구가하는지 모르지만, 땅뙈기 한 자리 없는 나로서는 스캔들을 듣고 있는 구릿한 느낌입니다."

그렇게까지 민감한 반응을 보일 게 뭔가 싶었다. 다음 단락은 이렇게 되어 있었다.

"자신을 속물이라고 인정함으로써, 나는 내가 속물이라는 것을 이렇게 용감하게 털어놓습니다. 자랑스럽지 않습니까, 여러분! 그런 모양인데, 그게 형이 속물이라는 증겁니다. 미측백은 키가 너무 자라니 울타리로 두르면 답답한 집안에 콕 틀어박히게 될 테니 두고 보세요. 나무도 너무 좋아하면 목귀木鬼 붙는 수도 있으니 계지계지."

우공은 잠시 머리를 짚고 땅바닥을 내려다봤다. 그러다가 머리를 들었다. 눈앞에 거대한 나무가 바람을 타며 흔들리고 있었다.

수연기樹緣記

— 나무와 맺은 인연

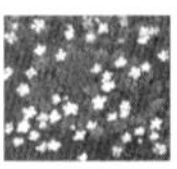

나무 이야기를 하면서 '뿌리'를 생각하는 것은 뭐란 말인가. 너무 떠돌다보면 안식을 모르는 반편이 되는 것은 아닌가 하는 생각이 들었다. 우공은 서재에서 김수영 시인의 ≪거대한 뿌리≫를 꺼내 거기 실린 '서시'를 읽어보았다. 이런 구절이 나온다. "나무여 영혼이여/ 가벼운 참새같이 나는 잠시 너의/ 흉하지 않은 가지 위에 피곤한 몸을 앉힌다." 나무에 기대어 내 존재의 안식을 취할 수 있을 것인가 하는 생각을 하면서 우공은 자신이 쓴 글을 읽어보았다.

그의 첫줄은 이랬다. "내 관념 속에는 몇 그루 성스런 나무들이 살아있다." 석가모니가 그 아래서 성불했다는 보리수菩提樹, 공자가 그 그늘에서 제자들에게 도를 설했다는 은행나무杏木, 예수가 기도를 올리던 산비탈의 감람橄欖나무, 그리고 단군신화에 나오는 신단수神檀樹 즉 박달나무 그런 나무들이 그의 기억 혹은 관념 속에 살아있는 나무들이다.

그런데 이런 나무들을 실제로 보고 그 실상과 위용이 어떤지를 알게 되는 데는 많은 시간이 걸렸다. 박달나무는 산에 가면 흔히 볼 수 있는 나무라서 그 자체가 진귀할 것은 없다. 그러나 태백산, 신단수, 단군왕검 그런 신화소와 연관된 박달나무는 예사로운 나무가 아니다. 그는 이렇게도 썼다. "나는 박달나무를 백석의 시에 나오는 갈매나무와 연관짓기를 잘 한다." 박달나무는 그에게 굳고 정갈하다는 나무로 인상지워져 있다. 그런데 산에 가서 박달나무를 찾아보라면 아직 난감해 한다. 각종 잡목 가운데 섞여 있는 박달나무를 금방 분별해내는 안목이 아직 못 갖추어진 까닭이었다.

석가모니가 그 아래서 득도를 했다는 보리수菩提樹는 인도의 보다가야에 가서 두 번이나 직접 볼 기회가 있었다. 언덕 하나를 다 덮을 만큼 큰 나무의 위용은 그 자체가 우주적인 영감을 불러오는 것이었다. 그런데 그 열매로 염주를 만든다는 보리수는 대학생 때 소백산에 등산 가는 길에 처음 보았다. 얼마 전에는 남서울대학교의 김필영 교수가 부안 내소사에서 구해 왔다는 보리수나무 열매로 만든 염주를 선물로 주어서 받았다. 깔끔하고 매끄러운 보리수나무 씨앗의 촉감이 이승의 초월을 포기하게 할 정도로 매끄럽고 감각적이었다. 인도나 스리랑카를 여행하다 보면 가는 데마다 보리수를 볼 수 있는데, 거기 기후풍토에 잘 맞는 나무라서 그렇게 잘 자라는 모양이었다. 한국의 소나무처럼, 이념화된 결과 그 나무를 그렇게 소중하게 기르는 듯했다.

성서에 나오는 감람나무는 그런 나무가 있는 모양이거니 하고 지냈는데, 그리스에 갈 기회가 있어서 올리브나무를 보고 수탐한 결과 그게 감람나무라는 것을 알게 되었다. 감람橄欖은 중국을 통해 들어온 말일 터인데 연원을 알지 못한다. 플라톤이 아카데미아를 건축할 때 심었다는 올리브나무가 지금도 살아 있다고 한다. 올리브나무는 척박한 땅에서 장수하는 나무로 알려져 있는데, 1500년 된 나무에서 기원전 4천년까지 장수한 기록이 있다고 한다. 척박한 땅에서 수척瘦瘠한 몰골로 서 있는 그 나무는 고통을 이겨내며 살아가는 어머니를 떠올리게 한다.

이런 구절도 있었다. "내 기억의 나무 가운데 하나를 더 추가한다면 뽕나무를 들어야 할 것이다." 뽕나무는 동해바다 저 멀리 부상扶桑에 해가 열리는 나무다. 거기 뽕나무는 해를 다닥다닥 달고 있다가 매일 해를 하나하나 떠올려 보낸다. 그 해는 하루 종일 하늘길을 여행하다가 함지咸池에 빠져 날이 저문다. 뽕나무는 태양계의 상상력으로 보자면 우주의 운행을 주관하는 데 기여하는 우주수이다. ≪삼국지≫에 나오는 유비의 고향은 누상촌樓桑村인데, 뽕나무가 정자를 이루었다 해서 그런 이름이 붙었다 한다. 중국을 세계의 중심으로 보았을 때 한나라의 고조 유방의 고향은 신화로 본다면 부상에 해당할지도 모른다.

그가 장만한 조그만 밭에다가 상림원桑林苑이란 이름을 붙인 까닭도 누상촌의 고사에 대한 상징적 욕망을 드러내는 일면이 있다. 그는 그의 할아버지 세대를 잘 모른다. 할아버지는 선친 세살 때 쯤 돌아가셨다 한다. 그는 명절이면 큰댁에 가서 차례를 지냈다. 아버지와 큰아버지 두 분이 아무 말 없이 잔을 올리고 절을 했다. 차례상을 물리고 식구들이 둘러앉아 아침을 먹을 때면, 아무튼 집안에는 형제들이 많아야 한다는 큰아버지의 덕담을 빼놓지 않고 들어야 했다. 큰댁에는 누님이 한 분 있고, 그와 동갑인 사촌이 있었는데, 그 사촌은 초등학교 육학년 때던가 동네 저수지에서 구렁이를 잡아가지고 작대기에 묶어서 메고 오다가 구렁이가 목을 감는 바람에 질겁하여 놀라서 그게 병이 되어 죽었다. 이렇게 되었으니 작은집 아들이 종손 노릇해야 한다던 큰어머니의 말씀을, 그는 지금도 기억난다.

그는 지차 집안의 장남이었다. 아래로 동생이 여섯 있었다. 아버지 다음은 큰아들이라는 이야기를 수도없이 들었는데, 그의 아버지가 회갑을 맞지 못하고 세상을 떴기 때문에 아버지 없는 집안의 장남으로서, 동생들이 성가하기 전까지 오랫동안 장남의 짐을 버거워하며 지내야 했다. 집안의 기둥이고 대들보라는 이야기를 많이도 들었다. 동생들에게 형 노릇을 충실하게 하지 못했지만, 자신의 삶이라도 잘 건사해야 한다는 생각을 잊은 적은 별로 없다. 내 집, 내 땅, 내 집안 그런데 뽕나무가 연관되어 있는 셈이다. 자기 땅을 사서 밭을 일구고 거기 뽕나무를 길렀기 때문이다. 길렀다기보다는 그건 상징으로 삼고 주로 뽕나무 베어내는 일을 했다.

아무튼 관념의 나무들이 현실감을 가지고 그에게 다가오게 된 것은 불과 근년 몇 해 이내다. 충주에 작은 밭이 하나 생겼다. 괭이로 바닥을 파도 파도 돌이 불거져 나뒹구는 돌자갈밭이어서 곡식이나 채소를 심기는 불편한 땅이었다. 이 지역은 복숭아와 사과가 특산물이다. 땅에 돌이 많아 다른 작물 가꾸기가 힘들었을 것이다. 돌이 오줌을 싸서 과수가 잘된다는 고장이다. 밭을 일구어 작물을 심는 것이 너무 힘들고 소득이 별로 없어, 이 고장의 토리土理를 따라 나무를 심기로 했다는 이야기를 몇 차례 들었다. 돌자갈밭에 억지로 작물 심지 말고 나무를 심자는 쪽으로 생각이 달라졌다. 해서 그는 몇 년 전부터 여러 가지 묘목을 구해다가 심기 시작했다.

복숭아나무는 지천이지만, 사과는 남의 과수원만 바라보고 침을 흘려야 하는 판이었다. 그의 밭에도 사과와 배를 몇 그루 심었다. 이후 감나무, 밤나무, 은행나무, 호두나무, 체리, 포도, 머루, 오갈피, 왕보리수, 석류 그런 묘목을 사다가 욕심껏 심었다. 겨우 서너 뼘이나 되는 일년생 묘목을 갖다 심으면서 이들이 자라서 과일이 주렁주렁 열리기를 꿈꾸었다.

하기는 나무를 심는 것은 꿈을 심는 일이었다. 나무를 심으면서 좀 야무진 기대를 한다고 해서 누가 타박을 하랴 싶었다. 그래서 관중이 지은 〈관자, 管子〉에서는 십 년 앞을 내다보는 일 가운데 나무를 심는 것만한 게 달리 없다고 했다. 이른바 "일년지계 막여수곡, 십년지계 막여수목, 백년지계 막여수인"이라는 것. 일 년에 걸려 하는 일 가운데 가장 종요로운 것이 곡식을 심는 일이며 십 년은 나무, 백 년을 내다보면 사람을 길러라 하는 내용이다. 그도 나무를 심으면서 10년 뒤에, 이 나무들이 어떻게 자라 어떤 모습으로 어우러질 것인가 생각하며 잡종과수원의 야무진 꿈을 꾸었다.

십 년을 내다보고 하는 일이라면 좀 느긋해야 하는 게 아니던가. 그런데 십 년은 고사하고 나무를 심고 나서부터 조바심을 하는 꼴이 스스로 우습기까지 했다. 묘목을 심으면서부터, 잎이 언제 피어나는지, 꽃은 얼마를 기다려야 하는지, 첫 열매는 언제 볼 수 있는지 영 궁금하고 안달증이 이는 것이었다. 속을 태우게 하는 게 한둘이 아니었다. 어떤 묘목은 안달을 하면서 한 해가 갔는데도 두어 뼘이나 자랐을까, 가망이 없어 보인다. 올해로 삼 년이 되는데 겨우 요게 무어람, 십년을 기다려봐도 결과는 허망할 것만 같은 묘목도 있었다.

왜 이렇게 더디 자라나, 왜 이렇게 볼품이 없나 하다가 급기야는 나무시장으로 달려가 삼년생이니 오년생이니 하는 제법 틀이 잡힌 나무를 바라보며, 아니 경탄으로 우러러보며 값을 계산해 보고, 마음먹고 몇 주를 다시 사기도 했다. 주머니사정이 여의치 않으면 그 스스로 어찌 나무와 선연善緣이 있겠나 하면서, 남 몰래 한숨을 쉬고는 그대로 돌아섰다. 그런 날이면 고속도로에서 거의 어김없이 외제 고급 승용차가 광택도 찬란하게 그의 앞을 가로막고 달리곤 했다.

나무를 사러 다니기 시작하면서부터 나무값을 계산하는 버릇이 생긴 것은 참으로 기막힌 아이러니이다. 나무와 더불어 자연 속에서, 나무처럼 욕심없이 살자고 마음먹은 것이 얼마나 현실과 아득한 공염불인가. 과수원의 나무들에는 돈꽃이 피고 돈열매가 열린다. 가로수는 돈나무들이 되어 헐가의 차창 옆으로 휙휙 지나간다. 아파트 앞 정원수들의 나무값을 어림잡아 보기도 했다. 수목장을 한다는 이들은 나무와 인연을 저승까지 이어가겠다는 알뜰한 심정일 터인데, 그들의 주머니에 현금이 없으면 그것도 헛된 꿈이다.

그는 자기가 심은 나무들이 숲이 되는 날, 아이들에게 이게 돈이 얼마가 들어간 것이라는 이야기는 하지 않기로 다짐을 두었다. 나무의 욕심 없음, 그 비유가 왜 정당한지를 나무 편에 서서 증언하리라 마음을 다졌다. 나무 편에서 보면, 나와 처음부터 무슨 인연이 있었을 것인가. 그 스스로 나무와 인연을 지어 나무를 향해 짝사랑을 하다가 속물적 상상력에 빠진 것일 뿐이다.

나무와 맺은 인연을 나무답게 하기 위해서는 비유와 계산을 벗어나야 하리라. 나무를 자연으로 돌려주어야 하리라. 그런데 자연이 이미

사유화되고 이념화된 마당에 그가 나무와 맺은 인연은 본래의 자연이 아닌지도 모르겠다고, 그는 쓴웃을 지었다.* (2016. 3. 3.)

▌이미 자연이 아닌 나무를 길러 뭐하겠다는 것인가. 우공이 그런 생각을 하고 있을 때, 식물학을 전공하는 장통수張統樹라는 이가 막걸리 한 통을 사가지고 찾아왔다. 이거 한 통에 얼만지 아세요? 당돌한 질문이었다. 아니면 웃자고 하는 소리 같기도 했다. 내가 막걸리 잘 마시는 거 어떻게 알았어요? 어디든지 너무 몰두하면 미쳐요. 나무와 사랑하는 거, 말하자면 수간樹姦인데 산문정신을 이야기하는 분이 우습지 않아요? 우공은 충분히 반성하고 있으니 그런 걱정 말라면서, 막걸리통을 들고 집 앞에 심은 소나무를 향해 걸어갔다. 소나무 옆에다가 막걸리를 콸콸 쏟아부었다. 장통수 씨는 쓴 입맛을 다시며 돌아섰다.

인터넷에서 찾은 내용을 인쇄한 쪽지를 우공에게 건네는 것은 잊지 않았다. 우공은 '보리수'라는 말에 대해 설명이 필요하다는 생각을 하며 읽어 보았다.

'보리수'는 여러 가지가 있어서 혼란스럽다. 보리똥이라고도 하는 한국 전래의 보리수, 슈베르트 가곡에 나오는 그 보리수 린덴바움 등을 우리는 모두 보리수라 칭한다. 그리고 석가모니의 보리수는 다른 종류의 나무다. 석가모니가 그 나무 아래서 득도했다는 보리수는 영어로 pipal tree 또는 bo tree라고 한다. 학명은 Ficus religiosa라고 되어 있다. 인도보리수라 한다. 식물분류학에서 ficus는 뽕나무과 무화과나무 속에 속하는 나무를 뜻한다. 반얀나무로 알려진 벵골보리수는 ficus benghalenis 인도의 국목이다. 불교에서 말하는 보리(菩提, bodhi)는 산스크리트어 bodhisattva에서 온 말로 지혜를 뜻한다.

우공은 몇 해 전에 만났던 김필영 교수가 내소사 보리수 열매로 만들었다며 전해준 염주를 꺼내 손에 쥐고 굴려 보았다.

과수원 동네의 봄

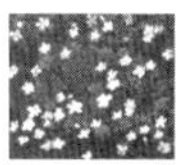

아침에 눈을 떴을 때, 우공은 장통수 씨에게 전화를 해야겠다는 생각이 났다. 일껏 챙겨서 막걸리 받아 가지고 온 것을 소나무 아래 쏟아붓는 행동은 용서 구하기 어려운 짓이었다. 상대방의 전화는 꺼져 있었다. 아래밭 과수원에서 새가 지저귀는 소리 같기도 하고 장날 대장간에서 망치질하는 소리처럼 들리기도 하는 쇳소리가 요란했다. 우공이 문을 열고 내다봤을 때, 사과나무에 사람들이 까마귀처럼 매달려 전지를 하고 있는 게 보였다. 우공은 전지하는 일꾼들의 행동을 한참 쳐다보다가 방으로 들어와 컴퓨터를 켰다.

과수원 동네의 봄은 농부들의 전지剪枝가위 소리를 따라 온다.

이곳 사람들은 정월 보름이 지나자마자 전지를 시작한다. 지난해 과일을 따낸 뒤에 자라 올라간 가지를 잘라주는 작업이다. 과일나무들은 과일을 딸 때까지는 과일 자라고 익는 자기 임무를 다하느라 그런지 나무가 자라는 것은 별반 모르겠다. 과일을 따낸 뒤에서야 잔가지가 뻗어올라가며 훌쩍 자란다. 그렇게 자란 가지들을 도장지徒長枝,

즉 웃자란 가지라고 한다. 이 잔가지들은 몸이 가벼워져서 그런지 잎이 갑자기 무성해진다. 가을에 서둘러 자란 잔가지에 맺힌 잎이기 때문에 부실한 까닭인지 싱싱하게 자라 나오다가 서리를 맞아 냉해를 입기도 한다. 전지는 주로 도장지를 잘라내는 작업이다.

아무튼 전지를 말끔하게 해 주어야 통풍이 원활하고 햇빛을 충분히 받을 수 있다. 통풍과 햇빛은 과일의 수확량뿐만 아니라 과일의 맛을 좌우한다. 그렇기 때문에 과수원에서 일하는 이들은 전지가위를 장교의 요대에 걸린 권총처럼 늘 허리에 차고 다니면서 눈에 보이는 대로 나무를 손질한다. 그러나 과수원 전체의 전지는 해동기간에 하게 된다. 해동기간은 바람끝이 옷 속으로 파고들어 겨울보다 더 추위를 느끼게 한다. 때로는 뿌연 흙바람 속에서 일을 할 경우도 있다.

그는 전지에 대해 이런 생각을 했다. 전지는 인간이 농업을 시작한 이래 가장 발달된 농업기술에 해당한다. 전지는 말하자면 나무를 인간의 의지대로 관리하고 모양을 조정해 주는, 나무를 길들여 인간화하는 일이다. 전지를 해준 나무를 보면 생애에 굴곡이 많았던 인간을 생각하게 한다. 이해관계를 따라 고샅길로 돌아가고 돌아나오고 하는 중에 굴곡이 심하고 상처가 잔뜩 남은 인생을 닮은 것이다. 이익이 되는 삶을 추구하는 인간이, 세상살이에 초연한 척하는 인간보다 더욱 인간다울지 모른다. 그리고 굽고 마디진 생애가 삶의 진실에 가깝게 다가간다. 아무튼 과수원의 굽고 마디진 가지에도 봄이 되면 꽃이 피어 만발한다.

봄꽃 가운데 이 동네 과수원에서 가장 볼 만한 것이 복사꽃이다. 그는 표준어로 밥벌이를 한 만큼 표준어를 무시하지는 않지만, 표준어보다는 사람들 사이에 불리고 쓰이는 말들이 더 정감이 간다. 해서 복숭아꽃이라는 말보다는 복사꽃이라는 말을 좋아한다. 동요에는 “복숭아꽃 살구꽃 아기 진달래….” 그런 식으로 복숭아꽃이라고 부른다. 그런데 어른들이 부르는 노래에는 “복사꽃 능금꽃이 피는 내 고향”이라는 구절이 나온다. 그의 나이에는 복숭아꽃보다는 복사꽃이 더욱 어울리는 어감이다.

복숭아는 우선 과일 복숭아를 연상하게 한다. 천도복숭아라든지 복숭아 산지産地 같은 말들은 과일과 일차적 의미 연관을 갖는다. 복숭아꽃이라는 말은 매실 꽃이라고 하는 것만큼이나 복숭아가 열리는 나무를 연상하게 하는 느낌을 준다. 이 동네에는 ‘복상골’이라는 동네 이름이 있다. 복숭아나무를 복상나무라 하기도 하는 것이다. 복사와 복숭아가 블렌딩되어 복상이란 말을 만들어낸 것이다. 그건 그렇고, 어린이들 말로는 복숭아꽃이고 어른들 말로는 복사꽃이라는 명칭으로 각 세대의 감각을 불러온다는 점에서, 자기 세대에 적절하게 어울리는 말을 쓰는 게 정상적 감각이라고, 그는 생각했다.

이 동네 복사꽃은 대개 4월 20일 경에 피는데 올해는 한 주일 가량 늦어지는 모양이다. 그러다 보니 복사꽃이 필 무렵에는 잎이 일찍 나오는 냉이, 제비꽃, 꽃다지 같은 자디잔 들꽃들이 밭을 뒤덮어 꽃 융단을 만들어 놓는다. 복사꽃은 들풀의 꽃 융단 위에 제왕처럼, 여왕처럼 군림하며 그야말로 오연傲然하고 우아한 꽃잔치를 펼친다. 선경을 자아내는 언덕의 복사꽃 만발한 과수원은 우리를 추억에 잠기게 하고 꿈꾸게 한다. 저런 시절이 있었거니 회상하는 한편, 내 아름다운 꿈의 동산은 어디 있는가를 생각하게 한다. 푸르게 펼쳐진 풀의 카펫 자락

위에서. 꽃 융단을 만드는 풀꽃 가운데 하나가 꽃다지다.

봄맞이라는 노래에 "달래 냉이 꽃다지 모두 캐보자." 하는 구절이 나온다. 그는 얼마 동안 달래와 냉이는 알겠는데 '꽃다지'가 무언지 몰라 궁금해 했었다. 그의 아내가 냉이를 캐다가 잎이 동글동글하고 솜털이 뽀얗게 덮인 풀을 가리키며 그게 먹을 수 있는 것인가 물었다. 그가 어렸을 때 할머니는 어떤 풀들이든지 먹을 수 있는 것과 먹지 못하는 것으로 구분해서 이야기했다. 사실 이 간단한 이분법으로 갈라지는 풀들이 그 세대 분들 삶의 기본 지식이었다. 먹지 못하는 풀들 가운데는 잎이 소담하고 모양이 아름다운 것들이 많다. 그 유혹에 넘어가 목숨을 잃는 경우도 있고 보면, 풀을 먹을 수 있는 것과 먹지 못하는 것으로 갈라보는 지혜는 대단히 소중한 생존의 지식이고 자연을 보는 안목이었다. 이름 모를 풀과 나무를 이야기하는 요즈음 세태와는 사뭇 다른 느낌을 주는, 당신들 세대의 인식소(認識素, épistémé)이다. 아, 먹고 못 먹음의 양분법이 지배하던 시대를 산 어른들의 고단한 삶은 굽고 어긋나게 뻗은 과수를 닮았다고 그는 감탄과 한숨을 뱉어냈다.

그는 아내의 질문에 먹을 수 있는 식물이라는 이야기를 했다. 그리고 기억을 더듬어 그걸 '코딱지나물'이라고 한다는 것도 알려 주었다. 그의 아내는 깔깔 웃었다. 무슨 나물 이름이 그러냐는 것이었다. 그러면서 그게 꽃다지 아닌가 되물었다. 일이 끝나고 들어와 인터넷 검색을 해 보았다. 아내의 말이 맞았다. 동글동글한 잎 위로 길게 줄기를 뽑아올려 줄기 가지의 끝에 작고 노란 꽃을 좁쌀알처럼 달고 있는 그게 꽃다지였다. 냉이는 잎이 길고 잎가에 톱니가 있다. 그리고 불긋한 줄기를 뽑아올려 안개꽃을 닮은 하얀 꽃을 피운다. 냉이와 꽃다지가 꽃이 피어 덮인 밭은 훌륭한 꽃방석이 된다. 그 위에 복사꽃이 어우러지는 풍경은 봄 풍경 가운데 더없이 아름다운 색감을 자아낸다. 그림으로 친다면 배경이 아름다운 인물화와 같다고나 할까. 그의 생각은 복사꽃으로 자리를 옮겼다.

복사꽃 하나하나는 매화처럼 반듯하거나 예쁘지는 않다. 어딘가 일그러져 보인다. 분홍으로 물든 꽃잎도 그렇다. 다섯 장이 달리는 꽃잎은 좀 오갈이 든 것처럼 끝이 오글거린다. 그러나 약간 거리를 두고 바라보면 이전 사람들이 도화색桃花色을 금기시했던 이유를 알 듯하다. 꽃이 피어 만발하면 젊은 여성의 볼처럼 발갛게 달아오른 색조가 가히 뇌쇄적이다. 향은 그다지 강하지 않지만 색으로 압도해오는 요염함은 다른 꽃에서 찾기 어려운 매력이다. 복사꽃은 조화의 아름다움을 생각하게 한다. 짙어오는 과수원의 풀밭과 복사꽃이 어울릴 때의 빛깔은 가히 환상이다. 낙원을 그린다면 그 이상의 빛깔이 없을 것이라는 게 그의 생각이었다.

복사꽃은 낙원을 상징한다. 언덕 저쪽으로 풀이 짙어오는 위에 아련히 떠오르는 복사꽃 과수원은 마치 낙원을 방불케 한다. 그는 낙원의 형상을 왜 도화원桃花源이라고 했는지 알 만하다는 생각이 들었다. 낙원은 저만큼 거리가 있어야 한다. 너무 가까이 있는 동네나 자기 집 뜰은 낙원에서 멀다. 미적 거리가 유지되지 않기 때문이다.

그는 복상나무의 꽃과 열매에 대해 명상이라도 하듯 생각을 반추했다. 꽃이 떨어지고 나면 열매가 다닥다닥 열려 나무가 견디지 못할 지경이 된다. 그런데 이곳 주민들이 꽃을 따주는 것처럼 어린 과일을 따

준다. 이름하여 적과摘果다. 그래야 과일 낱알이 굵고 당도가 높아진다고 한다. 그리고 열매가 너무 많이 달리면 나뭇가지가 찢어져 과목이 상한다. 봄에는 꽃을 따 주고 초여름에는 어린 과일을 따준다. 적화와 적과, 그렇게 나무를 관리한다.

그는 전지의 경제학은 잘 모른다. 그러나 과일나무를 길러 과일을 따서 팔아 생계를 유지하는 과수원 주인들은 다른 직업인의 일상처럼 꽃이야기만 하고 살 수 없다. 자연과 거슬러 살아야 하는 일상은 여전히 아득하다. 꽃이나 어린 과일을 따 버리면서 봄은 가고, 새벽부터 소독을 하고 농약을 뿌리면서 일과가 시작되기 때문이다. 과수원 경영은 그가 감당할 수 없는, 결코 쉽지 않은 직업이다.

과수원의 봄은 소독 기계 돌아가는 소리에 감겨 여름으로 넘어간다. 이 무렵이면 과수원 둑에 아까시 꽃이 소담하게 달려 향이 어지럽고, 뻐꾸기는 처연하게 울어제킨다. 봄이 안타깝게 간다는 것이다.*

(2013. 4.)

▌동네 이장이 우공의 집에 들렀다. 첫마디가 여기 사는 사람들하고 비슷하게 사는 게 신관 편할 것이라며 훈계조 비슷하게 나왔다. 그게 무슨 소리요? 소나무에다가 막걸리 주어 기른다던데, 거 사실입니까? 아, 그거 말이지요…. 뭐랄까 내가, '취송정기'라는 소설을 하나 쓰려고 준비하는 중인데, 장통수 씨 그 양반이 와서 쓰잘데없는 소리를 하길래 쫓아버리려고 한 얘긴데요. 그런 일이 있었다. 장통수 씨가 올라와서 당신네가 농약을 안 하기 때문에 벌레들이 득실거리고 알을 까고 해서 동네 과수원이 벌레 구덩이가 되었다는 것이었다. 우리 과수원은 꽃을 보려고 하는 과수원이니 농사 잘못 짓는다고 이러쿵저러쿵

하지 마시오. 우공은 제법 마음을 다져먹고 그렇게 응대를 했던 터였다.

아무튼 내려와서 참이나 들고 가시지요. 우공은 주섬주섬 옷을 챙겨입고, 냉장고에 넣어 두었던 막걸리 두 병을 들고 이장네 과수원 농막으로 내려갔다. 동네서 뭐라 하든 막걸리 같이 마시는 사이면 동네 주민 된 거 아닌가, 우공은 그런 뱃심으로 지낼 심산이었다.

꽃잎과 비닐과 바람과

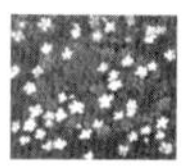

ǀ 총선에 국회의원 나가겠다는 강주덕이라는 이가 우공을 찾아왔다. 공약 1호가 무언가, 물었다. 농촌 쓰레기를 해결하겠다는 게 그의 공약 1호라고 했다. 내가 힘껏 밀어줄 터이니 꼭 국회의원이 되어 여의도에서 만나자 했다. 우공이 여의도에서 만나자 하는 데는 그 나름대로 믿는 구석이 있기 때문이었다. 그의 친구 전국구라는 사람이 국회의원이 되어 여의도에서 의정활동을 하고 있었다. 우공은 어제 써 놓았던 파일을 프린트해서 강주덕이라는 국회의원 후보에게 건네주었다.

차 없이 앙성에 왔다. 청주에서 한태구 군 주례를 봐 주고 그를 데리러 온 이관희 학생에게 부탁해서 앙성까지 데려다 달라고 했다. 차 없이 혼자 오기는 처음인 것이다.

이런 맛으로 시골살이를 하는 것이라고 감탄을 할 정도로 봄이 오는 소리가 들리는 듯했다. 버드나무는 벌써 연녹색으로 물들기 시작한다. 청매는 맑은 향을 조용히 흘려보내며 꽃봉오리가 벙긋이 벌었다. 벚나무는 꽃봉오리를 잔뜩 달고 터져날 때를 기다리고 있다. 처음 보았던 아내의 유두처럼 볼그족족하니 푸른 꽃받침에 싸여 있는 모습이 환상을 불러온다.

진달래가 만발해서 처연하게 붉다. 산자락을 물들인 진달래와 밭에 심어 놓은 진달래가 산과 집을 이어주는 감성의 띠를 형성하고 있다. 원추리 싹이 우쩍우쩍 자라 올라간다. 싱싱한 난초 잎은 연분홍 꽃을 떠올리게 한다. 개구리가 알을 낳아 놓고는 꼬르륵 꼬꼬 소리를 내며 울어댄다. 여름이 되면 와각와각 하늘의 별을 따 내리리라.

아 좋은 날이다, 하며 감탄을 하는 사이 자기 할 일을 잊고 한눈을 팔았다는 생각이 났다. 그는 작업복으로 갈아입고 밭으로 내렸다. 작년에 가지며 토마토, 오이 등을 심었던 밭두렁의 비닐을 걷어냈다. 비닐을 뭉쳐서 푸대에 담아 정리해 놓았다. 한 길이 넘게 자랐던 코스모스 대를 걷어냈다. 코스모스 싹이 무더기로 올라오더니 결국 웃자라서 꽃보다는 줄기만 무성했다. 그러나 그 줄기는 꽃의 기억을 간직하고 있어 다감하게 다가왔다.

소나무 곁가지를 잘라 주고, 전에 나뭇가지 전지해 준 것을 치우느라고 하루가 바쁘게 돌아갔다. 일을 대충 끝내고, 해가 지기 전에 서울로 돌아가자는 셈으로 5시 반경 일을 마무리했다. 보일러 물을 올려 샤워한 다음 택시를 부르기 위해 전화를 했다. 통화중이란다. 전화를 두 번 더 시도했는데 역시 통화중이다. 불통, 거기부터 아퀴가 안 맞아 돌아가기 시작했다.

정류장까지 걸어서 가기로 하고 집을 나서려는데 살필 게 많다. 수도, 전기, 창문, 열쇠 등등. 그리고 일하느라고 후질러 놓은 빨랫감을 챙겨야 한다. 비맞은 잔디를 밟은 구두도 손질을 해서 신어야 했다. 아내와 같이 온 날은 그런 일들은 대개 아내의 몫이었다.

문을 잠그고 나섰을 때, 청매가 화사하게 피어 향을 날리고 있었다. 향을 날리고 있다기보다는 향이 번진다고 하는 편이 옳다. 그런데 이 청매가 반송 옆에 서 있는 게 문제다. 그늘 때문에 반송이 못 견딜 것 같다. 나무를 너무 욕심내어 심은 게 탈이다. 햇살이 눈을 찌른다. 선글라스를 꺼내 쓰고 언덕을 내려오는 길에, 발에 밟히는 돌멩이마다 발바닥을 자극해서 통풍있는 발에 찌릿찌릿 통증이 일어난다. 편한 길도 통증과 더불어 걸어야 하는 쪽으로 몸이 변하고 있다는 생각을 하매, 발 가볍게 걸어다니던 날들이 아득하게 느껴졌다.

큰길로 나서는 모퉁이를 돌아설 때였다. 밭둑에서 하천으로 이어지는 쓰레기 더미가 냄새를 풍기기 시작한다. 올해는 철이 일러 그런지 모기떼가 공중에 자욱하게 날아다닌다. 시원한 공기가 피부를 감싸던 그런 세월은 다한 모양이다. 여름 내내 물것들에 시달릴 생각을 하게 된다. 삶의 환경이 좋다고 장만한 주거지가 생각과 달리 다른 방향으로 못되게 돌아가는 것 같아, 가슴이 멍굴했다.

인도를 따로 만들지 못한 도로라서 걷기에는 위험성이 높다. 일부러 좌측통행을 하기로 한다. 그래야 마주오는 차들과 비끼면서 내 편에서 경계를 할 수 있기 때문이다. 읍내까지 걷기가 영 불편한 길이다. 한적하게 걸어다니며 민들레 피어나는 걸 바라보던 시골길 이미지는 사라진 걸까, 그는 의문에 휩싸였다.

길가가 너무 지저분하게 어질러져 있다. 종잡을 수 없는 것들이 널려 있다. 작물을 심느라고 썼던 비닐쪼가리가 흙에 상처처럼 박혀 시꺼멓게 흔적을 드러냈다. 언덕에서 흘러내려와 개울을 적시는 썩은 물, 그 위에 그래도 계절이 봄인지라 풀이 우거지기 시작한다. 그 풀이 개울을, 그리고 땅을 정화할 걸로 믿어 보기로 한다.

길가 언덕에는 우윳병, 페트병, 소주병, 농약병, 까먹고 그대로 버린 과자 봉지, 아이스크림 통, 플라스틱 바가지, 용도를 알 수 없는 비닐 제품, 장화짝, 인형, 상상력을 넘어서는 것들로 난전을 이루었다. 이건 또 뭔가. 예쁜 쿠션이 논두렁에 뒹굴어 배를 내놓고 자빠졌다. 그리고 중학교 옆 언덕에는 자동차 범퍼가 부서진 채로 버려졌다. 거기서 사고가 난 것인지, 막 돋아나는 풀 사이에 시커먼 플라스틱은 흉측한 사고를 연상하게 했다.

차들이 휙휙 지나가며 먼지를 일으킨다. 미끄러져 내려오는 선글라스를 돋워 올린다는 게 손끝에 채이면서 아스팔트 위로 떨어졌다. 안경알 하나가 죽어 자빠지는 개구리처럼 툭 튀어나가 길 옆에 굴러떨어진다. 하얗게 바랜 물티슈가 수북하다. 마치 그렇게 짜 놓은 프로그램을 따라가는 모양으로 뒤틀려 돌아가는 모양새다.

다리목에 이르러서야 마음이 좀 안정된다. 그런데 다리 밑으로 흐르는 물에서 무엇인가 톡톡 튀어올라 물무늬를 만든다. 다리 난간에 서서 자세히 내려다보니 물살을 가르며 물고기들이 빠르게 헤엄쳐 돌아다닌다. 그렇구나, 아직은 물이 살아 있어서 물고기가 춤추며 헤어다닐 수 있는 것은 한 가닥 희망으로 다가온다. 아뿔싸, 그런 감탄을 배반하려고 작정이라도 한 듯, 시커먼 비닐봉지가 돌자갈 사이에 처박혀 있다. 그 안에 무엇이 들어 있는지는 아무도 모른다. 물고기에게는 치명적인 독극물이 아니기를, 그렇게 비는 마음이었다.

이 강토를 더럽히는 쓰레기를 처리하는 문제를 국가 차원의 대책을 세워야 하겠다는 생각을 하면서 면소재지 버스정류소로 갔다. 그런데 차가 얼마전에 떠나고 막차 하나가 남았다고 한다. 앞으로 두 시간 반을 기다려야 할 형편이 되었다. 갑자기 막막해진다. 아무것도 할 일이 없을 때, 시간을 어떻게 보내야 하는지 그 방법에 익숙하지 않은 까닭이다. 시내버스를 알아보았는데, 그것도 한 시간 후에나 있고, 서울 가는 차로 금방 연결이 되는지는 알 수 없었다.

돌아서서 소재지 중심가 쪽으로 작정 없이 발을 옮겼다. 어떻게 이 넘치는 시간을 요량할까 궁리를 하는 중이었다. 공영주차장에 묘목을 파는 영감을 만났다. 몇 번이던가 묘목을 사가고 하는 중에 낯익은 사이가 된 영감이다. 다짜고짜 술이나 한잔하자고 청을 넣었다. 술을 안 한단다. 외양으로는 모주꾼처럼 보이는데 술 끊은 지 삼십 년이 되었다고 한다. 그와 엇갈리고 페리카나에 가서 맥주나 한잔하자고 갔는데, 문이 잠겨 있다. 하긴 일요일 아닌가. 거기도 일을 쉬기도 해야 하리라, 너그럽게 생각하기로 한다. 술 안 먹는 주인이 하는 맥줏집. 건실한 사람으로 작년에는 집을 새로 근사하게 지어 동네잔치를 했던 기억이 났다.

동네 이야기를 들을 겸해서 용댕이식당에 들르기로 한다. 안에 불이 켜 있는 걸로 봐서 장사를 하는 모양이다. 문을 밀고 들어가자 주인댁이 반갑게 인사를 한다. 그런데 저 안쪽 자리에 여자 손님 둘이서 담배를 피워 연기가 뽀얗게 실내를 메우고 있다. 담배 냄새가 역하게 몰려나온다. 담배연기 빠지면 오겠다 하고 돌아섰다. 동네 인근에 골프장이 있는데 거기에서 일하는 캐디들이 술, 담배가 생활이 된 모양이었다. 목숨 뜯어서 사는 구멍 메꾸는 사람들을 생각하게 했다.

발길을 돌려 동네 끄트머리로 어슬렁거리며 걸었다. 꽃집에 꽃을 잔뜩 내놓았다. 꽃집 구경이나 하자고 서서 둘레거리고 있는데, 가게 안이 깜깜하다. 문이 잠겨 있다. 제라늄을 사려는 이야기를 하려 했는데, 물어볼 일이 갑자기 사라졌다.

경북관에 들러 신상철 씨에게 전화를 했더니 겨우 연결되었다.

"나랑 좀 놀아줘야 하겠는데."

"그렇게 하세유."

그 한마디를 듣고 그는, 이제 살았다, 하며 술꾼이 하나 더 오는데 안주 좋은 거 뭐가 있는가 묻고, 술은 뭐가 있는가 물으며 득의양양해서 신상철 씨를 기다렸다. 이럴 때 담배라도 피우면서 사람을 기다린다면 좋을 뻔했다는 생각이 들었다. 담배 끊은 것을 후회하는 것은 참으로 오랜만이었다. 어쩌면 봄신명이 지핀 까닭일지도 모른다는 생각이 들었다. 그때 신상철 씨가 식당 문을 밀고 안으로 들어왔다. 몸에서 담배냄새가 훅 끼쳤다. 생각과 달리 그것은 봄신명을 아득히 멀리 쫓아버리는 냄새였다. 어찌 보면 비닐 태우는 냄새 같기도 했다.

"날 친구처럼 불러주는 어른도 있고 참 좋아요." 그게 신상철 씨의 첫마디였다. 차를 왜 안 가지고 왔는가 물었다. 그는 자기 차가 경유차라서 매연 안 뿜으려고 한다며 맥이 닿지 않는 대답을 했다. 그는 신상철 씨 잔에 소주를 따르면서, 강주덕이라는 사람을 아는가 물었다. 내 친구인데요, 저 건넛마을 사람인데 말이지요, 지금은 충주로 나가서 농자재 장사를 하는 사람. 아, 그 친구가 말이지요 소를 먹였는데 한번은 풀밭에다가 소를 풀어놨어요. 그런데 그 정신없는 소가 풀이 좋으니까 마구 뜯어먹다가 비닐까지 먹었지 뭡니까. 그게 창자를 막는 바람에 죽었어요. 저너메 산모롱이에 그 소무덤이 있어요. 비닐 먹고 죽은 소를 애도하는 시를 써서 비석에 새겨놓았지 뭡니까. 그렇군. 내가 한 표 찍어주어야 하겠네. 꼭 그렇게 하세요. 신상철 씨가 그의 잔에 소주를 따르면서 하는 당부였다.

(2014. 3. 30.)

▌"교수님들 다 그렇게 마음이 단순합니까?" 식당 주인 아주머니는 눈을 살짝 흘기면서 우공을 쳐다보았다.

"애들하고 살아서 그래요." 우공의 대답이었다.

"사람 순진하긴. 내 말 들어보시오. 그거 국회의원 나갈라고 강 뭐시라는 사람이 다 맨들어서 꾸민 이야기라더만."

"그래요?"

우공은 자기도 모르게 눈을 크게 뜨고 식당 주인을 쳐다봤다.

"아주머니는 어떻게 그렇게 소문이 빠삭하신가요?"

"아, 내가 딸 칠형제를 길렀다는 거 아니오?"

식당 주인댁이 소주병을 갖다 식탁에 놓으면서 하는 말이었다. 우공은 신상철 씨와 식당 주인댁을 번갈아 쳐다보며 고개를 갸웃거렸다. 딸 일곱을 키우는 동안에 지혜가 쌓였다는 것인지 눈치가 빨라졌다는 것인지는 알 길이 없었다.

어디선가 비닐 태우는 매캐한 냄새가 식당 안으로 솔솔 기어들어 코끝을 어지럽혔다. 며칠 전에도 그런 일이 있었다. 아침에 일어나 창을 열었다. 상큼한 숲 냄새가 창으로 밀려들 것을 기대하면서였다. 비닐과 플라스틱 태우는 냄새가 뜰에 가득했다. 어디로 얼마나 더 멀리 도망쳐야 숨 제대로 쉬며 살 수 있을까. 우공은 자신도 모르게 이맛살을 찌푸렸다.

모란에 취하다 깨어서

— 취성모란기醉醒牧丹記

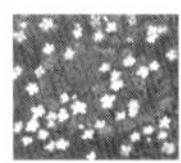

▍꽃 좋아하는 사람치고 악인 없다더라. 우공이 국화 모종을 화분에 옮겨심는 것을 휠체어에 앉아 지켜보던 모친이 하는 얘기였다. 그 얘기는 여러 차례 들었다. 우공은 꽃집에 갈 때마다 전에 듣던 유행가를 생각하곤 했다. 꽃집의 아가씨는 "새빨간 장미보다 새하얀 백합보다 천 배나 만 배나 예뻐요." 그렇게 노래하는 아가씨는 예쁘고, 밉고, 쌀쌀하고, 새침하고, 내 가슴을 울렁거리게 하고 마침내는 미치게 하는, 그 아롱다롱한 심리변화가 꽃집에 가득한 꽃들과 어울려 건전 명랑가요의 한 판을 형성하는 것이다. 우공은 모란이 핀 날 이런 글을 썼다. 그리고 중국 유학생 신옥화에게 메일로 보냈다.

오래전에, 그는 지우에게서 부귀옥당富貴玉堂이란 화제가 붙은 모란도를 한 점 선물받은 적이 있다.

잎은 먹으로 쳤고, 선염한 꽃잎은 물감이 화선지에 배어들어 풍성한 꽃잎이 발하는 빛까지를 드러내는 가운데, 꽃잎들 가운데 찍듯이 그린 노란 꽃술이 영절스럽게 아무러진 그림이다. 그 그림을 받아 벽에 걸어 두고 바라보면서부터 뜰에 모란을 심어 꽃을 보고 싶은 마음에 안달하다시피 지냈다.

이듬해 봄, 뿌리가 실하지 못한 하품 묘목을 서너 대 사다 심었다. 묘목이 실하지 못해도 잘 기르면 실한 꽃을 볼 수 있으리란 기대였다. 싹이 올라오다가 그대로 말라버리기를 두어 차례 하는 바람에 못내 안타까웠다.

그 무렵 화원을 하는 그의 동생이 커다란 화분에 심어 기른 모란을 한 분 보내주었다. 모란 줄기를 화분에서 뽑아 땅에 심었는데, 이듬해부터 붉은 꽃이 탐스럽게 우아한 자태로 피어나 화하흠향花下歆饗이랄까, 모란에 취해 지내기가 몇 해였다.

꽃도 사람의 욕심을 강렬하게 자극하는 것이라서, 붉은 모란만으로는 성이 차지 않았다. 백모란을 사다가 붉은 모란 맞은편에 심었다. 첫해는 모종덧을 하느라고 꽃이 신통치 않더니 그 다음해부터는 눈부신 꽃이 피어나 붉은 모란과 마주해서 균형을 이루어 주었다. 홍모란과 백모란은 마주서서 모란의 색과 향이 이채롭다는 것을 일러주었다.

해마다 오월이 되면 모란에 취해 다른 꽃들은 안중에도 없는 듯이 지내곤 했다. 빛깔과 향이 모란만한 게 없다고 하던 옛 문인 화가들의 칭송을 그가 그대로 받아들이지 않고 배길 수가 없었다. 영랑이 "모란이 지고 말면 자기 한 해는 다 가고 만다"고 안타까워했던 시구절을 떠올리는 것은 물론이었다.

모란꽃이 다 지고 무성한 잎만 씨를 여물리며 서 있는 모양을 보게 되는 날부터 그는 모란에 취했던 꽃잠에서 깨어나 모란을 자기 자신 사색의 대상으로 떠올리곤 했다. 미적 대상을 사유의 대상으로 전환하는 화훼평론가의 못된 버릇에 빠지는 것이었다.

꽃마다 꽃말이 있는 것은 꽃이 이념화되었다는 뜻이리라, 그는 그렇게 짐작했다. 모란은 그 화미華美함으로 인해 부귀를 상징한다. 세속적인 삶을 살아가는 인간치고 부귀를 마다하는 이가 어디 있겠는가. 그렇기 때문에 선비로서 자신을 성리학의 이념으로 견개狷介히 지키고자 하는 이들은 모란을 이등으로 분류한다. ≪양화소록≫에 솔, 대, 매화, 연, 국화(松竹梅蓮菊)는 일급으로 치고 모란은 이등급으로 낮추어 놓았다.

송대 도학의 비조로 일컬어지는 주무숙(周茂叔, 周敦頤, 周濂溪, 1017-73)은 〈애련설, 愛蓮說〉이라는 글에서는 연이 군자의 덕을 닮았다고 칭송하면서 모란은 속된 사람들의 취향이라 평가한다. 당나라 이래 수많은 사람들이 모란을 심히 아꼈는데, 모란은 꽃 가운데 부귀를 뜻하매 대중이 모란을 좋아하는 것은 의당한 일이라는 것이다.

하기는 측천무후(則天武后, 623-705)가 모란을 지극히 사랑하여 궁중에 모란을 심었고, 그 유풍이 세상에 널리 퍼졌다고 한다. 한데, 측천무후가 누구인가? 당 고종의 황비로 고종이 죽자 두 대에 걸친 황제를 폐하고 스스로 황제를 자처하면서 국정을 농단한 인물이 아니던가. 그런 요녀가 사랑한 꽃을 불교와 도교까지 섭렵한 도학자 주돈이가 칭송할 까닭이 없다.

그에 비해 주돈이가 연을 아끼는 이유는 이렇게 서술되어 있다. "出淤泥而不染 濯淸漣而不妖 中通外直 不蔓不枝 香遠益淸 亭亭淨植 可遠觀而不可褻翫焉." 대개 이런 뜻이다. "연은 진흙에서 나왔으되 탁한 물이 들지 않고, 맑은 물에 씻겨도 요염하지 않으며, 대궁 속은 비어 있으되 곧바로 서 있으며, 넝쿨지지도 않고 가지를 치지 않으며, 향은 멀리서 더욱 맑게 퍼지며, 정정하여 조촐히 섰으니 가히 멀리서 바라볼 수는 있어도 매만지며 완상할 수는 없다."

말인즉 옳다. 그러나 달리 생각해보면 연의 덕을 칭송하기 위해 무리하게 정황을 구성하고 있는 게 눈에 보인다. 연이 아니라도 진흙에서 난 부들이나 창포 같은 게 흙투성이가 된 것 본 적이 있는가. 수초 꽃치고 요사스런 게 어디 있던가. 속이 비고 곧기로 연이 어찌 대나무를 앞설 것인가. 가지가 없고 넝쿨이 없는 대신 잎이 너무 넓어 불균형은 아닌가. 이전투구泥田鬪狗를 각오하지 않고는 연밭에 들어갈 수 없는 일이니 미리 포기했을 터이고, 멀리서나 바라보아야 하겠지 않나 싶었다.

그도 누구 못지않게 연을 아끼는 터라 연못을 둘이나 만들어 놓고 연뿌리를 사다 심었다. 주자周子라 칭해서 성인의 반열에 오른 주렴계를 폄하할 용기가 그에게는 없다. 다만 어떤 꽃이든지 꽃이나 식물이 이념화되면 편향된 사유에 빠지게 된다는 점을 그 스스로 감계로 삼고자 할 뿐이었다.

모란은 서사와 맥을 대면서 특정 이미지로 착색된다. ≪삼국사기≫에 기록된 모란과 연관된 이야기는 널리 퍼져 있다. 진평왕의 딸 만덕공주는 후에 선덕여왕이 되는 인물이다. 당나라 태종이 신라와 관계를 트고자 선물을 보내왔다. 그게 모란도와 모란씨 석 되(升)였다. 그런데 모란꽃에 나비가 없는 그림을 보고 만덕공주가 이 모란 씨는 심으면 향이 없을 것이라 했다는 이야기가 전한다. 당나라에서 보낸 나비 없는 모란도는 만덕공주의 배우자가 없는 것을 야유하고자 했다는 해석이 널리 알려져 있다.

서사화 과정에서 사실을 왜곡하는 경우가 허다하다. 나비 없는 모란도는 중국화풍으로는 일반화된 사실이다. 부귀가 나비로 인해 날아간다는 관념이 모란도에는 나비를 안 그리는 풍이 유행했다는 것이다. 배우자가 없다는 사실을 야유했다면 당나라의 외교술로서는 하질이 아닐 수 없다. 아니면 신라 측의 자기비하적인 발상인가, 맥락이 선명하지 않았다.

모란은 빛깔과 모양이 지극히 화려한 것은 물론 향도 진하고, 꽃술이 소담해서 벌과 나비를 잘 이끌어들인다. 이야기 속에서 모란은 제 모습을 왜곡당하는 셈이다. 꽃의 일은 꽃에게 맡긴다는, 술 깬 평정심으로 돌아가 꽃 지고 잎이 무성한 모란을 다시 바라볼 일이라고, 그는 거듭 생각했다.*

▌신옥화에게서 답신이 왔다. 좀 쌩뚱맞은 답신이었다. 아우한테 꽃을 얻어다 키운다면, 그 보답을 했는가부터 물었다. 형제간에 그럴 필요가 있는가 하는 생각을 하다가, 하기는 형제간이기 때문에 감사함의 정표를 유달리해야 하는 게 아닌가 싶었다.

우리들한테는 글에 들어가는 모든 인용은 출처를 밝히라고 하면서 선생님은 왜 출처도 없이 ≪양화소록≫이니 〈애련설〉이니 ≪삼국사기≫ 같은 전적의 출처를 안 밝혔느냐는 공박도 있었다. 우공은 질 가르치신 잘 가르쳤다는 생각과 함께, 이런 글에서도 출처를 밝혀야 하는가 자문해 보았다. 또 하나는 꽃은 안 보고 이차텍스트만 그렇게 읽으면 어떻게 꽃과 교감을 하는가 묻는 것이었다. 술에 취해서, 꽃에 취해서 쓴 글이라 그렇다는 이야기를 하려 했는데, 신옥화의 전화가 기록되어 있지 않았다.

진달래와 동무

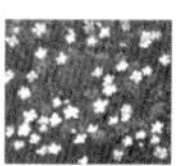

‖ 손녀가 말귀를 알아듣기 시작해서 옛날이야기를 해 달라고 조르기 시작하면서, 우공은 손자들이 읽을 수 있는 글을 써야 하겠다는 생각을 여러 차례 했다. 타고르의 시 〈시초〉에서처럼 "나는 어디서 왔어요, 엄마는 나를 어디서 주웠어요?" 그렇게 눈을 반짝이며 이야기를 청하는 아이들에게 들려줄 수 있는 이야기가 있어야 한다. 어른들의 시시껍질한 이야기를 틀어대는 소설로는 당하지 못할, 인간 소통의 원형에 해당하는 이야기를 쓰고 싶었다. 우공은 이래와 같은 이야기를 하나 써서 교육대학에 근무하는 진희선 교수에게 보냈다.

중학교에 입학해서 한 달이 지났다. 마침 만우절이었다. 얼마 전에 결혼한 담임 선생님 내외를 초대하기로 했다. 학생들은 만우절인데 선생님이 정말 올까 고개를 갸웃거리기도 했다.

학생들은 초대장을 만들어 발송하고 그날을 기다렸다. 음악실에다 자리를 마련했다. 다른 준비는 오락부장 양보해가 맡았다.

담임교사 명석환 선생이 문을 열고 들어왔다.

"초대해 주어 고맙습니다. 여러분의 사모님도 같이 왔어요."

"여러분의 사모님, 진달래 씨입니다."

학생들이 와아 함성을 지르고 박수를 쳤다. 담임교사 명석환 선생은 그의 아내 진달래 씨를 소개했다. 연변 어느 중학교에서 음악을 가르치던 사람인데, 한국에 와서 살기로 작정하고 결혼까지 하게 되었다고 했다. 할아버지는 연변으로 가기 전에 영변에서 살았다고 했다. 진달래의 고장이었다.

"초대에 답례삼아 노래 하나 할까요?"

학생들이 와와 함성을 질렀다. 담임교사는 아내 진달래의 반주에 맞추어 노래를 부르기 시작했다. 작고 아담한 음악실이 맑은 목소리로 짜랑짜랑 울렸다.

"봄이 오면 산에 들에 진달래 피네…. 진달래 피는 곳에 이 마음도 피어… 꽃만 말고 이 마음도 함께 따 가주."

담임교사는 음성이 맑고 목청이 고와 노래가 듣기 좋았다. 앞자리에 앉아 입을 헤벌리고 듣던 이문부가 손을 번쩍 들고 나서서 물었다. 이문부는 별명이 의문부였다. 별명처럼 질문이 많은 친구였다.

"사모님 이름이 진짜 진달래예요?"

"진달래를 닮았으니까."

진달래 빛깔 블라우스가 우아한 빛을 뿜어내는 것 같았다. 이문부는 의문이 안 풀린다는 듯이 고개를 옆으로 꼬고 앉았다가 다시 물었다.

"그런데, 진달래를 왜 진달래라고 해요?"

"진달래니까 진달래라고 하는 거야. 사람들이 오래 그렇게 쓰다 보니까 그게 왜 진달래라야 하는지 의문도 사라졌어요. 여러분이 그런 예를 들어 보세요."

대답이 쏟아져 나왔다. 풀은 왜 풀이지요? 하늘은 왜 하늘인가요? 사람은 왜 람사가 아닌가요? 아이들은 떠오르는 대로 물어댔다. 그때 오락부장 양보해가 손을 들고 물었다.

"사모님이 어떤 마음을 따갔어요?"

"쉿 조용. 내가 노래할게요. 동요도 괜찮지요?" 하고 물었다. 와아 하는 학생들의 응답이 물결을 이루었다. 신부 진달래는 노래를 시작했다.

동무들아 오너라 봄맞이 가자
너도 나도 바구니 옆에 끼고서
달래 냉이 씀바귀 모두 캐보자
종다리도 높이 떠 노래 부르네

노래가 끝나자 학생들이 박수를 쳤다. 그러나 함성을 지르거나 발을 구르지는 않았다.

"질문 있습니다!"

질의꾼 이문부가 손을 번쩍 들었다. 담임교사 명석환 선생의 눈이 둥그래졌다.

"동무는 북한에서 쓰는 말이잖아요? 연변에서도 그렇게 쓰나요?"

진달래 씨는 어떻게 대답을 해야 할지 몰라 잠시 망설였다. 한편으로 가슴이 멍쿨했다.

"우리집이 북한에서 연변으로 옮겨 갔으니까, 북한말도 쓰지요. 그런데 북한에서 쓰는 동무라는 말은 남한에서 쓰는 친구랑은 좀 달라요. 정치적인 동지라는 뜻이 강해요."

이문부 학생은 설명을 듣고 있다가, 혼자 빙긋이 웃었다. 그러다가는 다시 질문을 했다.

"진달래 선생님은 명석환 선생님의 친구인가요 동무인가요?"

담임교사는 대답 대신 교실 저쪽을 가리켰다. 학생들이 그쪽으로 눈길이 쏠렸다. 그 사이 명석환 선생은 신부 진달래를 담쑥 끌어안았다.*

▌진희선 교수가 편지를 보내왔다. 바탕에 예쁜 꽃들이 조롱조롱 그려진 편지지에다가 만년필로 정갈하게 쓴 글씨가 여린 향수 냄새와 더불어 눈에 다가왔다.

"선생님 글 읽으며 나도 모르게 미소를 지었습니다. 그런데 타고르의 〈기탄잘리〉에 실린 시가 하나 떠오르는 것은 무슨 까닭일까요? 수수께끼예요."

그리고는 안녕!이었다.

우공은 〈기탄잘리〉가 꽂혔던 자리가 비어 있고 대신 〈바가바드기타〉가 꽂혀 있는 것을 알았다. 노란 견출지가 붙어 있는 301쪽에 이런 구절이 있었다.

"선은 안락에 집착하고/ 격정은 행위에 집착한다, 아르주나여./ 그러나 암흑은 지혜를 덮으면서/ 방일에 집착한다."

우공은 스스로 소통의 집착에 시달리고 있는 것은 아닌가, 두 손을 깍지끼어 쥐고 힘을 주었다. 손마디에서 오도독 소리가 났다.

문학의 환상성과 작가의 상상력

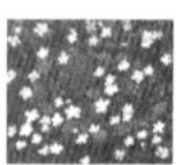

▎타고르는 우공이 근간에 관심을 가지고 읽는 작가다. 진희선 교수가 제출한 수수께끼가 머릿속에 걸리적거려 안달을 하다가 〈기탄잘리〉를 다시 찾아보았다.

"엄마, 아버지 책 많이 쓰신다면서요? 근데 나는 아버지가 무얼 쓰는지 이해 안 돼요. … 아버지는 왜 엄마가 이야기하는 것처럼 쓸 수 없지요? 아버지는 거인과 요정과 공주 이야기를 할머니한테 듣지 못했나요?"(민음사, p.81.)

거인과 요정과 공주 그런 것들이 환상이고 상상력 아닌가. 우공은 어느 문학지 머리말 부탁을 받고 이런 글을 썼다. 편집장 문영문에게 메일로 원고를 발송했다.

잘된 작품의 최소 요건 가운데 하나가 완결성이다. 작품의 완결성을 결정하는 첫 요건은 이야기의 구조적 완결성이다. 그 다음에 요구되는 것이 서술상의 수사적 완결성이다. 그런데 문제는 작품의 완결성을 추구하는데 삶이, 인생이 완결감이 없다는 데서 빚어져 나온다.

완결감이 없다는 것은 일종의 불가지론에 뿌리가 닿아 있다. 우리가 사는 세계가 조리정연한 설명이 안 되는 것이다. 이 설명이 가 닿지 않는 세계는 신비감을 더불게 마련이다. 그 신비감을 헤치고 설명하려는 의욕에서 신화가 발생한다.

애초에 세상은 기이한 일들로 가득했다. 해가 뜨고 지는 것부터 근원을 알 수 없었다. 그리고 구름이 몰려오면 해가 모습을 감추고, 번개가 치고 천둥이 으르렁거리는 것은 물론 폭우가 쏟아져 세상이 온통 뒤집힐 것처럼 요동치는 밤, 인간들은 굴속에서 하늘의 진노가 두려워 벌벌 떨면서 밤을 새웠다. 아침이 되어 해가 동쪽에서 찬란한 빛을 대지에 뿌리면서 떠올라올 즈음, 밤에 두려움에 떨던 생각을 하면 태양은 더없이 자애롭고 환희로운 모습으로 다가왔을 것이다. 그래서 태양은 신이 된다.

공포와 환희 양편에 펼쳐지는 이 기이한 일들을 두고 사람들은 이야기를 만들어내기 시작했다. 이야기를 만들자면 그 이야기에 펼쳐지는 일들을 주관하는 인물이 있어야 했다. 일마다 초월적 존재를 이끌어 붙였다. 초월이라 했지만 인간이 아는 세계와 유사한 세계를 만들기 위해서는 인간을 떠날 수 없다. 인간이되 인간을 넘어서는 능력을 지닌 존재를 상정한 것이다. 그래서 세상의 온갖 것들은 인격화된 존재로 부각된다. 그러한 존재들에 이름을 붙이고 인간세계에서 유추하여 역할을 부여하고 세계를 운영하게 하였다. 이렇게 만들어진 존재를 통칭하여 신이라고 했다. 태양신, 바다의 신, 천둥과 번개의 신, 바람의 신, 산의 신, 강의 신, 나무의 신 등은 그렇게 해서 태어났다. 나아가 인간 존재의 신비감을 풀 수 없을 때 인간을 주관하는 신도 나타나게 된다. 탄생의 신, 사랑의 신, 분노의 신, 축복의 신, 음악의 신, 역사의 신 등이 그렇게 해서 생겨났다.

그러한 신들은 사람살이가 복잡해지면서 각기 직분에 따라 직위가 부여된다. 농사를 짓게 되면서 농사의 신이 탄생한다. 사람들이 수레를 만들어 이용하면서 수레와 장사의 신을 만들었다. 농사짓고, 바다를 항해하고, 전쟁을 하고, 장사를 하는 곳곳마다 거기 걸맞은 신들이 생겨났다. 중국의 신농씨니 헌원씨니 후직이니 하는 신들이 그러한 예에 해당한다.

그렇게 많은 신들을 만들어 놓고 사람들은 그들에게 제사를 드리고, 희생을 바쳤다. 이때의 희생은 상징적인 의미보다는 실제로 행해지는, 소를 잡아 바치는 희생犧牲이었다. 신에게 소와 양을 잡아 바치면서 복을 빌었다. 공포를 해소하기 위해 다른 공포를 불러들였다. 나중에는 인간이 인간을 잡아서 바치고 그 피를 제단에 바르는 인신공희人身供犧의 지경으로 나아가게 된다. 알 수 없는 세계를 이해하고 설명해 보려고 만들어낸 신들이 인간의 운명을 좌우하는 것은 물론 인간 위에 군림하여 인간의 눈을 멀게 하는 존재가 되어버린 것이다. 물론 선신과 악신이 있어서 인간을 파괴하고 한편 인간을 돕는 양면전을 벌이는 것이기는 하지만.

인간은 삶의 저쪽, 죽음의 세계를 알지 못한다. 경험할 수 없는 세계이기 때문이다. 죽음의 경험은 존재의 절멸을 뜻한다. 그런데 기막힌 일은 인간 존재의 완결은 죽음 저쪽에서 이루어진다는 점이다. 속된 말로 관뚜껑을 닫기 전에는 그 인간에 대해서 말하지 말라고 한다. 살아 있는 동안, 즉 삶이 완결되기 전에는 어떤 평가도 불가능하다는 뜻이다. 이 엄청난 모순을 해결하기 위해서는 종말론을 만들어내야 했다. 넓은 의미의 종말론은 천국과 지옥이라는 토포스 안에서 이룩된다. 죽은 다음에 너의 존재가 어떻게 되리라는 이야기는 신탁으로 전해지기도 하고 운명으로 규정되어 인간의 생애를 좌우하기도 한다.

문학은 본래 신화 만들기에서 출발했다. 넓은 의미에서 신화는 우주와 인간의 존재 해명에 그 기능이 집중되어 있었다. 그리고 인간은 희생을 치르면서 세계의 완결성 안에서 혼돈에 빠지지 않고 살았다. 환상 속에서 감지되는 세계의 완결성은 이성적 분석과 합리적 설명보다는 믿음의 세계를 구축하는 것이었다. 믿음이 인간의 이성을 압도하면서, 다시 말하면 신화를 만드는 일이 인간을 옥죄는 질곡으로 작용하기 시작하면서 이에 대한 비판이 일기 시작했다.

서양의 경우 신화로 가득하던 시대는 호메로스의 그리스를 상정할 수 있다. 〈일리아스〉, 〈오디세이〉는 트로이 전쟁이라는 역사적 사실을 바탕으로 하고 있기는 하지만 각종의 신들로 가득한 세계이다. 플라톤은 신화에 대해 반역을 도모한 이성의 맹장이며 수호자였다. 인간형상을 한 신들로 우글거리는 세계에 이성으로 맞선 것이다. 신들로 가득한 세계를 타파하는 데는 역시 신을 이용하지 않을 수 없었을 것으로 이해가 된다. 그리고 이야기를 만들어야 했다. 플라톤의 저작들이 이야기로 이루어져 있다는 것은 당대의 신화적 에피스테메와 무관하지 않다.

이야기 가운데 인간이 겪은 일들을 서술하는 것을 역사라 한다. 인간이 겪었다는 것은 사실성을 요구한다. 이를 넓은 의미의 경험이라 할 수 있을 것은 물론이다. 경험한 세계를 기록한 것이 역사다. 그런데 아직도 인간의 인식 저쪽에는 경험하지 못한 미지의 세계에 대한 지향성이 남아 있기 마련이다. 역사는 일어난 일들이지만, 일어날 수 있는 세계에 대한 열망을 모두 잠재울 수 없는 게 인간의 서사욕구이다. 아리스토텔레스는 인간의 가능세계, 개연성이 있는 가능세계를 축조함으로써 인간 삶의 완결성을 추구할 수 있다고 설명했다. 그는 역사는 일어난 일을 이야기하지만, 일어날 수 있는 가능성의 세계를 추구함으로써 역사보다 더욱 보편적인 세계를 탐구할 수 있는 양식으로 비극을 들었다. 그렇기 때문에 역사보다 비극이, 혹은 문학이 더욱 보편적이고 따라서 위대하다고 주장한다. 문학의 독립선언을 한 것이다.

우리가 구축하는 세계는 사실과 경험으로만 이루어지지 않는다. 사실과 경험으로만 한정한다면 종교와 정치는 어느 시점에서 작동을 멈추어야 한다. 문학도 마찬가지이다. 이 어지러운 세계를 정리하고 설명하여 완결성을 모색하기 위해서는 꿈을 꾸지 않을 수 없다. 유토피아를 꿈꾸어야 하고 찬연한 광휘로 가득한 세계, 보들레르 식으로 말하자면 '질서와 아름다움만이' 가득한 세계를 그려내야 한다. 그리하여 이 세계가 원융한 시공으로 익어갈 수 있도록 상상해야 한다. 사실과 경험을 바탕으로 하되 환상을 상상력으로 이끌어올리는 역량이 작가에게 요구되는 상황이다.

어느 작가치고 대작에 대한 열망이 없을 것인가. 작가는 누구나 대작을 꿈꾼다. 한 시대를 풍미한 대작들은 완결성을 지닌 것들이다. 서사적 완결성으로는 현실적 제한에 대결하고 수사적 완결성으로는 어지러운 현실의 언어를 넘어서기 위해 사력을 다한다. 이른바 획기적인(이포크 메이킹) 작품의 기획은 시대에 대해 저항적일 수밖에 없다. 환상을 넘어서 상상력으로 고양된 꿈은 근본 속성이 혁명적인 것이기 때문이다.

우리 작가들이 사실과 경험의 세계 안에 자신을 묶어두기를 그만두어야 한다. 그리고 세계의 완결성을 구축하는 꿈꾸기에 용감히 나서야 한다. 이는 시대를 넘어서 수행해야 하는 작가의 의무일 터이다.*

편집장 문영문이 전화를 해왔다.

"선생님, 원고 쓰시느라고 애쓰셨습니다."

"그래서요?" 뜨악한 대답이었다.

"애쓰는 김에 조금만 더 애를 써 달라는…." 말끝을 흐렸다.

"오르가슴에 이르지 못했다는 뜻?" 잠시 멈칫했다가 말을 이었다.

"말하자면…. 다시, 어려우시겠지만 구체성을 좀더 살려서 써주실 수 없나 해서요."

"행간을 상상력으로 메꿔나가는 것이 글읽기인데 뭐하자는 소리?" 우공의 식식거리는 숨소리가 전화기를 파고들었다.

"그래도 독자를 고려해서." 역시 멈칫거리는 음성이었다.

"최고의 문장은 독자를 고려하지 않는 법이요." 단호한 대답이었다.

"선생님의 글이 최고의 문장이라면 그건 환상 아닐까요?" 대드는 태도를 감추지 않았다.

이런 발칙한, 그 말은 입밖에 내지 못하고 통화정지 버튼을 눌렀다.

우공의 봄날은 그렇게 가고 있었다.

3부

연꽃 벙글 때까지

〈초록으로 넘실대는 숲〉, 2016, 72.7㎝×53㎝, 아크릴

예초기와 방아깨비

▌ 양분법, 어떤 형태의 것이든 양분법은 두렵다는 게 우공의 굳은생각 가운데 하나다. 혹자는 말할 것이다. 그러면 동양의 음양사상도 음험한 것인가. 그럴 수도 있지만 서양의 양분법이 산문적 가르기를 핵심으로 한다면 동양의 양분법은 시적 융합을 전제하는 생성논리라는 데 특징이 있다. 기계와 생명을 마주놓는 것 또한 양분법일 듯하다. 감각하는 기계, 생성하는 기계를 생명과 마주놓는 것 또한 양분법이다. 그런 생각 끝에 동네에 같이 사는 손민서 씨를 주인공으로 해서 짧은 소설을 하나 엮었다.

하늘은 깨어질 듯 맑게 개어 올라갔는데, 따끈한 햇살은 쨰랑거리며 부서져내렸다. 정원 잔디를 깎느라고 땀을 흘려 옷은 흠뻑 젖고 목이 말랐다. 예초기가 멈추지 않았으면 일을 계속할 터인데, 까닭없이 멈춘 예초기가 잠시 쉴 짬을 만들어 준 셈이었다. 전에 아내가 만들어 주던 시원한 화채 생각이 났다. 냉장된 맥주 한잔 생각이 간절했다. 손민서 씨는 손질하던 예초기를 잔디 위에 놓아둔 채 먼 하늘을 멍하니 바라보았다. 산 너머 저쪽에서 목화송이처럼 하얀 뭉게구름이 떠올라오고 있었다. 구름 빛깔이 해사한 소녀의 얼굴을 닮아 보였다.

아내는 충주에 사는 외손녀가 병원에 입원했다고 해서 아침 일찍 다녀오겠다고 나섰다. 도착하는 대로 전화하겠다고 한 사람이, 점심때가 지났는데도 아무 연락이 없었다. 궁금하고 조급증이 일기 시작했다. 혹시 일이 잘못되어 아이가 어떻게 되는 것은 아닌지, 잔망스런 생각도 들었다. 그렇기야 할라구 하다가도, 병명도 모르고 원인도 알 수 없는 병으로 죽는 사람들이 점점 늘어난다는 보도를 들었던 기억이 되살아나 머리를 어지럽혔다. 목이 말랐다.

맥주나 한모금 마시고 일을 시작하자고, 잔디밭을 밟아 집으로 들어가던 중이었다. 무언가 발에 툭 채이는 느낌이었다. 발아래를 내려다보았다. 이제 자랄 대로 다 자라 쥐뼘 한 뼘은 되는 방아깨비가 균형을 잃고 몸을 뒤뚱거리면서 물러나는 중이었다. 손민서 씨는 문득 떠오르는 기억이 있었다.

보름 전에 잔디를 깎을 때였다. 예초기가 날이 무디어졌는지, 아니면 손이 말을 잘 안 듣는 것인지, 예초기 날이 손잡이의 통제를 벗어나 휘익하고 땅을 후벼들었다. 그 바람에 잔디 뿌리가 허옇게 드러나곤 했다. 회전속도가 낮아 그렇겠다 싶어 속도 레버를 좀 과하다 싶을 정도로 올렸다. 예초기 날이 옆으로 기우는 게 조금은 통제가 되는 듯했다.

발로 두어 폭 되는 앞머리의 풀을 밀어내고 있는데, 등에가 위잉 날아와 칼라를 치고 목으로 들어갔다. 겨드랑이까지 내려간 등에는 어깨로 올려붙어 끝내 어깨를 호되게 쏘았다. 고속으로 돌아가는 예초기를 든 채로 어떻게 할 도리가 없었다. 예초기 손잡이를 든 팔을 흔들어 보았다. 등에는 가슴으로 해서 허리에 갇혀 있었다. 예초기 작동 중지 버튼을 눌러 꺼 놓고는 옷을 벗고 등에를 쫓았다. 어깨는 쓰리고 가슴은 가려워 견딜 수가 없었다.

딸아이가 외손녀를 데리고 온다고 해서 풀을 깎던 중이라서 그만둘 수도 없었다. 예초기를 다시 작동시켜 잔디를 깎기 시작했다. 쓰라림과 가려움증 때문에 발이 헛놓이고 팔이 제대로 움직이지를 않았다. 무리를 해서 잔디를 깎는 중에 예초기 속도가 점점 높아져 싱싱 소리가 발악을 하듯이 카랑거렸다.

그때였다. 무엇인가 예초기 날에 툭 걸리는 것 같았는데, 개구리가 칼날에 맞아 배가 터지고 다리가 허연 살을 드러낸 채 나자빠졌다. 손민서 씨는 혀를 끌끌 차고는 예초기 엔진을 껐다. 개구리를 집어서 화단 안쪽 백당나무 아래 놓고는 칸나 잎을 따서 덮어 주었다.

다시 예초기 시동을 거는데 예초기 날 앞에 다리 하나가 부러진 방아깨비가 몸의 균형을 잡지 못하고, 괴로운 듯 날개를 부르르 떨면서 앞으로 다가왔다. 뾰족한 머리에 달린 더듬이가 파르르 떨리면서, 그 아래 눈이 불안하게 굴렀다. 곤충의 눈이 구를 까닭이 없는데 그렇게 보였다. 보기가 안쓰러워 옆으로 제쳐주려고 손을 내밀자 방아깨비는 혼신의 힘을 다해 미색 속날개를 털면서 날아올라 달아났다.

그날 다릴 잘린 채 달아났던 그 방아깨비가 살아 있었던 모양이었다. 배가 제법 통통하니 알이 밴 모양이었다. 다리 하나를 잘린 임산부를 생각하게 했다. 어떻게든지 살아서 알을 낳고서야 죽겠다는 의지로 버티는, 모성적 본능으로 살아 있는 게 틀림없었다. 그 방아깨비가 두렵다는 생각이 들었다. 전에 초등학교 때던가 형이 방아깨비를 잡아 가지고, 아침거리 콩콩 저녁거리 콩콩 하면서, 가지고 놀라고 주었을 때 무섭다고 달아난 적이 있었다. 별걸 다 무서워하네, 형은 비실거리며 웃었다.

창밖을 내다봤다. 건너편 과수원 둑에 코스모스가 피어 흐드러졌다. 봄에 과수원 주인의 어머니가 심은 것이었다. 늙은 과수나무 가지처럼 허리가 구부러진 노인이었다. 힘들지 않느냐고 물었을 때, 늙을수록 꽃이 좋아진다우, 그렇게 대답하던 얼굴에 주름살 사이로 웃음이 내비쳤다. 저 꽃이 이울면 꽃씨를 받으러 올라오겠지, 그런 생각이 들었다.

잔디를 마저 깎고 점심을 먹을 양으로 밖으로 나갔다. 그런데 그 방아깨비가 예초기 칼날 앞에서 이쪽을 바라보고 앉아 있는 게 아닌가. 손민서 씨는 자신도 모르게 팔에 소름이 돋아 침을 삼켰다. 뭉게구름처럼 환하게 웃는 외손녀의 얼굴이 겹쳐졌다.

눈에 잘 안 띄기 때문에 모르고 지나가서 그렇지, 예초기를 돌리는 동안 얼마나 많은 개구리, 곤충이며 버러지 같은 생명체들이 그 칼날에 감겨 죽었을까, 송구스럽고 마음이 아렸다. 잘 자란 잔디를 그대로 밟고 다녀도 발에 아무 탈이 날 일이 없는데, 그걸 구태여 손질한다는 게 어쭙잖은 호사 같았다. 그러나 절반만 손질을 하고 나머지는 그대로 두자니 모양새가 말이 아니었다.

예초기를 작동시키려고 할 때, 전화가 울렸다. 아내였다. 엉, 나요. 다급한 목소리로 전화를 받았다. 아내 편에서는 차분하게 이야기하려고 애쓰는 기색이 역력했다. 암, 글쎄 어린 게 암이래요, 하면서 울먹이는 소리가 전화기 안에서 흩어졌다. 무슨 암이라느냐고 물었다. 혈액암이라고 했다. 서울 큰병원으로 가봐야 한다고 하는데, 다시 연락할 테니 당신도 준비하고 기다리라는 이야기를 간신히 전화에 대고 뱉어내는 눈치였다.

손민서 씨는 맥이 탁 풀려 몸을 가눌 수가 없었다. 당장 병원으로 쫓아가야 하겠다 싶었다. 그러나 잠시 정신을 추스르고 생각해 보니 병원으로 쫓아간대야 마땅히 할 일이 없었다. 딸과 사위를 위로하고 이야기를 나누는 것 말고는, 오히려 교통편에 짐이 될 것 같기도 했다.

손민서 씨는 깎다 만 잔디를 그대로 두고 안으로 들어갔다. 목이 칼칼해서 냉장고로 다가갔다. 냉장고 방열판 옆에 아내가 붙여 놓은 외손녀 사진이 보였다. 외손녀는 뽀얀 얼굴에 보조개를 지으며 뭉게구름처럼 환한 얼굴로 웃었다. 손민서 씨의 딸은 예쁜 딸을 낳아 기르는 게 소원이었다. 소원대로 첫딸을 낳았고 아무런 탈 없이 잘 자랐다. 친가나 외갓집이나 웃음꽃이 피어나게 하는 재롱이였다. 그런 아이가 암에 걸리다니, 누구를 원망하고 어디 대고 한탄할 구석이 없었다.

혼자 이따금 생각나면 마시는 맥주인데, 언제 다 마셨는지 남은 게 없었다. 대신에 몽골에서 사온 보드카가 한 병 남아 있었다. 손민서 씨는 보드카 병을 들었다가 놓았다. 병원에 가봐야 할 일이 생길 수도 있는 상황이었다. 그런데 냉장실에 들어 있는 토닉워터를 보는 순간 간단히 한잔하자는 쪽으로 생각이 기울었다. 외손녀는 할아버지 술쟁이라며, 콧등에 주름을 잡고 웃곤 했다.

손민서 씨는 딸이 결혼하겠다는 집안 내력을 자세히 알아보았다. 건강진단서를 떼어 오라는 이야기는 하지 않았지만, 사위의 건강상태며 집안의 병력에 마음을 썼다. 사돈의 여자관계 같은 것에 이르기까지 조사해 본 결과 아무런 흠결이 없는 집안이었다. 흠결은 고사하고 도덕적 우월성이 돋보이는 집안이었다. 그만하면 됐다, 하는 선언을 하기까지 집안 아무에게도 내색을 하지 않았다. 병이란 게, 인과응보라고, 사람 골라서 불행으로 닥치는 것은 옛말이었다. 손민서 씨는 혀를 끌끌 찼다.

토닉워터를 타서 마시는 보드카는 제맛이 아니었다. 소주잔을 찾아 보드카를 강짜로 마셨다. 결국 낮술이 과하게 되었다. 얼굴이 확확 달아오르고 가슴이 울렁거렸다. 전에 없던 일이었다. 술병을 냉장고에 챙겨 넣었다. 냉장고 벽에서 외손녀는 여전히 환하게 웃었다. 어디서부터 솟아오르는 것인지 모르지만 부끄러운 생각이 들었다.

침대에 누워 멍하니 천정을 올려다보았다. 원목 천장이 건강에 좋다고 하는 통에 삼나무 판자를 구해다가 썼다. 판자 여기저기 옹이가 박혀 형상이 그려지지 않는 무늬를 만들어 놓았다. 옹이들은 나무가 자라면서 가지를 잘라낸 흔적이다. 어릴 때 가지가 잘려나가지 않고 그대로 붙어 있으면 나무가 미끈하게 자랄 수 없다. 결국 스스로 절지折枝를 할 줄 알아야 나무다운 나무가 된다. 물론 어려서부터 옆으로 뻗은 가지를 수명이 끝날 때까지 유지하는 경우가 없지는 않다. 그러나 일반적으로 나무들은 스스로 가지를 쳐내면서 살아간다.

옹이가 짙은 밤색을 띠는 것은 거기에 송진이 엉겨붙기 때문이다. 옹이에 송진이 엉겨붙지 않으면 다른 부분보다 먼저 썩는다. 나무 전체의 부식을 막고 튼튼하게 자라 올라가기 위해서 옹이를 만들면서 사는 것이다. 그러나 딸의 생애에 옹이가 박히지 않아야 할 터인데,

눈이 알알 아파왔다.

눈이 감기고 다리마디가 쑤시기 시작했다. 다리 사이에 아내의 베개를 괴어 넣고 잠이 들었다. 어디선가 예초기 돌리는 소리가 단속적으로 들려왔다. 예초기를 휘두르는 대로 처르륵 처르륵 풀이 넘어졌다. 풀밭이 아득하게 펼쳐진 들판이었다. 메뚜기들이 하늘 가득 날고, 논에는 벼가 누렇게 익어 황금빛으로 펼쳐졌다. 하아, 감탄을 하는 사이 논물 괴는 시큼하고 향긋한 냄새가 논두렁을 넘어왔다. 논두렁에 다리 하나 잘린 방아깨비가 뒤뚱거리면서 손민서 자기를 따라오고 있었다. 날개를 파드득 파드득 떨어 경고음을 내면서였다. 방아깨비는 어느새 외손녀 은나래가 되어 있었다. 사위는 성씨가 흔치 않은 은씨였다. 첫딸을 낳았을 때, 첫딸은 집안의 보배란다, 하면서 싫은 내색을 하지 않던 사돈들이었다. 은빛 날개를 저으며 푸른 하늘로 날아오르라고, 사돈양반이 지어준 이름이 은나래였다.

나래가 외할아버지를 찾아왔다. 찾아온 게 아니라 병원이었다. 어느 대학병원이라 하는데, 뜰에 은행나무가 하늘을 찌르고 올라가 짙은 그늘을 만들었다. 어디선가 늦매미가 짜아 하는 금속성을 내며 울었다. 나래는 환하게 웃는 얼굴에 눈물을 흘렸다. 홍조띤 볼이 눈물로 번들거렸다. 할아버지, 내가 하늘나라 가면, 거기서 매미가 된대. 무슨 소리냐? 하늘나라 가기 전에는 오래오래 땅속에서 어둠을 이기며 살아야 한대. 어둠을 버텨내야 날개가 돋는대. 넌 이미, 이름이 나래잖아, 그것도 은빛 날개. 나래는 빙긋이 웃으면서 볼로 흘러내리는 눈물을 손등으로 닦았다.

몸이 바람을 타고 공중으로 부양되는 중이었다. 속이 아리고 울렁거렸다. 머리에는 강한 바람을 가르고 나가는 항공기 소음이 가득히 차올랐다. 하얀 가운을 입은 의사가 이쪽으로 걸어왔다. 나래는 두려움에 지질려 의사를 쳐다보다가 고개를 푹 꺾었다. 눈물 방울이 타일 바닥으로 떨어져 얼룩을 만들었다. 의사는 녹색 가운으로 갈아입었다. 커다란 가방에다가 수술용 메스며, 톱, 집게 그런 물건들을 가득 담아 가지고 병원 문을 나갔다. 앰뷸런스가 대기하고 있었다. 나래는 눈물로 얼룩진 얼굴을 들고 하늘을 쳐다보고 있었다. 나래의 얼굴 위로 커다란 잠자리가 날아가며 음영을 드리웠다 사라졌다.

공원 가운데 있는 작은 도서관이었다. 손민서 씨는 도서관 수위가 되어 수위실에 앉아 앞마당을 바라보고 있었다. 외손녀 은나래가 앰뷸런스에 실려와 도착했다. 손민서 씨는 자리에서 일어나야 한다고, 그래서 달려가 외손녀를 안고 등을 토닥여 주어야 한다고 안달을 했다. 그런데 이상하게도 손민서 씨는 철제 의자에 전깃줄로 묶여 있었다. 나래가 다리를 절며 앰뷸런스에서 내렸다. 얼굴에는 웃음이 흘렀다.

잔디가 곱게 깔린 도서관 앞마당에 맑은 햇살이 내리쬐었다. 은나래는 잔디를 밟고 할아버지한테로 다가왔다. 햇살이 눈을 찔러요. 그래서 눈물에 햇살이 자꾸 묻어요. 손민서 씨는 나래의 얼굴을 곧바로 쳐다볼 수가 없었다. 그의 앞에 커다란 가문비나무가 허리가 꺾인 모양으로 버티고 서 있었다. 지난봄에, 햇빛을 가린다고 20년 된 일본목련 중도막을 잘라버렸던 생각이 떠올랐다. 나무 뿌리가 굼벵이 허리를 뚫고 들어가면 어떡해요? 의사가 수술칼로 뿌리를 잘라줄 거야. 나래는 다리를 절며 다가와 할아버지 옆에 섰다. 환하게 웃는 얼굴에 눈물이 지질거렸다. 발이 없으면 발레도 못하는데. 손민서 씨는 가슴이 쿵하고 울리는 소리를 들었다.

발이 없다는 얘기가 무슨 뜻인지 금방 이해가 안 갔다. 강당에는 사람들이 미동도 않고 앉아 있었다. 의사가 들어와 컴퓨터를 켰다. 화면에 인체 해부도가 떠올랐다. 전쟁은 의학 발달에 크게 기여했습니다. 수술용 신체를 얼마든지 제공하니까요. 환자는 들것 위에서 몸을 격렬하게 뒤틀었다. 입을 벌리고 입술이 떨리는 걸로 봐서는 뭐라고 소리는 지르는 것 같은데 오디오에서는 아무 소리도 들리지 않았다. 이제부터 이 부상자의 다리 절단을 시도해 보겠습니다. 할아버지, 내 다리가 암에 걸렸대. 손민서 씨는 자기 귀에 코고는 소리가 들리는 것을 감지했으나, 눈이 안 떠졌다.

어떻게 편집된 필름인지, 장면은 다시 들판으로 바뀌었다. 외손녀 나래가 팔랑거리면서 메뚜기를 쫓아다녔다. 나래가 강아지풀 이삭에 앉은 메뚜기를 손으로 움켜 채려 하면, 메뚜기가 먼저 포르르 날아갔다. 기계는 위험하단다, 저만큼 비켜 서 있거라. 손민서 씨는 오른손으로 예초기 레버를 당기면서 왼손을 저어 물러서라는 표를 했다. 예초기가 부앙, 굉음을 내며 돌아가다가는 어깨를 벗어나 혼자 제멋대로 날뛰기 시작했다. 암세포가 몸에 퍼져 증식하면, 전이 속도가 아주 빨라집니다. 수술복을 입은 의사의 말이었다.

외손녀 은나래는 피노키오 인형을 가지고 놀았다. 나무 젓가락 끝에 달려 있는 줄을 손으로 움직이는 데 따라 인형은 인사도 하고 춤도 추었다. 나는 인형이야, 인형이 나야, 그래서 다리를 이렇게 잘라내야 해. 나래는 가지고 놀던 인형의 다리를 뜯어내고 있었다. 심장이 제일 중요해, 심장이 뛰어야 사람이 살거든. 그럼 심장도 꺼내서 찢어버릴 거야. 나래는 도화지에 하트를 그리다가는 종이를 구겨 발기발기 찢었다. 예초기 엔진 멈추는 소리가 덜컥, 뒷목을 쳤다.

손민서 씨는 환영에서 벗어나야 한다고 양손을 움켜쥐고 몸을 뒤틀었다. 하품이 났다. 코에서 석유 냄새가 풍겼다. 들판을 건너 아득하게 멀어져가는 소녀의 뒷모습, 그것은 나래의 뒷모습이었다. 눈물이 범벅이 되어도 환하게 웃은 나래의 얼굴은 잘 떠오르지 않았다. 한 다리가 없으면, 의족을 해야 한다. 의족을 어디에 주문할 수 있을까? 방아깨비 의족을 어디서 만들어 줄까? 손민서 씨는 꿈인 듯 생시인 듯 아득하게 공명음이 퍼져나가는 들판을 허위적거리면서 걸어가고 있었다. 소녀는 여전히 저만큼 앞에서 뒷모습을 보이며 걸어갔다.

물소리와 새소리에 눈을 떴다. 전화기가 울리고 있었다. 검사를 하는 데 시간이 꽤 걸린다는 이야기를, 아내는 울먹이는 목소리로 퉁명스럽게 해댔다. 어린 게 피를 빨라면 주사기로 찔리고 쑤시고 해야는데 얼마나 아플까나, 허물 벗는 게 모양으로. 헌데 당신 혈액형이 뭐야? 검사해본 지가 하도 오래 돼 놓으니 아물아물하네. 혈액암을 치료하자면 아무래도 남의 피가 많이 필요하대요. 알았어요. 다시 전화합시다. 냉장고에 붙어 있던 나래의 얼굴은 여전히 환하게 빛나는 가운데 웃고 있었다.

예초기를 정리해서 창고에 넣으려고 뜰로 나서던 손민서 씨는 흠칫 발을 멈췄다. 다리 하나를 잃은 방아깨비가 계단 바로 아래에서, 작은 다리로 몸을 지탱하고는, 한 다리로 땅을 헤집고 있었다. 거기다가 꼬리를 박아넣고 알을 낳으려는 모양이었다. 손민서 씨는 자기 딸이 왜 예쁜 딸을 낳아 기르고 싶다고 했는지, 어렴풋이 이해할 수 있을 것 같은 생각이 들었다.

손민서 씨는 예초기 시동을 걸었다. 그리고는 레버를 돌려 기름 들어가는 구멍을 잠갔다. 기관실에 남아 있는 기름을 태워 없애야 엔진에 기름찌꺼기가 늘어붙지 않아 시동이 잘 걸린다고 했던 농협 기계 수리부 기사 이야기를 떠올렸다. 예초기가 불불불 돌아가는 동안 손민서 씨는, 한쪽 다리로 흙을 파내고 있던 방아깨비 쪽으로 다가갔다. 외할아버지는 어린 손민서에게 용돈을 쥐어주며 그런 이야기를 한곤 했다. 외손자를 귀여워하느니 방아깨비를 귀여워하랬단다. 외손녀 은나래에게 무얼 기대할 게 있는가. 세속의 이해득실을 떠나 가을 햇살처럼 아주 가벼운 핏줄일 뿐이었다.

다행히 혈액형이 맞으면, 빈혈이 되어 쓰러지지 않을 만큼 자기 피를 나누어 주겠다는 생각을 하면서, 손민서 씨는 예초기를 창고 맨 구석에, 눈에 안 띄게 집어넣었다.

흙을 파던 방아깨비가 꼬리를 처박고 산란을 시작하는 중이었다. 절반만 깎은 잔디밭으로 맑은 가을 햇살이 떨어져내려 살갑게 부서졌다.*

(2014. 9.)

▎평론가 문영문을 만났을 때, 프린트된 원고를 넘겨주었다. 문영문은 뜬금없이 내미는 원고이기도 하지만, 하는 얘기가 성의라고는 쥐꼬리만큼도 없었다. 이런 돈 안되는 글 뭐하러 쓰느냐고 들이대는 것이었다. 사람들 애 만드는 얘기나 밤일에 대해서는 입을 열지 않는 양반이 겨우 한다는 얘기가 방아깨비 알낳는 거냐고도 했다. 우공은 듣고 보니 그렇겠다는 생각이 들었다. 알았습니다. 식탁 위에 놓인 원고를 집어들며, 이 평론가 언제 다시 만날 수 있을까, 고개를 가볍게 비틀었다.

흙에 묻을 몸이라서

▌노인들은 말이 거침없었다. 할머니는 게으름부리는 손자한테 그런 말을 자주 했다. 죽으면 썩을 몸인데 뭘 그렇게 아낀다냐. 할머니는 그런 말도 했다. 죽은 정승이 산 개만 못하다. 정승집 개가 죽으면 조문을 가도 정승이 죽으면 조문 안 간단다. 개똥밭에 굴러도 이승이 낫다. 아무튼 죽는 이야기를 거침없이 하는 사람들을 만나면 조금 기가 죽는다. 그런데 달리 생각해 보면 사는 데 전력을 다하는 경우, 죽은 다음의 세계에 대해 할 말이 없을 것 같기도 하다. 변아무 씨와 정이장은 동네에서 만난 사람들 가운데 열심히 사는 전범이 되는 사람들이다. 우공은, 그런 사람들 이야기를 소설로 쓰는 것은 다소 부담이 된다는 생각을 하곤 했다.

장마가 지나가는 한 열흘, 밭에 풀이 무섭게 자라났다. 관리기를 사서 정성들여 갈고 심은 콩도 풀에 묻혀 콩 꼬투리 보기를 포기해야 할 모양이다. 심정이 편칠 않다. 일곱 마지기 땅이면 네 식구는 먹여살릴 수 있어야 하는 게 이전의 셈법이었는데, 먹여 살리기는 고사하고 씨앗 값도 챙기기 어려운 형편이 되었다. 이럴 때 종일 밭고랑에서 살다시피 하던 할아버지, 할머니 생각이 나는 것은 인지상정인 듯했다.

거기다가 근년에 심은 작은 나무들이 풀에 묻힌 채 환삼덩굴이 감고 올라가 작은 가지들이 아래로 처져 더 자랄 가망이 없어 보였다. 풀을 베는 것은 뒤로 미루어 두고 우선 작은 묘목에 감고 올라간 환삼덩굴부터 제쳐 주기로 하고 낫을 휘둘러 아시로 풀을 베면서 환삼덩굴을 잘라냈다. 땀만 줄줄 흐르고 일이 가닥이 나질 않는다. 잠시 허리를 펴고 아래 밭을 내려다보았다. 언제 왔는지 모자가 콩밭에 엎드려 풀을 뽑고 있다.

대추나무를 잔가지까지 배배 꼬일 지경으로 감고 올라간 사위질빵과 환삼덩굴을 잘라 풀어 주느라고 숨을 헉헉대고 있는데, 뜬금없는 투정 소리가 들렸다.

"어머니, 제발 밭에 따라오지 좀 마세요."

허리를 펴고 아래 밭을 내려다보았다. 노인이 고추밭 고랑에 다가가 붉은 고추를 따기 시작하는 중이었다. 며칠 전에 인사를 한 터라서 그가 변아무 씨라는 것을 알 수 있었다. 그리고 정이장에게 들어서, 고려대학에 갈 정도로 공부도 잘하고 심덕이 착하다는 것도, 대충은 예비지식으로 가지고 있었다. 변아무 씨는 이따금 노모를 모시고 밭에 오곤 했다. 노모와 밭에 와서 같이 일하는 것을 보면 아름다운 광경이라는 생각이 들기도 했다. 그가 하지 못한 어른 모시기를 여기서 보기 때문이었다.

며칠 전에 인사를 하면서 자기가 일남오녀 집안인데, 동기간끼리 나누어 먹을 수 있는 작물만 심을 작정이란 이야기를 듣고, 요새 보기

드문 사람이라는 느낌을 받기도 했다. 그런데 어머니한테 소리를 지르는 품이 석연치를 않았다.

허리를 펴고 아래 밭을 내려다보다가, 세상을 뜬 어머니 얼굴이 떠올라서, 어머니한테 더 타박을 하지 말았으면 하는 생각으로 아래 밭을 향해 소리를 질렀다.

"변 선생, 왜 그러시우?"

"아, 어머니가 일을 너무 하시려고 해서요."

노인들이 일 욕심을 내면 젊은 사람이 힘들기도 하리라. 알겠다는 듯이, "지금 뭐 하시우?" 하고 물었다. 들깨밭에 비료를 주는 중이라고 했다.

그는 다시 낫을 고누잡고 풀을 베기 시작했다. 그런데 조금 전에 들은 아들의 푸념 담긴 투정이 자꾸 어릿거려 일은 건성이고, 생각은 딴 길로 접어들었다. 땅을 파며 산다는 것, 일테면 그런 화두였다.

엊그제 정이장과 자매식당에서 점심을 같이 했다. 청국장이 먹고 싶다고 해서 청국장을 시키려고 했는데, 청국장은 시간이 걸린다고 해서 된장찌개로 바꿔달라고 부탁했다. 잠시 후 도착한 정이장은 좀 아쉬운 듯 청국장이 먹고 싶다고 재삼 강조하는 바람에, 다시 청국장으로 바꾸어 주문을 했다. 평소 아무거나 잘 먹는 식성 좋은 정이장이 특별히 청국장을 찾는 데는 까닭이 있으려니 하는 생각이 들었다. 며칠 전인가 갑자기 청국장이 먹고 싶어 아내에게 청국장 이야기를 했더니, 재료가 떨어졌다고 해서 못 먹었다는 것이었다.

청국장이 끓는 동안, 이런저런 이야기를 하는 중에 정이장 댁 어르

신 안부를 물었다. 얼마 전에 고관절 수술을 했다는 이야기를 들은 터였다.

"어르신, 수술하고 그 뒤로 괜찮으세요?"

"고관절 수술하고 겨우 걸을 만하니까, 그 쌍지팡이 짚고 밭에 나가서는 헤집고 다니시니, 참."

정이장은 입맛을 쩍 다셨다.

"그게 의욕입니다. 생을 버텨 나가는 힘…."

"이해는 하지요. 헌데, 말릴 수도 없고, 그냥 두고 보자니 그렇고."

"몸이 움직이는 한은 활동해야 하지요."

"활동도 좋지만, 그러다가 무리를 해서 몸살이 나고, 들입다 앓고 그러신다니까요."

"평생 논밭에서 산 분이라, 아마 그럴 겁니다."

"하기는 그렇지요. 밭고랑 떠난 적이 없는 분들이니까요."

땅에 전력을 투구하는 것, 그것 말고는 다른 살아가는 방법이 없던 시절의 살림살이 모양새가 떠올라 아렷한 기억으로 스멀거리기 시작했다. 죽고 사는 문제가 걸려 있던 땅이었다. 그게 내 땅인지 남의 땅인지 하는 것은, 그네들에게 그리 중요하지 않았다. 식민지 수탈의 질곡에서도 그것 말고는 살 길이 없었다. 땅에 기대어 사는 사람으로서는 김유정의 〈만무방〉은 한갓된 허구에 불과할지도 모를 일이다.

밭에 나갈 때는 주전자에다가 보리밥 숭늉을 담아 가지고 가는 게 고작이었다. 막걸리 사발이라도 받아 갈 수 있는 이들은 과분한 덕이었다. 장갑이 어디 있던가. 남녀를 가리지 않고 맨손으로 풀을 뽑고 흙을 그러모아 북을 돋았다. 끝이 안 보이는 밭고랑에 앉아 풀을 뽑기 시작하면 한나절이 지나야 무릎을 펴고 일어설 수 있었다. 〈칠갑산〉의 가사처럼 낡은 베적삼이 흠뻑 젖곤 했다.

"우리 아버지는 남 안 하는 일을 만들어서 하는 분이지요. 그럴라니 얼마나 고되겠어요. 큰아버지는 모를 심고 비료 한번 주면 그걸로 끝인데, 우리 아버지는 모를 심은 게 잘 활착되지 않은 걸 메워서 심는 뜬모를 하는 걸 비롯해서, 피사리를 서너 번은 하고, 논두렁도 남들보다 두어 번은 더 깎고는 했지요. 그러니 소출이 남들보다 훨씬 많지요. 물려받은 것 없는 양반이 그렇게 해서 지금 땅을 다 장만한 거잖아요."

"자수성가한 분이군요."

"말하자면 그렇지요."

정이장은 잠시 다른 생각을 하는 듯 창밖을 내다보고 있다가는 어머니 생각이 난 모양이었다.

"우리 어머니도 대단했어요."

"어떻게 대단했는데요?"

"아 글쎄, 이양반이 늙어서 다리를 못 쓰게 되었는데, 일은 해야 하겠고 하니까 아버지더러 리어카에 태워서 밭에까지만 데려다 달라 하고는, 밭에 내려놓으면 남 못지않게 일을 잘 해요. 밭 한 두둑은 눈 깜짝할 사이에 후떡 매거든요. 참 그양반들 일하던 거 생각하면 눈물나지요."

정이장은 맥주에 소주를 타서 훌쩍 마셨다. 그는 자기 일을 하다가 죽은 게 행복이란 이야기를 하려고, 글쓰는 사람들은 글을 쓰느라고 책상에 앉아서 글을 쓰다 죽는 걸 지상의 행복으로 안다는 이야기를 했다.

"농사꾼도 다르지 않아요. 농사꾼은 논두렁 베고 죽는 게 가장 행복한 죽음이라거든요."

그는 그럴 만하다는 생각을 하면서, 삼복에 고추를 따다가 고추바구니 안고 밭고랑에서 숨을 거둔 아우네 사돈을 생각했다. 한참 아무 이야기 없이 잔을 비우다가, 정이장이 한마디 했다.

"입장을 바꾸어 생각해보면 나도 그럴 것 같아요." 목발을 짚고 다니더라도 움직일 수 있으면 당신 어머니, 아버지처럼 밭에 나가 돌아다닐 것 같다는 이야기였다. 농사꾼의 땅에 대한 의식의 한 면을 보는 것 같아 마음이 짜안했다. 할머니는 늘 그런 이야기를 했다. 죽으면 땅에 묻힐 몸인데, 땅에 정성을 들여야 한다는 말씀이었다. 그 땅이 누구 땅인지는 가릴 줄 모르는 분이었다.

아래 밭 변아무 씨에게, 어머니가 밭에 가자고 할 때까지가 효도할 수 있는 기간이라고 하는 이야기를 못하고 어정쩡하게 지나간 것이 마음에 걸렸다. 그리고 그런 어머니, 아버지 덕분에 오늘이 있다는 이야기는 언젠가 기회가 되면 꼭 하리라고 그는 다짐을 두었다.*

(2013. 7. 21.)

▎이 원고를 우공이 그의 친구 외서에게 보여주었다. 외서는 원고를 훑어보고는 우공의 얼굴을 빤히 들여다보았다. 상림원에서 사는 게 좋은 체험이라는 상찬의 말이 나오기를, 우공은 은근히 기대하고 있었다. 그런데 그 기대는 금방 뒤집어졌다.

우공, 카토라고, 카이사르의 정적이었던 인물 대강은 알지요? 대강 말고. 로마시대 사람인 걸 알면 얼마나 잘 알겠나. 안 그렇다니까. 카이사르가 관대한 조치를 취할 기회를 원천봉쇄하기 위해 스스로 배를 갈라 죽은 그 의기는 역사에 기록된 죽음이지. 어리석은 자는 노예와 같고, 선한 자만이 자유롭다. 그게 스토아학파의 지론이었지.

우공은 죽음 평론가 임철규가 쓴 책에서 그런 이야기를 읽은 기억이 떠올랐다. "카이사르는 자살하는 카토의 모습을 담은 초상을 그의 개선행렬에 내걸었다. 카이사르는 그런 모습을 카토의 패배와 실패의 증거로 군중들에게 보여주려 했다. 하지만 군중들은 정적의 패배를 자못 흡족해 하는 카이사르에게 비웃음을 던졌다. 대신 초상화 속 카토의 모습을 보고 애도의 뜻을 표했다. 이로써 카토의 도덕적 승리가 공개적으로 확인되었다."(한길사, p.70)

말잠자리의 추락

▌ 며칠 전이던가 우공은 방아깨비를 예초기로 해친 이야기를 썼다. 그런데 다시 말잠자리 이야기를 쓰는 건 소재가 궁해지고 상상력이 그밖에는 더 뻗어나가지 못하는 증좌 아닌가 하는 생각이 들었다. 그러나 방아깨비와 말잠자리는 종자가 다른 곤충이니 그대로 넘어가자는 생각이었다. 전에 평론가 문영문에게 원고 검토를 부탁했던 기억이 났다. 우공은 눈 꾹 감고, 원고를 다듬어서 평론가 문영문에게 메일로 전달했다.

아침나절 새참 시간, 그는 아내와 데크에 앉아 맥주캔을 앞에 놓고 숨을 골랐다. 창고 지붕 위로 말잠자리가 날아와 선회를 거듭한다. 아내는 저렇게 큰 잠자리 참 오랜만에 본다고 즐거운 함성을 질렀다. 그런 감탄을 거듭 되풀이해 말한다. 잠자리를 보는 게 신통한 모양이다. 생각해 보니 그도 그렇게 큰 잠자리를 본 것은 꽤 오래전인 것 같았다. 잠자리 하나 제대로 날아다닐 수 없는 환경 속에 살았기 때문이었다.

하기는 이 동네는 과수원 지역이라 잎이 벌기 시작하는 철이 되면 소독차 윙윙거리는 소리로 날이 밝고 또 그 소리로 해가 저문다. 농약을 그렇게 뿌려대는데 그 속에서 곤충들이 무사할 까닭이 없다. 봄이면 벌이 숫자가 줄어 꽃이 수분受粉이 안 된다고 걱정을 하기도 한다. 그래서 꽃 피는 봄이 되어도 벌이 날아들지 않기 때문에 붓을 들고 꽃가루를 옮겨주는 작업을 하는 기묘한 풍경을 연출하기도 했다. 인간이, 벌이 하는 짓을 대신하는 것은 분명 희극이고, 또 비극이었다.

아래 건너밭에는 제초제除草劑를 뿌려 풀이 누렇게 시들기 시작한다. 복숭아나무를 심어 겨우 한 해를 지난 다음이라 나무의 세가 약하니까 밭의 대부분을 풀이 차지하고 왕성하게 자라 올라갔다. 과수는 아직 어리고 바닥이 널찍하기 때문에 예초기刈草機를 사용해서 풀을 베는 일이 수월할 터인데, 노동력이 모자라 기계를 돌리지 않고 제초제를 뿌리는 것이다. 힘을 덜 들이겠다는 것일 터이나, 그 약이 어떤 폐해를 가져오는지는 생각 뒷전이다. 저렇게 길러서 믿거니 하고 먹을 것이다. 농약이 혈관을 타고 돌아다니면서 어떤 작용을 해서 인간을 어떻게 시들게 할지를 알지 못하는 상황이, 그는 답답하기만 했다.

나비 또한 귀한 손님이 되었다. 봄이 되어 나비가 날아든다는 것은 환경을 위해서는 축복이다. 축복 이전에 자연의 본래 모습이 그렇다. 꽃이 피면 나비가 날고, 나비의 날개짓을 따라 봄햇살이 잔잔하게 번지는 속에 아이들의 꿈이 익어간다. 아이들은 나비와 더불어 꿈을 꾼다. 그런데 나비들은 텔레비전 속으로 숨어들어간 지 오래다.

집에 들어오는 입구에 길을 크게 내는 데는 꽤나 마음을 다져먹어야 했다. 우선 밭을 그만큼 줄여야 하는 게 안타까웠다. 당시 복숭아나무가 과수원으로서는 상종가를 부를 만한 때였다. 길을 내자면 복숭아나무를 베어내야 하기 때문에 선뜻 그렇게 하자는 이야기가 쉬울 턱이 없었다. 나무를 최소한으로 다치게 하면서 길을 내자 한 것이, 대문을 비껴서 집을 바라보고 왼편으로 치우쳐 밭 한 자락을 잘라 냈던 것이다.

집에 들어오는 길이 자갈로 앙상한 것보다는 푸른 잔디를 밟고 들어오는 게 한결 운치가 있다는 생각을 했다. 잔디를 깔기로 작정했다. 빌미는 다른 데서 찾았다. 손녀가 돌아다니다가 넘어져도 무릎이 깨지지 않게 하자면 잔디를 심어야 한다는 핑계였다. 처음 잔디를 심은 해와 다음 해는 잡초가 나는 것을 일일이 손으로 뽑아 주었다. 민들레 씨가 날아와 뿌리를 내릴 때는 노란 꽃을 본 다음에 뽑아 주자고, 여유있게 민들레꽃을 기대하면서 그대로 두기도 했다. 잔디밭 위에 드문드문 피어나는 민들레 노란 꽃은 가히 황금빛을 뿌리면서 피어난다. 질경이는 크게 자라지는 않지만 뿌리가 깊어서 호미로 캐 주지 않으면 잎이 너절근하게 번진다. 거기다가 밟고 다녀야 하기 때문에 나물로 먹는 풀이기는 하지만, 잎이 상하지 않을 수 없다. 지저분하기가 다른 풀보다 더했다.

그런데 잔디밭에 나는 클로버는 당할 재간이 없었다. 손가락 마디만한 동그란 잎이 총총 솟아올라 번지면서 자라 잔디를 뒤덮는다. 잔디는 본래 양지식물이라 그늘에 들어가면 제 모양을 잃고 다른 잡풀처럼 자라거나 아예 자라지를 못한다. 클로버 아래 잔디가 그렇다. 클로버도 처음에는 뿌리를 찾아 뽑아 버렸다. 클로버가 무성해지면서 냉큼 손이 가질 않았다. 잔디밭에 앉아 클로버 뿌리 뽑아낼 만큼 한가

한 시간을 누릴 수가 없는 것이다. 그래서 잔디를 자주 깎아 주어야 한다. 그래야 제 모습을 잃지 않고 잔디 꼴이 겨우 유지된다.

하기는 그렇다. 자연의 종다양성을 주창하는 이로서 작은 마당 한 구석이기는 하지만, 잔디만 오롯이 자라 달라는 기대는 무리다. 삼대밭에 있어야 쑥도 멀끔하게 자라 볼 수 있는 게 아니던가. 이른바 마중지봉麻中之蓬이라는 게 그런 것이다. 삼대 사이에서 자란 쑥이 죽죽 뻗어 올라간 모양을 보고, 사람도 교육환경이 좋아야 훤칠하게 성장한다는 이야기를 할 때 드는 비유다.

클로버가 잔디를 자꾸 먹어들어 오는 모양을, 그는 불안하게 바라봤다. 속으로 갈등을 하면서 이러지도 저러지도 못하고 지내는 사이 클로버는 꽃까지 훤하게 피워놓았다. 밤에는 클로버 향기가 제법 달콤하게 번지기도 했다. 콩과식물의 풀이 대개 그렇듯이 클로버는 번식력이 대단하다. 자신에게 필요한 양분을 스스로 합성해서 쓰기 때문이다. 아무튼 잔디와 공존할 수 없는 것이 클로버의 생리인 모양이다.

잔디를 위해서는 클로버를 제거하는 수밖에 없다. 클로버 토벌을 하기 위한 기계부대를 동원하기로 한다. 예초기 날을 정비해 가지고 회전수를 높여 쉬잉 돌리면서 클로버에 날을 들이대는 순간이었다. 말잠자리 한 마리가 예초기 날 앞에 곤두박질을 하는 것이었다. 그는 급히 예초기를 정지하고 말잠자리를 내려다본다. 분명히 자기가 돌리는 기계에 맞았다든지 하는 것은 아닌 것 같은데, 자신의 기계 칼날 앞에 말잠자리가 추락한 것이다. 기계로 풀을 베는 그에 대한 항의로 몸을 던지는 것이라면 그대로 두고 넘어갈 일이 아니지 싶었다.

풀을 베면서 겪은 불길한 일들이 순서 없이 떠오른다. 칼날은 눈이 어둡다. 눈만 어두운 게 아니라 게으르다. 예초기를 쓰는 동안 풀에 묻힌 어린 과일나무를 많이도 잘라 버렸다. 일이 좀 된다 싶을 정도로 기계가 돌아가면 휘두르는 폭이 넓어진다. 그러면서 풀에 묻혀 있는 어린 나무를 보지 못하고 잘라버리기를 여러 차례 했다. 거기다가 게으르다는 것은, 나무 가까이에 자라난 풀을 베다가 나무를 자르게 생긴 상황인데도 칼날을 나무 가까이 들이대다가 나무를 다치는 경우가 있어서다. 몸을 놀리기 싫어하는 게으름의 징표인 것이다.

기계가 눈이 어두운 다른 예는 풀숲에 숨어 있는 개구리를 가차없이 처단하는 것이다. 기실 개구리는 풀 속에 숨어 있는 게 아니라 생활하는 것일 터인데 개구리가 튀어나갈 기회를 주지 못하고 칼날로 자살刺殺하고 마는 것이다. 몸이 터져 쓰러지는 풀과 함께 묻히는 것을 보면서 '초로 같은 인생'이라는 말을 떠올리는 것은 관념의 사치일지도 모른다.(뱀이 그렇게 몸이 잘려 나간 적이 있기도 하다. 그는 그런 사실을 아내에게 발설하지 않았다.)

하늘을 날아다니는 말잠자리가 예초기 날에 몸을 다칠 일은, 까치가 비행기와 들이받는 것보다도 더욱 희한한 경우일 것이다. 그러나 그가 예초기를 돌리려는 순간 그의 발 앞에 와서 곤두박질쳐 죽는 말잠자리가 그가 하는 예초기 작업과 아무 상관이 없을 수 없는 일이다.

건너편 과수원에서는 농약을 살포하는 기계 소리가 요란하게 울려온다. 저걸 좀 어떻게 해 달라고, 그 농약 속에서 내가 이렇게 되었다고 항변하느라고 그의 앞에 와서 투신을 감행한 것은 아닌가 하는 생각이 들기도 했다.

예초기 시동을 껐다. 그리고는 하늘을 올려다보았다. 잠자리들이 떼지어 몰려다니던 어린 시절의 눈부시게 푸르던 하늘이 눈물겹게 다시 떠올랐다. 오늘 그가 바라보는 하늘은 잠자리 한 마리 없는 맑은 하늘이다. 맑은 하늘이라는 게 생명을 잃은 하늘은 아닌가 생각하매 오싹한 감각이 그의 등을 스쳤다.*

(2013. 6. 8.)

▌원고를 보낸 다음날 문영문에게서 답신이 왔다.

선생님 원고를 읽으면서, 몸으로 문학을 한다는 말을 재삼 음미했습니다. 몸을 움직여 일하고, 일하는 가운데 느낌이 짙게 오는 이야기를 글로 쓰는 게 문학을 몸으로 하는 거라고, 나는 쉽게 생각하는 편입니다. 그런 의미에서 선생님의 글은 문학을 실천하는 하나의 범례가 되리라고 생각합니다.

그런데 문제는 비슷한 것을 반복하는 것은 새로움을 주장삼는 작가에게는 치명적인 장애가 될 수도 있습니다. 소재가 비슷하면 글의 구조가 다르든지, 해석이 이전과 한결 달라야 할 터인데 진척이 없다는 생각이 듭니다.

이 글이 소설은 아닌 것 같은데, 소설의 본질 요구를 들이대어 노하지 않으실까 걱정이 됩니다. 화나는 일에 노기를 보이지 않는 것이 작가의 미덕이라는 것을 알기에 용기를 내어 드린 말씀입니다. 널리 혜량하시길 앙망합니다.

우공은 글을 버릴까 하다가 안이한 글이 어떤 평을 받는지 보여주기 위해서라도 이런 글은 책에 실어 두어야 한다는 생각을 했다. 그러나 입맛은 썼다.

연꽃 벙글 때까지

"진리를 현시하는 연은 귀족이지만 연 기르기는 머슴의 일이다." 몇 해 연을 길러본 우공이 일기장에 적어둔 구절이다. 연을 심어 놓고 잎이 벌고 꽃대가 올라와 연꽃잎이 벙글기를 기다리는 동안은 가히 사랑이라는 게 이런 기다림의 순정을 요구하는 것인가 하는 생각을 하지 않을 수 없다.

연은 진리의 현시라기보다는 욕망의 꽃이다. 미적 욕망도 욕망인 것은 사실이고, 염화시중의 미소로 상징되는 진리 현시를 확인하고 싶은 것 또한 백색테러에 버금가는 욕망이다. 욕망이라서 사랑이다. 그런 생각을 하면서 우공은 자기가 쓴 글을 미불未佛이라는 친구에게 보냈다.

시인 김수영은 진리가 죽었다고 선언한 바 있다. 그런데 진리를 물가로 환산하며 사는 게 요즈음 풍속이다. 진리를 베푼 데 대한 행하行下를 요구하는 세상이다. 남의 연못에 피어 있는 연꽃은 그저 꽃으로 보였는데, 그는 자기의 연못에 연을 심어 기르고자 하니 이게 돈이 들어가는 일이라는 것을 알았다.

진리를 현시하는 꽃, 그 연꽃이 그에게 욕망의 대상이 된 지는 두어 해가 된다. 못을 판 이후의 일이다. (우리는 영어의 pond에 해당하는 말이 못이지만 쇠못, 대못 등을 뜻하는 못과 혼동을 피하기 위해서인지 연못이라고 하는 게 자연스럽게 들린다.) 아무튼 연못이라고 하자. 그런데 그 연못에 연을 구해다 넣지 못한 채 두어 해가 갔다. 방수가 되질 않아 물이 마를 것을 염려해서 연을 사다 넣지 못했다. 다른 이유 가운데 하나는 바닥을 콘크리트로 해 놓아서 거기다가 흙을 어떻게 넣어야 하는지를 몰라서 연을 기를 방법이 막연했다.

연을 사다 넣지 못해 안달을 하던 차에, 연을 반드시 늪에서 길러야 되는 게 아니라는 사실을 알게 되었다. 밭에다 심고 물을 충분히 주면 잘 자란다는 것이다. 그리고 수중화분을 사용하면 연을 쉽게 기를 수 있다는 것도 알게 되었다. 마침 물이 해결되었다. 방수에 성공했고 연못에다가 물을 상시적으로 댈 수 있는 샘을 팠기 때문에, 가물어도 연을 기르는 데 아무 지장이 없을 것이라는 결론을 내리게 되었다.

인터넷을 뒤져 비교적 가까운 노은면에 연뿌리를 파는 농장이 있다는 것을 알게 되었다. 그는 아들을 데리고 일부러 시간을 내어 찾아갔다. 산자락에 연한 낮은 골짜기 끝자락에 논을 개조해서 늪지를 조성하고 거기다가 연을 심어 잎이 어우러지고 있었다. 늪 가장자리로는 창포를 심어 노란 꽃과 푸른 꽃이 풍성했다. 그는 속으로, 아 이런 데가 있구나, 감탄이 절로 나왔다.

주인은 없고 늙은 아주머니가 야채 바구니를 들고 들어오다가, 어떻게 왔느냐고 묻는다. 연을 좀 보러 왔다고 했더니 아들이 시내에 갔는데 연락을 하마 한다. 연락이 되어 아들이 돌아온 것은 불과 10여분 안쪽이었다. 아들은 그들 부자를 비닐하우스로 만든 접대소로 불러들이고는 연잎차를 대접했다. 짙게 우러난 연잎차에서 연향이 번진다. 연에 대해 몇 가지를 물어보고는 이렇게 좋은 장소를 어떻게 물색했는가 물었다. 본래 논이었는데 농사가 소득이 적어 연을 전문으로 가꾸는 '연농사'로 전업을 했다고 한다. 아, 현명한 젊은이로구나, 그는 감탄했다. 손톱이 까만 젊은이 손에서 연향이 나는 듯했다.

연을 몇 뿌리 사자고 했더니 그들을 다른 비닐하우스로 안내했다. 작은 화분에 분재를 하듯이 가꾸어 놓은 모종이 즐비하다. 수련이 주종을 이룬다. 한 분에 5천 원을 달라고 한다. 어림잡아 5억 원어치는 물건을 준비하고 있는 것 같다. 수련 4분을 골라 놓고 밖으로 나왔다. 밖에는 검정 고무함지(다라)에다가 연뿌리를 마구 흩어 놓았다. 연뿌리가 시장에서 파는 것처럼 굵직굵직한 것인 줄 알았는데, 이건 초라하기 짝이 없는, 마치 썩다 만 고구마 뿌리에서 오그라든 잎이 올라오는 모양의 연뿌리를 건져낸다. 그런데 그걸 한 뿌리에 1만 원을 내란다. 색깔을 달리하는 연뿌리를 여섯 개 샀다. 합쳐서 10만 원. 아껴 두었던 5만 원권 두 장을 내면서 조리풀이 신기해서 저걸 뭐라 하는가 물었다. 젊은 주인은 '이심전심'이 되었는지 가져가라 한다. 돈을 아까워하며 지불하는 그의 속을 읽고 있었던 것인지, 얼굴에 화끈한 무안함이 스쳤다.

연을 가지고 오기는 했는데 화분이 문제였다. 철물점에 가서 고무함지를 샀다. 밑바닥에 거름을 깔고 흙을 채우고 연뿌리를 심은 다음 위에는 부유물이 떠오르지 않게 하느라고 골짜기에 내려가 왕모래를 가져다가 덮었다. 거창한 공사를 벌이기라도 하는 것처럼 땀을 흘리면서 연을 심었는데, 고무함지가 너무 무거워 그걸 물에 넣어 가라앉히는 데 여간 힘든 게 아니다. 연꽃을 볼 수 있다는데 이 정도의 노고를 마다할 것인가, 그야말로 비지땀을 흘렸다.

수련은 물 위로 윤기가 흐르는 잎을 피워 올리는데 연은 감감무소식, 사올 때 붙었던 일그러진 잎이 볼품없이 함지 가장자리에 흐늘거릴 뿐이다. 밭에 갈 때마다 언제 연잎이 돋아나나 기다리는 것이 지루해질 무렵, 수련은 수련대로 윤기 자르르한 잎이 앙징맞게 벌고, 연은 비로소 널찍한 잎을 물 위에 펼치기 시작했다. 그리고 옆으로는 합장을 하느라고 손바닥을 오무린 것처럼 연잎이 달린 줄기가 올라오기 시작한다. 아, 연뿌리가 살아 있었던 것이다. 이제 그의 연못이 연못구실을 착실히 할 수 있다는 생각을 하니 속이 뿌듯했다.

연은 꽃도 꽃이지만 풍성한 잎을 보는 것만도 마음을 차분히 가라앉게 한다. 잎이 넓고 둥글며, 수면에 배를 착 대고 떠 있는 연잎은 연록색이 곱기 이를 데 없다. 그리고 잎의 표면에 보이지 않는 털이 나 있어서 거기 물방울이 얹히면 은구슬, 옥구슬처럼 영롱하게 빛을 발한다. 거기까지가 어린 연잎으로 보기 좋은 것이고, 줄기를 뽑아올려 자라나기 시작하면 연못의 물이 보이지 않을 정도로 무성하게 어우러진다. 그때에 가서야 꽃봉오리가 가시를 단 대궁을 뽑아올려 물위로 억세게 올라오고, 그 휘황한 꽃을 피우는 것이다.

하루는 그의 아내가 여기 좀 와 보라며 탄성을 질렀다. 연잎 위에 자그만 개구리가 앉아서 느긋하게 쉬고 있는 것이었다. 다시 자세히 보니 연잎 사이에 다른 놈이 눈을 끔벅거리고 있는 것도 보였다. 그 뒤로 부들이 자라나서 죽죽 뻗어 올라가며 스치는 바람에 가볍게 흔들린다. 연잎에 앉은 개구리, 그것은 생생한 미소를 짓는 동자승을 닮아 보였다. 봄부터 연못 가 풀섶에서 툭툭 연못으로 뛰어들던 개구리가 이 연잎을 기다린 모양이었다.

연잎과 개구리로 인해 마음이 느긋해진다. 꽃대궁이 올라오고 꽃을 피우는 것을 보기까지는 두어 달은 기다려야 하리라. 그러나 그 두어 달이라는 게 뭐 그리 멀고 아득한 시간일 것인가. 그의 시간에 대한 욕망의 굵은 뿌리가 진흙에 묻혀 자취를 감추는 듯한 느낌으로 그는 스스로 가라앉는다. 연잎 위의 개구리와 더불어.

연꽃이 피었을 때 연못이 어떤 모습일까를 생각하다가, 연꽃에 대한 사념은 날개를 달기 시작했다. 연꽃은 여러 가지 상징적 의미를 지니고 있다. 다 썩은 수렁에 뿌리를 내리고 자라며, 연이 자라는 터와는 달리 잎은 무성하고 휘황한 꽃을 피워내기 때문에 이러한 속성이 연꽃의 덕으로 칭송되곤 한다. 그래서 불교에서는 진리를 상징하는 꽃이 된다. 염화시중拈華示衆의 미소란 고사와 연관된 꽃 또한 연꽃으로 되어 있다. 인도라는 환경이 연꽃을 내세우게 한 것일 터이지만, 식자識者들은 연꽃과 불교의 진리를 연관짓기를 잘 한다. 특별한 이유가 있어서이다.

연꽃은 불교에서 각종 의식에 쓰인 것으로 보인다. 그 가운데 하나가 법회에 연꽃을 바치는 것이다. 염화미소도 그런 연유를 지닌 고사이다. 이는 줄여서 염화시중拈花示衆이라고도 한다. 인터넷 사전에 이렇게 되어 있다. "선종에서 선禪의 기원을 설명하기 위해 전하는 이야기로서 ≪대범천왕문불결의경大梵天王問佛決疑經≫에 기록되어 있다. 영산靈山에서 범왕梵王이 석가에게 설법을 청하며 연꽃을 바치자, 석가가 연꽃을 들어 대중들에게 보였다. 사람들은 그것이 무슨 뜻인지 깨닫지 못하였으나, 가섭迦葉만은 참뜻을 깨닫고 미소를 지었고 이에 석가는 가섭에게 정법안장正法眼藏(사람이 본래 갖추고 있는 마음의 묘한 덕)과 열반묘심涅槃妙心(번뇌와 미망에서 벗어나 진리를 깨닫는 마음), 실상무상實相無相(생멸계를 떠난 불변의 진리), 미묘법문微妙法門(진리를 깨닫는 마음) 등의 불교 진리를 전해 주었다." 심심상인이니 이심전심, 혹은 교외별전이니 해서 말을 넘어 의미가 상통하는 그윽한 세계를 뜻하는 계열의 말들 가운데, 구체적인 내러티브가 있는 가섭존자의 일화가 으뜸이다.

연꽃이 어서 피어야지 하는 생각이 너무 너울져서 추스를 수가 없었다. 내년이면 수련은 서너 포기씩은 벌 것이다. 그러면 사사십육 곱하기 오천 하면 오륙 삼십, 오일은 오 하면 팔만 원어치가 된다. 연근은 또 어떻겠나. 이십 뿌리는 될 것이고 그러면 이십만 원에다가, 도합 삼십은 건질 수 있는 계산인데, 밭을 모조리 습지로 만들어 연꽃을 길러 장에 내놓는다면 장히 좋은 결과를 얻어 연밭을 더 장만하고…. 욕심이로다 하는데, 첨벙 개구리가 연못 물로 뛰어드는 소리가 들렸다.

연꽃이 벙글기까지 잡스런 생각을 안 하고 그윽히 기다리는 게 바로 도를 향해 가는 길이 아닌지 모르겠다. 이 번뇌의 시간이 짧으려면 연꽃이 어서 벙글어야 한다. 이 또한 욕망이라서, 그런 생각 버리고 연잎에 이는 바람을 만나 미소할 수 있는 심정으로 돌아가야 하리라고, 그는 생각했다.*

▌ 미불이 한 문장으로 답을 보내왔다. 다음 연 이야기 쓰면 만나기로 하지요. 다시 메일이 왔다. 우공 댁 연못에 심은 연은 lotus인가요, 아니면 nymphaea입니까. 사물에 대한 섬세한 분별과 예리한 감각이 아니면 작가로서 성공하기 어렵습니다. 나도 한때는 중이 될까 하는 생각도 했습니다. 그러나 제 머리로는 부처의 그 아스라한 세계를 감히 범접할 수 없다는 것을 알고 그만두었지요. 그게 끝이었다. 우공은 싱겁기는, 하다가, 다시 고개를 들어 창밖을 바라봤다. 바람이 댓잎을 흔들고 있었다.

연와정기蓮蛙亭記

– 연잎에 개구리 앉은 정자

▌그 해 7월, 우공은 우즈베키스탄에 갈 일이 있었다. 일행들은 기내식을 끝내고, 공짜로 마시는 술이 맛있다면서, 스튜어디스를 불러 맥주니 양주를 부탁해서 거침없이 마셨다. 그리고는 옆사람 고려하지 않고 육담을 섞어 이야기판을 벌였다. 우공은 번잡한 만남과 거친 말을 생래적으로 받아들이지 못하는 숱된 성벽이 있어서 등받이에 등을 기대고 눈을 붙였다. 그런데 잠이 오지 않고 눈앞에 상림원 연못에 너우러진 연잎이며 연꽃 봉오리 올라오는 모습이 펼쳐졌다. 휜소도 피할 겸 내친김에 써 두자고, 우공은 노트북을 꺼내 글을 쓰기 시작했다. 동행한 미불이라는 친구가 우공이 글쓰는 걸 쳐다보다가, 그렇게 하니까 머리 다 빠지지, 가벼운 질책이었다.

연꽃 벙글기를 기다리는 시간은 인연의 짙은 소금기를 느끼게 한다. 연못에 그저 피어오르는 연잎과 논가에 번진 연밭에 무리지어 피어나는 연꽃을 보는 것과 달리, 그가 심은 연이 잎이 벌고 그 사이로 대궁을 뽑아올려 연꽃을 피우기까지는 이런 저런 염려도 많고 애잔한 조바심이 몰려오기도 했다.

연잎이 벌기 시작하면서는 마음이 착 가라앉는다. 처음, 연잎은 물 위에 몸을 차분히 대고 넉넉한 면적으로 벌어지는 모양이 참으로 곱고 여유롭다. 거기다가 비라도 올라치면 연잎 위로 은구슬 같은 물방울이 굴러 움직이는 모습이 영롱한 소리가 날 것만 같다. 때로는 연잎 위로 개구리가 올라앉아 먼 산을 바라보듯 한유하게 시간을 명상한다. 연잎 위에서 '유연견남산' 하는 개구리의 넉넉한 자태는 속좁고 견문이 천박한 '정저와'니 하는 책망과는 거리가 사뭇 멀다. 동양화의 소재가 됨직한 정경이다. 일본식의 단형시 와가和歌의 이미지가 떠오르기도 한다. 고요 속의 연잎, 개구리 눈 껌벅이는 소리, 그런 식으로 엮어 봄직한 것이다.

드디어, 연꽃이 피었다. '드디어'라고 하는 것은 이전에 연꽃이 벙글기까지 기다리는 심정을 글로 쓴 적이 있어서 기다림이 길었다는 뜻이었다. 가시가 돋은 대궁이 무성한 잎과 함께 뾰주룩이 올라와 그 끝에 심해에서 건져올린 조개처럼 생긴 봉오리가 달리더니, 한 일주일 못 본 사이에 꽃을 피웠다. 순백으로 하얀 꽃잎의 가장자리에 연분홍으로 지친(동사, 지치다) 듯 물든 꽃잎이 겹으로 피어나 벌고, 그 가운데 노란 꽃술이 동그랗게 자리잡은 모습이 완벽한 하나의 우주를 생각하게 한다. 그리고 스치듯 지나가는 옅은 향기, 혹은 향기의 환각인지도 모를 감각의 파동이 감돈다. 저런 꽃이 지면 어쩌나, 어쩌나 하면서 시간에 밀려 꽃을 더 바라보지 못하고 돌아와서는 내내 아쉽고 안타까운 시간이 흘렀다.

세상일이 연꽃이나 연향기처럼 곱고 그윽하기만 하란 법이 없어서, 또 한 주일이 정신없이 갔다. 밭을 제대로 건사하지 못해 풀구덩에 묻힌 감자밭 풀을 제쳐 주려고 일찌감치 집을 나섰다. 풀을 제쳐 주어야 한다는 일에 대한 압박 때문에, 지난주에 보았던 연꽃을 잠시 잊고 풀을 베느라고 한나절이 기울었다.

그리고는 잠시 땀을 식히려고 언덕으로 올라가 연못을 살펴볼 때였다. 아, 지난주에 보았던 연꽃잎이 한 점 흠결欠缺도 없는 모양으로 물 위에 떨어져 무리무리 흩어져 있었다. 전날 비가 내리긴 했지만 연못에 물이 차기에는 좀 부족해서, 겨우 흙이 촉촉히 젖은 정도였다. 연못에 물이 좀 부족하다는 느낌이었다. 봄에 설치한 관정 물을 연못에 대주기로 하고 물호스를 연결해서 연못에 맑은 물을 흘려넣기 시작했다. 흘러드는 물의 양이 많지를 않아 아주 작은 물 흐름을 일으키며 물무늬도 없이 움직이기 시작했다. 물의 흐름을 따라 연꽃잎은 너댓 장씩 무리를 짓기 시작했다. 어떤 꽃잎은 혼자서 연못 가장자리로 움직여 갔다. 무리는 무리대로 혼자는 혼자로서 자족하는 흐름이다. 이 정밀靜謐한 움직임은 연꽃의 본성일지라.

정오 무렵이었다. 찰찰찰 연못으로 흘러드는 물소리 말고는 사방이 고요한 속에 가라앉아 정적은 오히려 팽팽한 긴장미를 더불고 있었다. 심지어 눈을 감았다 뜨면 눈 뜨는 소리가 들릴 것만 같은 정적이다. 늦게까지 꽃이 남은 유채밭을 날아다니던 나비마저 자취를 감춘 뒤였다. 연꽃잎은 아무런 작정도 부림도 없이 물위를 천천히 아주 천천히 움직여 갔다. 어떤 꽃잎은 연잎 사이로 자리를 잡아 어울리고, 어떤 놈은 연못 가로 외돌아 뽕나무 그늘 속으로 들어가기도 했다. 선한 영혼을 실은 꽃배가 이승을 떠나는 모습이 저렇지 않을까 싶었다.

연꽃잎이 천천히 움직이는 뒤로 소리의 파문이 물 위에 길을 내고 있었다. 그게 무엇이든 어떤 존재가 가는 곳에는 길이 생기는 법인가. 연못 위에 부드럽게 그려지는 몇 가닥 길 위로 향이 어리듯, 음악이 번지는 듯 정적 속에 길을 내며 움직이는 연꽃잎. 그들이 만들어내는 무늬 위에 그 자신의 존재가 아주 가볍게 그리고 천천히 움직임을 시작하고 있었다. 내밀한 감동을 더불고 물결지는 자기 존재의 모습….

첨벙, 그는 화들짝 놀란다. 풀섶에서 연못으로 개구리가 뛰어들었다. 마침 부들을 심은 뒤쪽에서 뛰어든 것이라서 개구리가 만든 물무늬는 금방 잠잠하게 가라앉았다. 그 대신 그 물무늬는 그의 가슴으로 다가와 의미를 짓기 시작했다. 연꽃과 고요와 정밀함의 미묘한 앙상블, 그 속에 번잡함을 잠시 잊고 안으로 침잠하는, 침잠하여 사념의 싹을 틔우기 시작하는 이 시간, 그 값을 푼전으로 따진다면 속스럽다는 핀잔을 면치 못하리라. 연꽃잎들은 여전히 고요를 극한 정적 가운데를 질러가는 중이었다.

다시 개구리가 정적을 깨고 연못으로 뛰어든다. 그는 또 놀란다. 전에 이곳에 왔을 때 개구리가 하도 우렁차게 울어대는 바람에 잠을 설친 적이 있다. 그러나 개구리 울음을 잘 들으면 그야말로 교향악을 듣는 것처럼 웅장한 화음에 접하게 된다. 그래서 개구리 울음을 듣는다는 뜻으로 청와정聽蛙亭이란 정자를 생각한 적이 있었다. 그런데 오늘은 산화하듯이 흩어져 고요를 극한 속에 흘러가는 연꽃잎이 만들어내는 존재의 각성을 개구리가 놀라게 하는 바람에 꿈처럼 깨는 터라서, 연꽃과 개구리가 연관되어 여러 생각이, 그의 머릿속에 자꾸 떠올랐다.

연꽃잎이 자유자재 흘러가는 정밀의 한가운데, 개구리가 정적을 깨며 파문을 일으키는 이 파격이 깊은 깨달음으로 이어지는 열락悅樂의

처소에 개구리를 뺄 수 없는 일이다. 하여 연와정蓮蛙亭이란 이름을 생각해 봤다. 이 연못에서는 개구리마저 연향기를 묻히고 해탈로 향하는 게 아닌가 싶어서였다.

연을 심어 연잎에 얹히는 옥구슬 보고, 곱게 너그러이 벙그는 잎 보고, 그리고 꽃까지 보았으면 연꽃의 향기야 개구리와 나누어도 좋지 않겠나. 연꽃이 하루를 보내고 오무라드는 저녁, 개구리 울음은 독경에 다름이 없는 청랑한 음성이라서 법어에 맞먹는 게 아닌가. 연을 심어 덤으로 얻게 된 개구리와 닿은 인연, 그것이 자신의 이명耳鳴일지라도 그는 연꽃 피는 날 개구리를 보고 싶은 것이다.

(2010. 7. 14.)

▌미불은 우공이 글을 끝내어 내민 노트북 화면을 한참 들여다보았다.

"우즈베키스탄 가는 비행기 안에서 이런 글 한 편이 뚝딱 나오다니."

미불의 속생각은 다른 데 가 있었다. 우공이 이래가지고 소설 잘 쓸 수 있을라나, 그런 걱정이었다. 소설의 생애사로 본다면, 거친 물결 같은 서사가 마무리된 다음이라야 명상이 따라오는 법인데, 우공은 너무 일찍 명상에 집착하는 게 아닌가 싶어서였다.

"좁아빠지고 소란한 가운데 글 하나 얽었으니 밑지는 여행은 안 될 것 같소."

우공은 여행 한번 하면 글 하나 쓰는 식으로 지내왔기 때문에 미불의 이야기가 적실하다는 생각을 했다. 하기는 우즈베키스탄 다녀가면 소설 하나는 건질 수 있을 것 같다는 생각을 하고 있는 중이었다.

"소설은 사실보다 상상력이 중요합니다. 뻔한 소재를 억지로 엮지 마세요."

상상력이 빈곤한 자의 글은 독자를 실망시킨다. 백척간두에서 한 발짝 내디딜 수 있는 경지라야 남에게 해탈을 이야기할 수 있는 것일 터였다. 우공은 자신의 사고가, 행동이, 양식화되어 굳어가고 있는 것은 아닌가 스스로 생각을 되새김하고 있었다.

부들자리(蒲席, 蒲緞)

▌시인이라는 게 별거던가, 어른이 되어서도 어린애처럼 생각하고 말하는 게 시인이지. 우공은 가끔 그런 생각을 하곤 한다. 우공이 그런 생각을 하게 된 데는 연유가 있다. 어느 해던가, 칠팔 년은 되었을 터인데, 어느 봄날 막 자라 올라오는 부들 잎을 보고는, 마치 영국의 워즈워드가 무지개를 보고 감탄했던 지경으로 가슴이 뛰어 감탄을 자아냈던 바로 그 지점에서 우공은 시인이 어린애다워야 한다는 생각을 하기 시작한 것이다. 그 무렵 자기가 써 놓았던 글을 뒤적여 읽었다. 아래는 우공이 컴퓨터에 저장해 두었던 글을 다시 읽어보고 정시경이라는 시인에게 보낸 것이다. 제목이 '부들자리'였다.

사람 사는 데 별별 물건이 다 필요하다. 얼마간의 안락을, 육신의 편의를 위해 물건을 만든다. 편히 앉기 위해 자리를 만들고 방석을 깔고 의자를 준비한다. 편히 눕기 위해 이부자리와 침대를 준비하는 것은 세계가 공통이다. 침대를 준비할 여력이 없으면 이부자리로 만족해야 한다. 한뎃잠이나 알바닥잠은 고통스럽기까지 하다.

그제 앙성에 오면서였다. 유랑마을 옆 개울을 쳐다보던 아내가 저게 다 부들이 아닌가 하며 놀라워했다. 운전 중에 언뜻 돌아보았는데, 개울 전체가 부들로 가득 차 있는 것처럼 보였다. 이때부터 그의 욕심이 발동하기 시작했다.

하나의 인연은 다른 인연을 이끌어 온다. 정이장네 물저장고에서 부들 두 줄기를 얻어다 심은 이후, 그걸로는 성이 차지를 않아 앙앙하고 있었는데, 안전에 부들밭이 펼쳐지는 게 아닌가. 이제부터는 인연이 아니라 욕심의 땅속 줄기가, 들뢰즈의 리좀(根莖, rhizome)이 뻗어 나가기 시작한다. 머릿속에는 이미 부들 캐는 작업이 시작되었다. 농기구는 어떻게 하고, 장화는 어떻게 하고, 그리고 그걸 담아 나르는 그릇은, 어떤 화분에 어떻게 심고, 연못 어느 부분에 배치를 하고…. 부들 전문 연못처럼 꾸미고 싶어지기도 한다. 이렇게 되면 욕심에 욕심을 더하는 격이 된다. 미와 기호嗜好를 위한 욕심 또한 욕심이라 잘 다스리지 않으면 몸과 마음을 해친다. 그러면서도 제어가 안 된다는 핑계를 만들고 있는 자신이 우습다고, 그는 생각했다.

새벽에 차를 몰고 부들을 캐러 나갔다. 아 눈앞에 펼쳐진 부들밭! 신천지가 안전에 전개되도다, 하는 지경이다. 지난겨울과 초봄에 정지를 하느라고 공사가 한창이었을 때는 저렇게 개울을 파제키면 결국은 돌바닥을 드러낸 황량한 개울이 되리라는 걱정과는 영판 달리 개울 바닥은 수초가 무성하게 번져 걸진 풀밭이 되었고, 그 사이 한 팔 할은 되게 부들이 자라 올라와 어우러졌다.

잠시 넋을 잃고 서서, 그는 부들밭을 바라봤다. 부들이 흐드러진 개울 바닥 전체를 훑보다가 부들 하나 하나를 자세히 살펴봤다. 부들은 잘 자란 난처럼 죽죽 잎을 뻗고 자라 올라간다. 부들 잎은 곡선을 모른다. 곧게 자라 올라가는 게 시원함을 더한다. 그러다가 잎의 끝이 조금 구부러지는 것이 귀엽다. 싱싱한 잎은 윤기보다는 옅은 분이 핀 것처럼 보송보송한 느낌이 든다. 부들은 실제로 억새나 갈대보다 부드러워 효용 또한 다양하다. 가을로 접어들면 대궁이 올라와 마치 잘 구운 소시지 모양의 열매가 달린다. 이 열매는 동양식 꽃꽂이에 이용되는 것을 흔히 보게 된다. 그러나 그 열매가 피어 보푸라기를 내며 날아가는 것을 보기는 참으로 어렵다. 이미 가을이 되어 단풍이며 가을꽃들로 들판이 요란할 무렵이 되면 부들은 사람들의 관심 영역에서 벗어나기 때문이다.

부들 잎은 길이가 어른 한 길까지 자라고 부드럽고 질기기 때문에 여러 가지 생활용품을 만드는 데 사용된다. 돗자리, 방석, 햇살가리개(뜸), 도롱이, 짚신, 부채 등을 만드는 데 사용한다고 한다. 그의 경험으로는 부들부채와 부들자리를 보았을 뿐이다. 부들자리는 '늘자리'라고도 한다. 왕골자리와 함께 주인이 부지런한 집에서나 부들자리를 볼 수 있었다.

동네 논 가운데 포강이라는 연못이 있으면 대개는 그 주변에 부들이 자란다. 그 부들을 쪄다가(찌다— 줄기 식물을 한 묶음씩 한꺼번에 베어내거나 뽑아내는 것을 찐다고 한다. 모판에서 모를 뽑아내는 것을 '모를 찐다'고 한다.) 그늘에 말려 자리를 만들면 감촉이 부드럽고 폭신폭신한 느낌이 참으로 감칠맛이 났다.

부들자리는 이규보의 시에도 언급이 되어 있다. "술 마시고 좋은 차까지 함께 맛보며 부들자리(蒲席)에 앉으니 말이 필요없네"라는 내용이다. 카펫이 깔려 있는 응접실에서 이태리 가구 의자에 앉아 양주를 마시는 풍경과는 사뭇 대조적이다. '말이 필요없는' 경지에 이른다는 게 그리 쉬운 일이 아니다. 자신이 좀 부지런하고 솜씨가 있다면 부들자리를 만들어 친구들 불러 술 한잔 할 때 같이 앉아 보는 모양을 그려 보기도 했다.

부들이 시골 동네 냇가 바닥이나 연못에 자라는 식물이라고 해서 촌스럽거나 빈티가 나는 그런 식물은 아니다. 부들자리는 제왕과도 인연이 있다. 부들자리는 왕이 목욕을 한 후 몸을 말리는 동안에도 사용되었다고 한다. ≪예기≫에는 왕이 목욕할 때, 상체는 갈포 수건으로 닦고 아래는 거친 수건으로 닦으며, 탕에서 나와서는 부들 돗자리에서 목욕옷을 걸치고 몸을 말린다고 되어 있다. 몸의 상하를 자질이 다른 수건으로 닦는다는 것도 예사롭지 않은 일이지만, 목욕 후에 부들자리에 앉아 쉬면서 몸을 말린다는 것은 부들자리가 얼마나 촉감이 좋은지를 알게 한다.

그는, 자기가 옮겨 심은 부들이 잘 자라면 잎을 베어 자리를 짜 봄직도 하다는 생각을 한다. 자리가 어려우면 방석이라도 만들어서 써야 하겠다는 욕심을 부린다. 그런 호강을 할 수 있을지는 잘 모르겠지만, 꿈마저 가난이 들면 스스로 망조를 부르게 된다. 못 오를 나무는 쳐다보지도 말아라 하는 속담이 떠오른다. 이런 유의 속담은 교육용으로는 적절치 못하다. 희망을 버리라고 강요하기 때문이다. 상상력을 억제하며 살라고 하기 때문이다. 지금은 못 올라갈지라도 노력하는 가운데 언젠가는 올라갈 수 있을 것이고, 그러면 거기서 바라보는 새로운 세계가 펼쳐지리라고 가르쳐야 한다. 이는 그 자신을 위해서도 마찬가지였다.

부들은 열매가 특이해서 사람들의 눈에 띄기도 한다. 잘 익은 핫도그나 아이스케이크를 연상하게 하는 방망이 모양의 열매가 줄기 끝부분 9부쯤에 달린다. 노랗거나 갈색으로 자라는 이 열매는 사실 부들의 암꽃이다. 그 위에 수꽃이 마련되어 자가수정을 하도록 되어 있다. 꽃이 필 무렵 손가락으로 잠시 흔들어 주면 노란 꽃가루가 곱게 날린다. 부들을 심어서 이 특이한 부들 열매를 보기만 해도, 부들을 옮겨 심은 품삯은 다하는 셈이다.

부들을 심어 놓고 그 옆으로는 연을 심어 위로 자라는 부들과 옆으로 퍼지는 연잎이 어우러진다면 근사한 풍경이 전개되리라. 그리고 늦여름 부들 사이로 대궁이 올라와 연꽃이 핀다면 거기 무엇을 더하랴. 그게 그의 꿈이었다.*

(2010. 5. 중순)

▌이야기 항아리라는 설화를 자주 인용하는 우공은, 주책머리없이 자기가 쓴 글을 정시경이라는 시인에게 보내곤 한다. 시경이 답을 해왔다. 레퍼런스가 사라지면 말도 쓰임이 서서히 줄어들다가 결국은 소멸되어 사라진답니다. 말이 사라지면 존재가 자취를 감추는 겁니다. 존재는 말에 실려 제 모습을 드러내기 마련이지요. 과도한 호기심은, 서사 없는 디테일로 떨어지기 십상입니다. 과도한 호기심 또한 집착일 시 분명합니다. 그래서 방하착放下着이라는 겁니다.

우공은 '방하착'이란 말을 몇 번이나 속으로 되뇌었다. 글욕심도 욕심인 것을 틀림없는 사실이었다. 그러나 욕심은 욕심으로 다스릴 수밖에 없는 저급한 단계에서 해찰하고 있는 자신이 우스웠다. 시인 정시경은 아무 욕심이 없어서 시집을 열 권이나 냈을까, 우공은 전화를 들었다가 다시 놓았다.

이름값을 어떻게 하나

▍부들자리를 읽은 정시경이 '방하착'을 이야기하는 바람에, 우공은 머리가 어지러워졌다. 해서 며칠 쉬기로 작정했다. 며칠 쉬는 동안 자기 이름에 대해 생각해 보았다. 이름은 한자로 써야 잘 기억된다던 이용주 교수의 해맑은 이마가 눈앞에 어른거렸다. 그런데 손주가 태어났다. 아들이 손주 이름을 물어 왔다. 사람이 이름을 갖고 산다는 게 무엇인가 하는 생각을 거듭했다. 떠돌며 사랑하는 삶으로 자기규정을 한 우공은 어른들이 지어준 이름에 그런 삶의 DNA가 들어 있는 것은 아닌가 하는 생각도 했다.

그는 요새 자기 이름에 대해 열심히 옹호하면서 지내는 편이다. 자기를 소개할 경우 그 옹호하는 투는 가히 볼 만하다. 자기 이름을 이야기할 때는 이러저런 전적이 인용되곤 한다.

저어 말이지요, 성은 중국 하우씨 우(禹)인데 중국에서 사성(賜姓)한 것이고, 가운데 글자 한(漢)은 한수 한, 한나라 한, 놈 한 등 다양한 뜻이 있다고 제시한 다음, 한수란 한강을 뜻하는데 〈용비어천가〉에 "한수

이북에 누인 개국하샤" 하는 구절의 그 한수漢水가 한강을 뜻한다, 중국 한고조 유방劉邦이 세운 나라가 한나라인데 그게 한족漢族의 기원이다, 치한, 또 말이지요, 괴한, 악한, 무뢰한 등 못된놈들을 뜻하는 글자이기도 하다, 하는 식으로 어지럽게 설명한다. 용은 돌림자인데 쇠를 녹인다는 뜻이다, 물로 녹이는 경우는 녹일 용[溶] 자를 쓴다 하는 식으로 설명하면서 몇 개 낱말을 예로 들기도 한다. 그런 다음에 파자破字를 해서 기억할 만한 인상을 심어 준다. 쇠 금[金]변에 얼굴 용[容]을 한 글자이니 용서없이 철면피鐵面皮라는 뜻이라고 설명하면, 대개는 사람들이 그의 얼굴을 쳐다보면서 한바탕 웃어댄다.

그 장면에서 그는 이런 이야기를 한다. 물처럼 부드럽고 유연하며 쇠처럼 강인한 내 성격의 복잡성이 그런 이름으로 나타나 있습니다. 여러분이 나를 이해하는 데 꽤 힘든 과정을 거쳐야 할지도 모른다, 그러니 부지런히 그리고 민첩하게 따라오기를 바란다, 그런 식으로 긴장감을 조성한다. 그러면 학생들은 좀 당혹스런 표정으로 그를 다시 쳐다본다.

지난 6월 10일 그는 손자를 보았다. 손자의 이름을 얹어 주면서 사람의 이름에 대한 생각을 몇 가지로 다듬어 보았다. 대개 이런 가닥이었다.

옛사람들은 자연의 이치 가운데 인간이 살아간다는 명분을 분명히 하려고 했다. 땅에 나는 풀조차 이름이 없는 게 없고, 하늘은 복록이 없는 인간을 태어나게 하지 않는다고 한다. 왈 지부장무명지초地不長無名之草요 천불생무록지인天不生無祿之人이라는 것이다. 이에 대어 생각하건대 땅에 자라는 풀조차 이름이 있게 마련인데 사람에 있어서랴

하는 뜻이 자연스레 다가온다. 먹고살 녹 이전에 이름이 있는 셈이다. 달리 생각하면 이름이 붙어야 녹이 따라온다는 뜻이 된다. 사람이 자연의 이치 가운데 자리잡기 위해서는 이름이 있어야 한다. 자연의 다른 사물들이 이름으로 존재하듯이 사람도 이름이 있어야 사람이다.

사람 이름이라는 게 하나의 부호일 뿐이라 하는 이들이 없지 않지만, 그는 생각이 달랐다. 이름에는 그 이름을 짓는 사람의 기대가 담긴다. 세상에 자기 이름을 자기가 짓는 경우는 없다. 거듭하거니와, 자기 이름을 자기가 짓지 않는다. 남이 지어 준다. 남 가운데서도 그저 남이라고 할 수 있는 사람이 아니라 이름을 받는 사람의 보호자거나 후원자가 이름을 지어준다. 이름은 아버지, 할아버지 같은 이들, 윗사람이 지어주는 경우가 대부분이다. 윗사람은 생명을 창조한 이들이다.

그런데 윗사람은, 구체적인 내용이야 사람에 따라 달라지겠지만 아랫사람에게 어떤 기대를 가지게 마련이다. 아랫사람은 윗사람의 존재의 연장延長이라는 의미를 지닌다. 부모는 자식에게 자기가 다하지 못한 삶의 뜻을 이루어 주기를 기대한다. 선배들은 자신이 이루지 못한 경지까지 후배들이 이루어 주기를 바란다. 꼭 자기가 이루지 못한 것만이겠는가. 자기가 이룬 것이라면 그것을 이어가 주기 바라는 마음이 담긴다.

이러한 현상은 역사의 흐름 속에서도 나타난다. 우리 세대가 해결하지 못한 시대적 과업이 다음 세대로 넘겨지는 경우, 다음 세대에 기대를 하지 않을 수 없게 된다. 이름을 짓는 사람은 다음 세대에 대한 기대를 자기가 짓는 이름에 담기 마련이다.

이름은 직설적이라기보다는 상징과 비유다. 이름이라는 것 자체가 상징인 것은 물론이다. 이름은 사물 자체가 아니라 사물을 대신하는 기호다. 기호를 다른 용어로 상징이라 한다. 친구 가운데 지용덕이라는 이가 있다. 한자로 池龍德이라고 쓴다. 연못에 사는 커다란 용이라는 뜻이라고 한다. 연못에서 때를 기다려 승천해서 하늘을 날며 비를 내려 주는 존재가 용이다. 그런 용과 같은 존재가 되라는 뜻이 담긴 이름이라고 풀이했다.

성까지를 이렇게 맞추어 풀기는 어려운 경우가 없지 않다. 이름만 독립시켜 놓으면 어떤 뜻을 지닌 명사가 되는 경우가 대부분이다. 여자 이름 가운데 정숙貞淑이란 이름이 상당히 많았던 때가 있었다. 정숙이라는 말 자체가 곧고 맑다는 뜻이 된다. 남자 이름 가운데는 남자다움을 강조한 상징성을 띤 경우는 호웅豪雄을 예로 들 만하다. 이 이름은 때로 虎雄이라고 쓰기도 한다. 우람한 호랑이 같은 남자가 되라는 뜻이리라.

그의 친구 가운데 그가 외우라고 관형어를 붙이는 이가 박인기朴寅基이다. 박이라는 성과 돌림자 터기[基]는 정해진 것이고 결국 인寅자가 하나가 자기 몫이라고 한다. 이 글자는 '범 인' 혹은 '동방 인'으로 불리는데, 동편 하늘이 밝아오는 아침에 태어났다고 해서 이름을 그렇게 지었다고 한다. 그런데 이 친구의 이미지는 늘 아침처럼 밝고 신선하여 만나는 사람들의 마음까지 산뜻하게 해 준다. 결국 사람은 이름을 따라 인간형이 형성되는 것 같다. 물론 불효막심한 대효大孝라는 사람도 있는 게 현실이지만.

사람의 이름은 시제로 말하자면 미래형이다. 이름은 사람이 살아가는 데 하나의 지표가 되기 때문이다. 이는 이름의 자성예언적 기능과도 연관되는 점이다. 우리 애들 이름이 그런 경우인데, 1970년대 말, 민주화를 향한 열기로 들끓던 시대, 사람이 착해야 한다는 생각을 거듭 했다. 그래서 아들의 이름을 두루 착하라고 주선周善이라고 지었다. 한 살 터울로 태어난 아이는 날로날로 착하라고 일선日善이라고 붙였다. 두 아이 모두 두루 착하고 날로 착하게 살아간다. 이름이 그래서 꼭 그런 것이라 하기는 무리일지 모른다. 그러나 이름으로 삶의 목표를 명시하고 나아가는 경우, 결과는 실패가 되더라도 근접하려는 노력이 쌓이는 가운데 사람이 그런 방향으로 형성된다면 이름은 충분히 삶의 지표 역할을 한다고 보아야 한다. 이름은 극단적인 규정을 비껴간다. 그렇다기보다는 그래야 한다는 생각이 드는 것이다.

동양에서는 전통적으로 극단을 피한다. 극즉반極則反이라는 원리를 암암리에 혹은 문화적인 압력으로 의식하기 때문인지도 모른다. 절대진리를 상정하는 게 아니라 진리를 향해 나아가는 정진을 지향한다. 공자가 아침에 도를 들으면 저녁에 죽어도 좋다고 한 것, 이른바 조문도朝聞道 석사가의夕死可矣라는 것도 도의 절대성을 지적하기보다는 도를 이루기가 어렵다는 점을 들어 말한 것이라고 보는 게 옳다.

흔히, 호랑이는 죽어서 가죽을 남기고 사람은 죽어서 이름을 남긴다고 한다. 왈 호사유피虎死留皮 인사유명人死留名이다. 이 고사는 양나라 왕언장王彥章이라는 장군과 연관된다. 성품이 우직한 그는 창을 잘 쓰는 장수였다. 양이 망하고 산서에 있던 진나라가 국호를 후당으로 바꾸고 양나라로 쳐들어왔다. 왕언장이 출전하였으나 크게 패하였다. 당에서는 왕언장에게 귀순을 종용했다. 왕언장은 종용을 거부하고 사형을 당했다. 그가 늘 하던 말이 호사유피虎死留皮 인사유명人死留名이라는 것이었다. 한 나라의 장수로서 명예를 지키는 게 왜 가치있는지를 몸으로 증명한 것이다. 몸은 죽었으나 이름이 남았다.

사람은 몸으로 살 뿐만 아니라 이름으로 산다. 아버지, 효자, 충신, 선생 등이 이름에 해당한다. 선생이라는 이름으로 남는 인간, 그것은 선생으로 모범이 된다는 뜻이다. 진정한 의미의 선생이었다 하는 경우, 선생이라는 이름을 가질 만했다는 뜻이 된다. 그런 의미에서 이름은 한 인간에 대한 평가다. 명예는 평가의 결과다.

손자의 이름을 우하린禹昰鄰(Woo Haa Rien)으로 붙였다. 연과 여름이 좋아 禹荷鄰과 禹夏鄰을 써 볼까 하는 생각을 했다. 그러나 연이나 여름이나 좀 치우친 데가 있는 듯해서 망설이다가 여름 하 자의 고자인 하昰를 붙이기로 했다. 이 글자는 이 시 자 [是]의 본자이기도 하다. 연과 여름을 아우르고, 인간 본연의 모습을 떠올리게 하는 글자이다. 인간 본연의 모습에 가까워지고, 여름으로 가는 근처에 무성한 초목으로 자라기를 바라는 소망을 담았다.

사람의 이름을 상고하건대, 인간은 유명론唯名論과 실재론實在論 양편을 오갈 수밖에 없는 존재라는 생각에 이르게 된다. 이름이 이름값을 하기 위해서는 그 이름에 걸맞는(내 어감으로 '걸맞다'는 동사이다.) 실천이 있어야 한다. 몸이 이름에 맞도록 닦아 나아가야 한다. 그런데 그 몸을 움직이는 것은 이름이 벼리를 쥐게 된다.

물과 쇠를 아울러 갖춘 그의 이름은 좀 혼란스럽다. 漢을 한수한이라고 하거니와 물 이미지를 더불 수밖에 없다. 鎔은 쇠를 녹인다는 뜻이다. 불과 물, 빙탄불상용氷炭不相容의 거리를 메우면서 살아가야 하는 삶의 양태를 예시하는 것이 그의 이름인지도 모를 일이다. 겨울에 태어났지만 춘풍대아능용물春風大雅 能容物을 기대한 부모의 소망이 담긴 이름으로 알고 지낸다. 봄바람처럼 부드럽고 큰 아량은 만물을 품어 안기를 바라는 소망이 담긴 것일 터.

귀한 이름 가지고 천하게 사는 것보다는 천한 이름이라도 귀하게 이끌어올리는 실천이 더욱 소중한 가치가 아닐까, 그는 글을 그렇게 끝맺었다.*

(2013. 6. 20.)

▎손주의 작명기를 써 놓고 와서 가져가라면서, 작명료를 내야 애들 잘 큰다는 이야기를 우공은 아들의 귀에 틀어박았다. 아들이 와인 한 병 들고 와서 물었다.

"아버지, 부하린이라고 아세요?"

"나도 그 이름이 떠오르긴 했다만." 우공은 말꼬리를 흐렸다.

"러시아 사람들은 W란 글자가 없기도 하지만, 브로 읽더라구요. 그러니까 우하린은 러시아에서는 부하린으로 읽게 된다구요."

그러면서 백과사전을 펼쳐 보였다.

니콜라이 부하린[Nikolai Ivanovich Bukharin](1888.10.9. ~ 1938.3.14.) 모스크바에서 출생했다. 1906년 러시아사회민주노동당에 입당하였다. 체포 · 유형流刑된 후 망명하여 빈 대학에서 수학하였다. 1917년의 3월혁명(구력 2월) 직후 미국에서 일본을 경유하여 귀국, 모스크바의 볼셰비키를 지도하였으며, 동년 11월혁명(구력 10월) 후에는 당 기관지 ≪프라우다 Pravda≫의 편집장이 되었다. 브레스트리토프스크강화조약를 둘러싸고 N.레닌과 대립하여 '좌익 공산주의자' 지도자가 되었으며, 그 후 I.V.스탈린과 합세하여 L.트로츠키를 실각시켰다.

1927년 G.E.지노비예프를 대신하여 코민테른 집행위원회 의장이 되었으나,

후에 '우익 반대파'로서 주류파와 대립하다가 실각하였다. 그 후 자기비판을 하여 공직에 복귀하였으나, 대숙청의 소용돌이 속에서 1938년 총살되었다. 이론가로서 유명하며, 저서로 ≪사적 유물론史的唯物論≫(1921) ≪제국주의와 자본 축적≫(1925) 등이 있다. 1988년 공식 복권이 이루어졌다.

우공의 변명이 이어졌다. "인간이 명품이면 이름도 명품이 된다. 이름이 명품이라야 사람이 명품이 되는 것은 아니다. 걔는 이미 명품이랄 만큼 잘생겼더구나." 아들이 빙긋이 웃었다.

개미와 악어 사이에서

요즈음 우공은 정리불능증에 빠져 있는 중이다. 하기는 정리전문가가 있어야 장롱 하나도 말끔하게 해놓고 사는 이들이 수두룩하단다. 써 놓은 원고 정리 못하는 거야 크게 탓이 될 일은 아닌 듯하다. 아무튼 그동안 써 놓았던 중편소설이 일여덟 편이 되어 그 가운데 책 한 권 분량을 추려서 소설집을 내기로 했다. 이 글은 그 소설집 서문으로 쓴 것이다. 서문에다가 태생이 게을러서, 천학비재라서, 본래 과작인지라 그렇게 엉너리를 치는 작가들에게 식상한 터라 머리말을 아얘 소설로 쓰자는 뱃심이 동했던 것이다. 우공은 그 원고를 출판사에 보냈다. 어떤 반응이 올 것인가를 기대하면서였다.

소설가 우공은 어느 날 아침 콧수염을 밀다가 세면대 앞에 붙은 거울을 쳐다봤다. 거울에 모서리가 해진 상표가 하나 붙어 있었다. '일신제경사'의 제품이었다. 언제 구해다 달아놓은 것인데, 저런 고색창연한 상표가 남아 있는가 하면서 다시 살펴보았다. 한자로 日新製鏡社라는 상호가 병기되어 있었다. 아마 거울을 보고 날로 새로운 얼굴로 자신을 다듬으라는 뜻인 모양이라고 짐작했다.

그런데 그 일신이란 말이 마음에 걸려왔다. 우공은 이전에 그런 이야기를 자주 했다. 같은 말을 반복하는 것은 상상력이 고갈되었다는 증거다, 참신한 언어를 발굴하는 것이 문학의 몫이다, 작가가 어떤 스타일로 굳어지면 창조적 작품활동과는 거리가 멀어진다, 하는 등등 알심배긴 말들을 풀어놓곤 했던 터였다. 물론 그는 문학을 가르치는 한편 소설 쓰는 일을 아울러 했기 때문에, 가르치는 자리에서는 그런 말을 용납할 만한 구석이 없지도 않았다. 말로 가르치는 일이 자신이 실천하는 것보다 한결 수월하다는 걸 누가 모르랴.

그러나 자신의 소설작업과 연관된 경우는 형편이 달랐다. 자신이 한 말과 달리 어떤 양식으로 자꾸 기울어지는 바람에 독자가 이 사람 이런 작가로구나 하고 눈치챌 지경에 이르렀다. 자신과의 약속을 지킬 줄 아는 사람이 진정한 작가일 터였다. 그렇다면 작가로서 언제나 새롭게 변신하는 모습을 보여주어야 마땅한 일이었다. 며칠 전에 마무리한 소설 또한 여행을 모티프로 한 것이라서, 근간에 해온 작업과 소재 측면에서 다를 게 별로 없었다.

소설가 우공은 세수를 마치고 책상에 앉아 새로 내는 책의 머리말에 해당하는 간단한 글을 초하기 시작했다.

나라를 세운 지 세 해가 되어가는 어느 봄날이었다. 탕왕 천을은 정세가 안정되고 백성들의 원성이 잦아든 것은 자신의 덕이라 생각했다. 그는 하늘이 뜻을 자기에게 내린다고 믿었다. 그래서 이履라는 이름 외에 하늘 다음이란 뜻으로 천을天乙이란 이름을 하나 더 가지게 되었다.

궁녀가 세숫물을 가지고 침전으로 들어왔다. 가슴이 불룩 돋아올라 보이고 엉덩이가 팡팡하게 부풀어오른 것이 천을의 춘정을 돋구었다. 대야를 세수대에 올리느라고 허리를 숙이자 옷섶 사이로 뽀얀 젖가슴이 두렷이 솟아나 보였다. 궁궐 담넘어 멀리 장끼가 꺼겅꺼겅 아침부터 색정 가득한 청으로 울어댔다.

"이리 가까이 오너라."

"무슨 일이시온지요?"

발칙하다는 말이 목구멍으로 올라오는 것을 군침과 함께 삼켜버렸다. 전에 약속한 일이 떠올랐기 때문이었다. 궁금한 게 있으면 허심탄회하게 이야기하라, 그러면 어떤 이야기든지 들어주겠노라, 신하들에게 약조한 적이 있었다. 임금의 명령에 토를 다는 것은 역린에 다름없는 일이기는 하나 자기가 한 약속 때문에 참아야 할 정황이었다.

하나라 걸왕이 매희라는 여자에게 빠져 정사를 보살피는 데는 게으르고, 날이면 날마다 주지육림 가운데 여음으로 농탕질을 치는 가운데 나라는 날이 갈수록 피폐해졌다. 저 인간을 그대로 두고 지낸다면 이는 하늘이 나에게 내린 명을 거스르는 일이다, 천을답지 못한 짓이다, 그런 생각 끝에 걸왕을 치기로 작정했다.

천을은 동지들을 모았다. 그 가운데는 뒷날 자기에게 일을 맡겨주면 뭐든지 해낸다는 자임自任의 명재상으로 이름난 이윤伊尹이 포함되어 있었다.

"나는 감히 난을 일으키는 것이 아니다. 한 인간이 죄가 많아 내 천명을 받아 이를 토벌코자 하는 것이다."

천을은 뒤에 재상이 된 이윤과 다른 장졸들의 도움으로 명조에서 걸왕을 쳐부수었다.

"하늘이 하나라에 재앙을 내린 것은 걸왕의 난행 때문이었습니다." 궁녀의 말이었다.

그것은 천을이 걸왕을 패치하는 데 내세운 주장과 한 자도 차착이 없었다. 천을은 몸이 오그라드는 것 같은 충격을 받았다.

"이윤 재상을 불러라."

이윤이 달려왔다. 자기를 나라 경영에 써 달라면서 도읍에서 요리 대접받던 기억이 생생하게 살아났다. 걸왕이 버린 원비 말희를 구슬러 하나라의 내부 분열을 일으켜 자중지란에 빠지게 한 것도 이윤의 영리한 용간用間이 아니었으면 도저히 이루어낼 수 없는 일이었다. 충성과 간계가 무궁무진한 신하였다. 그래서 속내를 서슴지 않고 털어놓았다.

"내가 마침내 걸왕의 하던 패행을 넘보고 있으니 어이된 일이란 말인가?"

"남 하던 일을 똑같이 하게 되면 내가 쳐부순 적국의 왕을 빼닮아 그와 똑같은 운명에 처하게 됩니다."

"그러면 어찌하면 좋겠소?"

이윤은 지필묵을 청했다. 궁녀가 가슴을 출렁거리며 갈아낸 먹물을 황모필에 듬뿍 찍어 일필휘지 내리썼다.

苟日新 日日新 又日新(구일신 일일신 우일신)

"진정 새롭고, 거기다가 매일 새로워지는데 더해서 날로 새로워져야 한다는 게 무슨 뜻이요?"

이윤은 대답 대신 문을 열고 뜰앞에 막 꽃이 벙글기 시작하는 매화

나무를 가리켰다. 어제까지도 봉오리만 찬바람에 발갛게 얼어 있었는데 오늘 아침에사 꽃이 벙글어 청향을 날리고 있었다. 천을은 고개를 주억거리고 서 있다가 힘찬 어조로 말했다.

"이 문구를 내 세수그릇에 새기도록 하시오."

그런 일이 있은 뒤 10년, 천을은 탕왕으로서 옥좌를 단단히 지켰다. 그만큼이라도 나라의 기틀을 다지고 왕좌를 넘보는 세력을 몰아내면서 견뎌낼 수 있었던 것은 세숫대야에 새긴 반명盤銘의 덕이 컸다. 매일 새롭다는 것은 매일 자기혁명을 감행해야 한다는 뜻이었다. 자기혁명을 계속한다는 것은 운명적 형벌이라도 적극적으로 감당한다는 의미에 해당하는 것일 터였다. 나아가 '우일신'한다면 그것은 지극한 자기초극의 단계가 아니겠는가 그런 생각을 하곤 했다.

우공은 며칠 전에 교정을 마무리한 〈도도니의 참나무〉 원고를 우두커니 쳐다봤다. 중편소설을 모은 작품집이라는 것 말고, 그 작품에 뭐가 새로운가 하는 의문이 들었다. 묵은 우물물을 퍼내야 새 물이 괴는 것처럼 써서 두었던 작품을 책으로 묶어내야, 다른 작품을 신선한 감각으로 쓸 수 있다는 데에 새로움의 의미를 두기로 했다. 그나마 그 알량한 새로움이라는 게 죽을 고비를 넘겨준 빌미였다.

마침 책을 내주기로 한 출판사 이름이 '개미'인데, 계절이 바뀌면서 벽속에서 번식했는지 개미들이 방안으로 행군하다가 진을 쳤다. 우공은 비를 들어 개미 쓸어내고 새로운 소설을 구상하기로 하고 다시 책상에 앉았다. 책상머리에 〈악어〉라는 장편소설 원고가 아직 마무리되지 않은 채 손길을 기다리고 있는 중이었다. 그는 정확히 '개미'와 '악어' 사이에서 어정쩡히 바장이고 있었다. 개미에서 〈악어〉로 건너가면 소설의 일신된 면모를 보일 수 있을까 하는 기대를 가지고서였다.*

(2016. 5. 입하절)

▌ 원고를 받은 최대순 사장이 전화를 해왔다. "한 마디로, 안되겠습니다, 이건 소설이지 서문이 아닙니다." 본문과 서문을 구분하지 못한다는 타박이었다. 밸이 틀려 돌아가는 느낌이었다. 밸은 창자의 다른 말이다. 창자는 안과 밖이 어떻게 규정되는가. 소화액이 나오는, 섬모가 있는 부분은 창자의 안인가 밖인가. 아무튼 우공은 자기가 쓰는 글에서 여벌로 달아두는 것은 없다는 생각을 다지고 다졌다. 인생에 여벌이 없듯이.

인생에 여벌이 있다면 그건 윤리적으로 문제가 될 터였다. 본문에 해당하는 인생에서 못된 짓을 다하고 다녀도, 그 여벌이라는 데에 삶의 정당성을 기탁한다면, 그래서 용서가 된다면, 세상은 못된 짓으로 넘쳐날 것이 아닌가. 우공은 그런 생각으로 자기가 쓴 글은 어떤 글이든지 예외 없이 본문이라는 주장을 펴기로 했다.

달빛에 그을린 얼굴 강에 어리고

▌ 내가 죽으면 몇이나 되는 사람들이 문상을 올까. 우공은 가끔 그런 잔망스런 생각을 한다. 나아가 눈물 흘리며 우는 이는 몇이나 될까 하는 데로 생각이 줄기를 뻗는다. 그야말로 욕심이 죽은 뒤까지 이어지는 꼴이다. 우공은 생각을 고치기로 했다. 밀도 높은 농밀한 시간을 보낸다면, 그런 시간이 연장되어 나간다면 뒤에 아쉬워할 게 없을 터이고, 괴테의 파우스트에서 했던 식으로, 이제 다 이루었다, 내 영혼을 가져가도 좋다! 그렇게 선언할 수 있게 삶을 요량해야겠다는 생각을 하는 것이다. 그런데 그런 밀도 높은 삶을 구가하는 데는 친구, 따바리쉬(Товариш)가 필수적이다. 자연을 완상하는 것도 친구를 매개로 하여 공감하는 영역에 이르는 것이 장히 좋다는 것을, 그는 생각에 생각을 거듭했다.

장마가 갰다. 구름을 벗어난 저녁 하늘에 열사흘달이 솟아 청랑한 빛을 뿌린다. 여름에 보는 달 치고는 가을 하늘을 떠올리게 할 만큼 맑고 서늘하다.

한참을 아무 생각 없이 달을 바라보다가, 그는 이층으로 올라갔다. 마을 불빛이 듬성듬성 맑게 빛난다. 어제는 안개에 가려 안 보이던 불빛이다. 마을 위로 펼쳐진 하늘을 바라본다. 건너편 국망봉 위로 구름이 한 가닥 붓으로 가볍게 그은 것처럼 걸려 있다. 그 밑으로 달이 유유히 흐른다.

달빛을 따라 서늘한 기운이 뒷산에서 내려온다. 등으로 서늘한 산기운을 받으면서 달을 바라본다. 창유리가 달빛을 반사해서, 마치 십자가에 달린 성인의 얼굴이 빛을 발하는 모양으로 보인다. 십자가와 달빛은 어딘지 안 어울리는 느낌이다. 달빛이 눈에 부시다. 한참 흡월정吸月精 하는 자세로 서 있었다. 달이 몸 안으로 들어오는 느낌이다.

정면으로 비치는 달빛이 버거워 아래층으로 내려왔다. 집앞에 새로 판 못에서 개구리가 울기 시작한다. 달이 없는 밤 개구리 우는 소리는 하늘에서 별을 따 내리는 것처럼 들린다. 개구리 소리가 별이 되어 밭에 가득 떨어진다. 그런데 조용히 마음을 가다듬고 들어보면 개구리가 따내린 별이 가슴으로 들어와 가슴이 별밭이 되는 듯하다. 그러면 그는 가슴이 달아오르기 시작한다.

개구리 소리가 잠시 멈춘 사이 창밖으로 하늘을 쳐다본다. 산그림자는 어둠 속에 잠겨 들어갔다. 하늘에 구름이 조금 짙어졌다. 검은 구름이 섞이기도 했다. 구름 사이로 달이 지나간다. 어딘지 좀 바쁜 듯 속도감이 있다. 다시 구름을 벗어난 달이 빛을 흘린다. 제법 높이 올라가서 그런지 버겁지는 않다. 산에서 내려와 숲을 건너온 바람이 풀빛깔로 품에 다가든다.

문득 그 바람이 달에서부터 내려온 것은 아닌가 싶다. 가슴에 바람이 지난다. 바람은 달빛이다. 언젠가 그의 생일이라고 그의 친구들이 모였을 때, '내 맘에 끝없는 강물 흐르네' 라는 노래를 불러주었던 친구 얼굴이 떠오른다. 달빛이 자기 마음의 강줄기를 타고 흐른다. 그래 은혜로 가득한 달빛을 월인月印이라 했지. 자기 마음의 강에 비치는 월인이 친구의 가슴에도 같이 흘렀으면 싶다. 그리고 그 친구의 친구들에게도 흘러들어, 즈믄 가람에 달빛이 가득했으면 좋겠다.

그냥 달빛이 아니라 은혜로 가득한 달빛이라야 하는데, 자신의 마음 속에 어떤 은혜가 있어 달빛에 반사할 것인가 고개가 가로 저어진다. 달빛은 평균율로 강에 내리지 않는다. 달빛을 받을 만한 은덕이 마음에 쌓여야 강으로 흘러드는 법이다.

달빛을 바라보는 가운데 마음이 가라앉았다가, 스스로의 모습을 생각하매 다시 월훈月暈 가운데 빠져든다. 달빛에 취해서, 마음이 허전해서, 안절부절을 못하다가 친구한테 말을 건네기로 했다. 달빛이 좋아 친구 생각난다는 문자를 보냈더니, 잠시 후 답이 왔다.

"제 스스로 빛을 내는 발광체들과 얼마간 절연하여 지내고 싶다. 나는 명명백백이 싫다. 나는 불의도 싫어하지만, 정의도 그닥 반갑기만 한 것은 아니다."

근간에 무슨 일이 있었던가. 세속에서 발광체란 잘난 인간을 떠올리게 한다. 설잘난 인간이 자긍심이 가득해서 뻐기고 다니며 잘난 척하는 모양을 보면 함께 지내고 싶은 생각이 가뭇없이 사라진다. 백일하에 진실을 드러냈다고, 명약관화한 사실을 사실로 밝혔다고, 진리는 정의 편이라고 외치는 사람들을 떠올리게 한다. 불의를 싫어하는 것이야 그렇다 하고, 정의가 반갑지 않은 것은 무슨 연고가 있어야 설명이 될 듯했다. 근간 친구와 함께 책을 하나 만들면서, 창의성을 위해서는 모호함에 대해 너그럽게 인내할 줄 알아야 한다는 내용을 몇 차례 같이 이야기했는데, 그 생각이 묻어서 불의와 정의를 칼로 베듯이 잘라 말하는 게 위험하다는 생각을 그렇게 적은 것 같기도 하다.

언제던가 친구가 〈단호함에 대하여〉라는 글을 써서 읽어 보라고 전해준 적이 있다. 그는 〈우유부단함에 대하여〉라는 제목으로 답을 보냈다. 단호함으로 일관하는 일이 어렵기 짝이 없는데 단호함을 과신하는 것은 바람직하지 않다는 논지였던 걸로 기억된다. 그도 비슷한 논조의 글을 썼다. 우유부단함에는 성찰과 모색이 포함되어 있다는 내용이었던가. 문자로 보내온 내용도 이전 글에 연결되는 듯하여 마음을 놓았다.

아무 일 없기를 바라면서 능청을 떠느라고 이런 답을 보냈다.

“이제 달이 구름 속으로 들어가 바야흐로 어스름 달밤. 어스름 달밤에 개구리 우는 소리, 시집 못간 저 처녀가 안달이” 문장의 꼬리는 감추고, 글귀 끝에 우공이라는 서명을 했다. 달밤인데 노래나 흥얼거릴 일이지 무슨 메시지를 그렇게 단호하게 전송하는가 하는 속뜻이었다. 가까이 있으면 전화를 해서 불러내어 술이라도 한잔 하자고 이끌 참이었는데, 그는 농장에 왔고 친구는 서울에 있다.

문자를 보내고는 다시 달을 쳐다봤다. 창밖에 대나무를 심어 기른 것이 이런 때 정취를 돋군다. 달빛에 젖은 대나무 잎은, 금방 먹으로 쳐서 아직 물기가 마르지 않은 것처럼 싱싱하다. 몸에 서늘한 기운이 느껴지기는 하지만 바람기가 없어 댓잎이 달 가는 대로 조용히 자리를 옮긴다. 월하죽창月下竹窓이라는 이미지를 읽어 보다가 다시 달을 쳐다본다. 달은 여전히 그의 얼굴에 빛을 산란해서 낯이 달아오르는 것 같다. 창밖의 대나무 그림자를 방으로 이끌어들이는 달빛의 운치를 위해서는 죽창의 창은 窗이라고 써야 하겠다는 생각을 했다. 왈 죽창완월竹窗玩月이랄까.

생각이 너무 많으면 달도 못 보고 생각에 얽혀 달이 이울기 십상이다. 무연히 달구경을 하는데 다시 답이 왔다.

"서울대 정문을 지나고 있습니다. 달풍경에 의탁하여 서울대를 애써 낯설게 보기의 방식으로 느껴보고 있습니다. 구름속 달이지만 인공의 빛 없는 월인천강의 경지를 위해 눈을 감습니다."

그렇지, 서울대는 스스로 빛을 내는 발광체들이 모인 집단이다. 거기서 공부하고 가르치는 사람들은 그야말로 달이 아니라 태양, 스스로 빛을 발하는 존재들이다. 남들이 그렇게 인정하는 것이라기보다는 스스로 그렇게 자부하는 듯하다. 그러니 서울대를 달빛아래 바라보자면 러시아 형식주의자들이 자기들의 미학적 방법론으로 내세운 낯설게하기(defamiliarization)를 동원해야 하리라. 남들이 개발한 방법론으로 모교의 풍경을 바라보자면 애를 쓰기도 해야 하겠거니.

서울대의 상징동물이 학이다. 학문하는 이들의 학이라면 모름지기 한운야학閒雲野鶴이라 해야 할 것이 아닌가. 그러나 시대가 그렇게 여유롭지 못하니 어쩌랴. 목을 빼고 외쳐대야 듣는 체를 하는 게 현실이 아니던가. 문득 〈춘향전〉의 한 구절이 떠오른다. 학지고성鶴之高聲은 장경고長頸高라. 긴 목을 빳빳 세우고 울어제켜야 학인 줄 아는 세태가 아닌가 싶어 선비의 기품이 아득하매 안타깝기 그지없다.

아 그런데, 여기서 '월인천강의 경지'라니. 월인천강이란 〈월인천강

지곡月印千江之曲〉에서 연유하는 바, 세종이 훈민정음을 만들고 이를 이용해 석가모니부처를 찬양하는 노래를 지었는데, 그 제목이 '달빛은 즈믄 가람에 비취고' 하는 시적인 정취가 풍기는 것이다. 물론 그런 경지를 보자면 인공의 빛이 아니라야 할 것이다. 그리고 스스로 빛을 발하는 발광체가 아니라야 할 것이다.(공교롭게도 發光은 發狂과 나란히 있다.)

아, 그렇다. 그는 달밤에 개구리 소리 들으며 노처녀 심정이나 헤아리고, 친구는 달밤에 월인천강의 경지를 생각하는 것이었다. 그는 달빛에 얼굴이 그을고, 그대는 맨얼굴 그대로 강에 어리는 얼굴이 아닌가. 그 두 강이 어디서 만날 것인가는 같이 달을 바라보아야 짐작할 수 있는 일인 듯하다.

달이 많이 기울었다. 이런 시로 마무리해야 하겠다. 친구여.

竹窓月光聽蛙時(죽창월광청와시)
죽창에 달빛 어리어 개구리 소리 들을 만한데
月光涉川至率邊(월광섭천지솔변)
달빛은 강을 건너 도솔천변으로 흐르는구나
愍漢疏拙心多煩(민한소졸심다번)
고민 가득한 사내 마음 소졸해 번민도 많거니
千江何處紫霞燃(천강하처자하연)
즈믄 가람은 어디메서 붉은 노을로 타오를 것인가

화답시를 기다릴 일은 아니었다. 이미 그와 그의 친구는 달을 두고 충분히 문하고 답을 했기 때문이다. 달을 완상하면서 붉은 노을을 생각하는 중에 어느새 개구리 울음도 잦아들었다.*

(2013. 7. 19.)

▌우공이 보낸 글을 받아 읽은 외서外西가 술이 거나해져 전화를 해왔다. 전에 없이 다짜고짜 들이대는 투였다.

"우공은 스스로 로맨티스트라고 생각해?"

"글쎄, 구태여 아니랄 것도 없지만."

"아냐, 우공은 리얼리스트야." 우공은 대답할 말이 없었다.

"자기를 자기가 들여다본다는 걸 서양사람들은 나르시시즘이니 뭐니 하지만, 그거 관음중이라구. 바깥에서 취할 거 다 취한 연후 자기 안에서 뭘 더 건져보려고 하는 그 음험한 욕망, 그게 관음증이지." 우공 스스로 자기 이야기를 자기가 하는 행위는 관음증 같은 거라고 이야기한 적이 있었다.

"그리고 말야, 생의 끝자락이 꼭 붉은 노을처럼 타올라야 한다는 건 제어가 안 되는 욕망의 억압이 아니겠어?" 언제던가 서해안 간월도에 갔다가 붉은 노을을 보고, 그 장엄한 광경을 사진으로 담아 보낸 적이 있었다.

"내가 우공 좋아하니까 그런 얘기 하는 건데, 너무 완벽하게 해내려고 하지 마소." 누군가 너무 완벽하게 하면 그게 뒷사람들에게 그늘이 된다는 것이었다. 우공은 전화를 받는 내내 그저 껄껄거리며 웃을 뿐이었다. 외서가 취하긴 취한 모양이라고 짐작하면서였다.

창극 청淸을 보고

— 울청, 놀청, 뛸청

▍유영대 감독이 보낸 창극 초대권을 받아들고, 우공은 전에 〈공짜와 대머리〉라는 글을 썼던 기억이 떠올랐다. 사실 우공은 욕심이 많았다. 우공이 자기는 욕심이 없다든지, 욕심 없이 늙고 싶다는 말을 할 때는 안에서 욕심과 욕망이 들끓어오른다는 것을 은유화하는 것이다. 내면의 욕망을 제어하느라고 욕망의 피안을 이야기하는 셈이다. 아무튼 유영대 감독이 초대권을 보내준 것은 고마운 일이었다. 우공은 기자수첩을 들고, 아내를 안동하여 국립극장으로 달려갔다.

창극 〈청〉의 첫날 공연을 보았다. 전반부는 이전에 보았던 〈십오세나 십육세 처녀〉와 상당히 닮아 있었다. 세부사항이 보완된 것은 극 전체의 완결성을 위한 배려라 생각된다. 그런데 후반부는 이제까지 보았던 '심청'들과는 상당히 다른 파격적인 변화를 시도하고 있어서 인상적이었다.

예술에서 반복, 되풀이는 죽음이다. '심청'은 이나라 사람이면 누구나 잘 안다. 그러나 그것을 노래하고 극으로 다시 만들어 무대에 올릴 수 있는 것은 판본마다 달라지는 새로움 때문이다. 새로움이라는 점에서 이번 공연은 성공적이다. 〈청〉을 본 사람이라면 누구라도 무대와 연출과 창법과 연기가 두루 새롭다는 느낌을 받을 것이다.

예술 창조의 과정은 이전 것을 깨뜨리고 새것을 만들어내는 '혁명'의 과정이다. 그러나 예술을 수용하고 감상하는 과정은 일종의 길들이기의 역정이다. 길들이되 '서로 길들이기'이다. 쌩-텍쥐페리의 〈어린왕자〉에서 어린왕자와 여우가 친해지는 과정을 불어 재귀동사를 써서 '서로 길들이기; s'apprivoiser'로 규정하는 것은 예술의 수용과 연관지어 생각해도 핵심을 찌른 말이다. 관객은 어느 장르든지 작품을 자주 보아야 익숙해지고 친밀감을 느끼게 된다.

그런데 자주 보고 듣는 것만이 능사가 아니다. 좋은 작품, 예술적 수준이 있는 작품을 자주 보고 들어야 예술적 감각이 풍성해진다. 아울러 예술의 인식을 명확하게 하고 깊게 하는 데에는 경험의 양적 축적만이 문제가 아니라 감상 대상의 질적 수준이 문제가 된다. 예술적 감수성의 질을 보장하기 위해서는 작품의 수준이 높아야 한다. 그러한 점에서 이번에 공연된 〈청〉은 창극 관객의 감수성을 이끌어 올리는 데 충분히 기여할 것으로 기대된다.

한국인의 생애사 인식에서 탄생이 죽음과 맞물려 있다는 사실, 그것은 누구나 그렇게 생각하는 원형질적인 것이다. '청의 탄생'과 모친의 이른 죽음은 이 작품의 전체 구조를 형성하는 하나의 골간이다. 〈청〉은 아이러니를 통한 비극의 초월을 읽어낼 수 있게 한다. 그런데 무대에서 중점이 놓이는 것은 탄생보다는 죽음을 다스리는 '제의'이다. 탄생이 고

독과 더불어 이루어진다면, 죽음을 다스리는 과정은 '인류학적 제의성'을 지닌다. '출생과 장례'라는 제목이 붙은 제1장에서 '출상 장면'은 나이 지긋한 이들에게는 익숙한 문화다. 젊은 사람들에게는 어떨지 모르겠다.

전체 구성 가운데 '출상장면'의 비중을 긴장력있게 조정할 필요가 있을 것이다. 맹인의 운명, 아내의 죽음 등 철천지한, 혹은 통한의 피울음을 쏟아놓을 만한 장면임에 틀림이 없다. 그리고 그러한 부분에 '더늠'을 둘 수도 있다. 그러나 구조적 균형감각이 떨어진다면 그러한 효과는 반감된다. 한마디로 이 장면이 과도히 부각된 느낌이다. 철두철미한 비극을 만들지 않는다는 것이 우리 문화의 특질 가운데 하나다. 존재의 괴멸로 이끌어가는 구조로 되어있는 소설 작품이 없고 보면, 그것은 우리들 미학의 양질 부분이라 해야 옳다. 그렇다면 비극성보다는 제의상의 다른 요소를 부각하는 방법도 고려함직하다.

아이러니와 함께 드러나는 '익살'을 좀 더 살릴 수 있는 방법도 모색해야 하리라. 시주책에 이름을 올리고 좋아서 그 책을 받아서 거꾸로 돌려들고 읽는다든지, 무대에 냇물로 상정된 마룻장을, 대사가 부채질을 해서 올라오게 하고는 몽은사 부처님의 '영검'이라고 눙치는 장면도 익살맞고 재미있다.

청이 물에 빠지는 장면은 명품이다. 통곡과 아수라장같은 훤소와 그 뒤에 이어지는 정적. 그 정적 한가운데를 섬세하게 가로질러 나아가는 오케스트라의 선율, 이들의 절묘한 조합은 극적 긴장과 이완을 조절하는 데에 크게 기여한다. 제 1막 마지막 장면은 창극의 연출력 측면에서 압권이다. 무대 양편에서 흰구름이 조용히 밀려나와 바닥에 깔리면서 소복을 한 청이 천천히 걸어나와 무대 저편으로 걸어서 소실점을 향해 나아가는 장면, 거기에 하늘에서 내려주는 꽃비. 꽃잎파리가 팔랑거리며 영혼의 마른 잎새처럼 떨어져 내리는 가운데, 오래 보여주어서는 안 될 비의를 들키기라도 한 듯 급히 막이 내려온다. 환상에 빠져있던 관객들은 조였던 가슴에서 후유 심호흡을 뱉아낸다.

이러한 아이디어는 제 2막의 마무리에도 변형되어 나타난다. 맹인잔치에서 눈을 뜬 아비 손을 잡고 무대 왼편에서 오른편으로 가로질러 건너 무대 저편으로 사라지는 이 장면에서 우리는 인생의 두 길을 생각하게 된다. 청이가 간 이승에서 저승으로 가는 길이 하나이고, 다른 하나는 청의 아버지가 걸은 고단한 삶의 길이다. 이 장면에 와서 관객은 〈청〉을 보는 과정이 자신의 삶의 길과 어떤 연관이 있는가 하는 화두를 지니고 극장을 나서게 된다.

〈청〉을 보는 동안 소리에 압도되어 무대장치나 소도구에 마음쓸 겨를이 없었는데, 자세히 보면 그런 쪽에 매우 섬세한 배려를 하고 있다는 것을 알게 된다. 청의 아버지는 무자생 쥐띠다. '쥐'와 공양미 삼백석의 '쌀'의 조응! (과도해석일까), 뺑덕어미와 황성가는 길에 만들어 놓은 장승－길가의 장승 같은 인생, 그리고 무대 왼편에 세운 솟대－맹인의 소망, 등 예사롭지 않은 배치다. 그리고 맹인잔치를 알리는 방도 재미있다. 무대전체를 내리닫이로 압도해 오는 國泰民安 時和年豊 王后慶宴 盲人皆參(국태민안 시화연풍 왕후경연 맹인개참)이라는 방을 휘장으로 꾸민 것이 쉽지 않은 무대감각이다. 심청이 저승에서 옥진부인이 된 어머니를 만나는 장면에, 혼을 부르기 위해 '씻김굿' 형식을 빌려오고, 박병천 명인을 직접 등장하게 한 것 또한 연출기량을 돋보이게 하는 국면이다.

창극 〈청〉 전체를 보는 동안 우리는 다양한 우리 노래에 접하게 된다. 도창을 맡아 하는 안숙선 명창의 소리는 언제 들어도 일품이다. 거기다가 출상장면의 향두가, 남경선인들의 뱃노래, 청이 왕비로 간택된 후 '박'을 두드리면서 추는 춤에 더불어 부르는 화초가, 맹인들이 황성 맹인 잔치에 가다가 쉬는 동안에 부르는 경상도 밀양 아리랑, 전라도 진도 아리랑, 제주 오돌또기, 경기 창부타령, 그리고 각설이타령 등 푸짐한 노래를 덤으로 들을 수 있다. 이런 노래를 통해 소리꾼들의 솜씨를 보는 재미도 재미어니와, 함께 판에 어울릴 수 있다는 참예參預와 동행의 묘미를 맛볼 수 있게 한다.

이 대목에서 우리는 서양의 오페라를 떠올리게 된다. 오페라에서 어느 장면에서 따내어 독립된 노래를 부르는 '아리아'를, 창극에서도 개발할 필요가 있다는 생각이다. 〈춘향가〉의 '사랑타령, 〈흥부가〉의 '돈타령' 그런 것들처럼 창극이 공연되면 그 창극의 얼굴에 해당하는 노래를 만들고 널리 보급하여 누구라도 부를 수 있게 해야 한다. 우리 민족의 문화유산인 판소리가 이제 UNESCO 지정 세계문화유산으로 등록된 판에 그 부산물을 만들어내는 것은 '식은 죽 갓 둘러 먹기' 아니겠는가.

〈청〉의 철학, 삶과 죽음, 슬픔을 희망으로 전환하는 예술 구도, 희생과 구원 등에 대해서는 말을 아끼고자 한다. 다만 창극 〈청〉이 여러 버전으로 '새끼치기'(장르분화)를 해서 〈청〉그룹이 형성되었으면 좋겠다. 전반부에 비해 후반부는 활력이 넘친다. 전반부가 좀 길다는 느낌이 드는 것은 이야기의 기본 골격이 그렇기 때문이기도 하리라. 원본이 그렇기 때문에 어쩔수 없는 일이라고 하기는 조금 마음에 걸리는 바가 있다. 불가능한 것을 알면서 도전하는 것이 예술 아니던가. 과감한 상상력의 마름질을 시도해 볼 수 있지 않겠나.

예를 들어 보기로 한다. 〈청〉을 처절한 비극으로 구성하여 울음으로, 통곡으로 이어지는 창극을 만들 수도 있다. 그리하여 한국 최고의 비극으로 부상할 수 있을 터. 상여놀이, 맹인들의 노래자랑 등처럼 놀이판 중심으로 판을 다시 짤 수도 있지 않겠나. 놀이판에서 관객들이 같이 어울려 흥을 돋구는 그런 창극을 생각해 본다. 그리고 소리는 최소화하고 춤을 중심으로 변형을 시도할 수도 있을 것이다. 집단무 속에 녹아나는 슬픔을 관객이 마다할 이유가 없다. 이름하여 '울청', '놀청', '뛸청' 그런 식으로 새끼치기를 해야 창극이 살아난다.

자식없는 창극이 오래가자면 자식을 자주 낳아야 한다. 말썽도 부리고 부모(판소리) 복장 뒤집는 짓도 하리라. 그러나 대를 이어가자면 그래야 한다. 자식들이 부잡스러워 당하는 수모는 받아드릴 아량이 부모에게 있어야 한다.

이렇게 새끼치기를 하다보면 소설 〈심청전〉, 판소리 〈심청가〉 등의 정전正典을 훼손하는 불손한 짓이라 핀잔을 하는 이가 있으리라. 그러나 정전은 깨지기 위해 존재한다. 서양문자로 장난삼아 말하자면 정전(canon)은 대포(cannon)이다. 깨고 무너뜨리고 새로 지어야 새로운 가통이 선다. 가난한 〈청〉이 가멸은 〈청〉으로 환생하는 길에 노자를 보태는 데 진땅 마른 땅 가릴 일이 아니다.*

▌ 유영대감독이 전화를 해왔다. 관극 리뷰 하나 써 주세요. 우공은 그렇지 않아도 기다리고 있었노란 이야기를 꾹꾹 참으면서, 요새 정신없이 바쁜데 언제까지 쓰면 되지요? 그렇게 능청을 떨었다. 사실 우공의 머릿속에는 아예 틀 잡힌 논문을 하나 쓰려는 작정이 이미 서 있었다. 한 일 주일이면 될까요? 그리 합시다. 고맙습니다. 명문을 기대합니다. 우공은 원고료는 주는 거냐고 물으려다, 연극 보여주었는데 그렇게라도 보답을 해야지요. 그렇게 전화를 마무리했다. 아 참, 다음 레퍼토리는 뭡니까?

〈적벽〉의 영웅적 보편성과 민중적 개별성

▎근간 〈삼국지〉를 다시 읽을 기회가 있었다. 우공은 한중인문학회에 가서 논문 발표를 하기로 하고 모색하던 중에 '삼국지와 문학교육'이라는 논문을 썼다. 〈삼국지〉는 동아시아 보편의 교양을 위한 정전으로 확립되어 있고, 다른 영역으로 확대되는 전파력이 대단히 높은 텍스트라는 점을 지적하고, 우리가 전거를 모르는 채 쓰는 수많은 고사성어가 〈삼국지〉에 뿌리를 두고 있다는 사실을 방증으로 제시했다. 그런 끝에 창극 〈적벽〉을 볼 기회가 왔다.

안 되는 것을 번연히 알면서 시도하는 것이 예술의 본질이다. 삼천 병력으로 백만 대군을 대적하는 이 엄청난 그랜드 내러티브를, 소리로 무대에 올린다는 것이 가당키나 한 일이던가. 그야말로 도전이다. 도전에 성공하면 천하 명성을 한 몸에 받고 패하면 목을 내놓아야 할 판이다. 그런데 도전하러 나서는 국립창극단의 단호한 의지와 결행이 가상하다. 그래서 이번 작품은 창극이 예술로 가는 한판의 결전이란 의미를 띤다.

같은 이야기라도 방식을 달리하면 새롭게 들린다. 같은 소재라도 다루는 방식이 달라 소리가 새로 지어지고, 창법이 신선해지면 사람들은 주목하기 마련이다. 창극 〈적벽〉은 한국인라면 누구나 아는 〈삼국지연의〉를 바탕 서사로 하고 있다. 그리고 10개 장으로 분장된 가운데 '도원결의', '장판교 싸움', '남병산', '연환계' 등은 우리들에게 아주 익숙한 숙어가 되어 있다. 도원결의의 주인공들의 다른 이름까지 훤히 안다. 유비는 유현덕, 유황숙이란 다른 이름이 있고, 관우는 관운장으로 불리며, 우리나라에서는 '흥인지문' 근처에 '관왕묘'까지 설치하여 그의 무덕을 종교적 신앙으로 승격시켰다. 장비는 장익덕인데, '장비의 수염'은 일반명사가 되어 그의 캐릭터까지 기억하는 판이다.

작품의 인물이 쓴 글도 우리는 기억한다. 제갈공명으로 불리는 제갈량諸葛亮은 이야기 속의 인물로 잘 아는 것은 물론, 그의〈출사표出師表〉 한번 안 읽은 분이 있을까. 삼고초려三顧草廬라는 숙어를 모를 이가 어디 있겠나. 이처럼 〈적벽〉의 소재는 우리들에게 익숙할 뿐만 아니라 동아시아적 보편성을 지닌 서사이기도 하다. 익숙한 이야기는 자칫 진부해질 수 있다. 그렇기 때문에 새로운 안목의 해석과, 우리 시대의 감성에 맞는 연출이 필요한 것이다. 그간의 작업 이력으로 보아, 그리고 그 성과로 보아 이러한 소망을 충족하는 작품을 기대하게 된다.

〈적벽〉에서 다루고 있는 근간이 되는 이야기는 영웅들의 서사다. 영웅의 시대는 광기의 시대다. 광기의 시대가 지나고 고통스런 성찰이 쌓여야 이성의 시대로 전환된다. 인간 삶의 디테일을 총체적으로 성찰하고자 하는 소설에서는 영웅들의 삶을 그리기 어렵다. 민중과 그들 삶의 의미에 대한 성찰이 빠지기 때문이다. 이런 장르적 한계를 극복하고자 하는 의도를 우리는 〈적벽〉에서 읽어낼 수 있다. 일찍이 판소리 〈적벽가〉에서 조조 휘하의 군사들이 죽는 '군사설움 대목'이니, '이별 대목' 같은 데서 서민들의 정서가 맛깔스럽게 소리로 불리는 것에 익숙해져 있다. 이는 영웅적 서사를 다루되 영웅적 서사의 실감을 뒷받침하는 민중들의 몫을 정확히 배려함으로써 얻어내는 판소리 예술, 창극예술의 리얼리티인 것이다.

한편, 〈적벽〉은 인물 성격의 다면성에 주목함으로써 영웅서사의 한계를 극복하려는 의지를 보여준다. 특히 조조의 성격은 판소리예술의 다면성이 아니면 드러낼 수 없는 이른바 '더늠' 대목에 해당한다. 조조가 적벽대전에서 참패를 당하고 패잔병 부하들과 둘러앉아 적장을 흉보는 대목은 이렇게 되어 있다.

"네 여봐라 이 손들아! 이번 싸움에 내가 비록 패전은 하였으나 오 · 한 두 나라 장수 놈들 모두 다 별 보잘 것 없는 순 상놈들이니라.

유현덕은 양산 채소밭에서 돛자리 짜고, 짚신 삼아 생활하던 가난뱅이요. 관공이 운 있는 체하고 사람을 잘 찌르거니와 그릇장사 점원이요. 장비는 표독하고 우직하거니와 탁군 돼지고기 장사 놈이여. 그런 놈들이 결의형제를 맺었겄다. 그런 놈들이 버르장머리 없이….

내가 지체는 고하간에 저희들보다는 나이가 손윗사람이건만 여차하면 이놈 조조야! 조조야! 하고 부르니, 아이고 이 원수 놈들! 그놈들 다 별 보잘것없는 숭한 보리붕탱이니라."

이런 대목에서 조조의 성격적 복합성은 살아난다. 영웅으로 설정된 인물이 시종 영웅의 이미지를 드러내기를 바라는 것은 세련되지 못한 욕심이다. 어찌 보면 영웅은 당대의 이데올로기가 빚어낸 인간의 허상인지도 모른다. 남이 부어 넣고 스스로 괴어오르게 한 욕망에 휘달려 인간적 진실을 외면하고 사는 인간이 영웅이다. 한漢나라의 적자이며 의장으로서 한실의 회복에 공동으로 나서야 하는 조조의 페르소나에는, 자기를 제치고 도원결의를 한 유비, 관우, 장비에 대한 선망과 원한감정이 어찌 없을 것인가. 이처럼 영웅의 심리 내면에 침전되어 있는 민중의 정서를 무대에 이끌어내는 데에 판소리와 창극의 예술적 가능성이 잠재되어 있다.

우리 시대에 영웅을 이야기한대야 가짜영웅(false hero) 이야기밖에 나올 것이 없다. 우리 시대는 영웅을 원치 않기 때문이다. 영웅보다는 개개인이 지닌 성격을 존중하고, 자기 나름의 방식대로 살아가는 삶을 칭송한다. 그러나 일을 해내는 데서는 일종의 간웅奸雄을 요하는 시대이기도 하다. 그 적실한 예가 제갈량으로 표상되는 '삼국지경영'의 대부일 것이다. 〈적벽〉 시대의 책사, 전략가란 이들이 현대의 경영인들이 아니던가. 우리 시대는 역사적으로 유명한 전쟁의 영웅을 다시 요구하지 않는다. 대신 경영의 영웅을 만나고 싶어 하고, 각자 스스로 그러한 영웅이 되고 싶어 한다.

우리 내면에서 꿈틀대는 각종의 욕망과 의지를 현실에서 펼치고 성사시키기는 쉽지 않다. 그럴 때 우리는 일종의 대리체험을 요구한다. 그러한 대리체험에 만족하는 데서 끝나지 않고 인간 삶의 진면목을 찾아나선다. 그 인간 삶의 진면목이라는 것이, 나의 과업을 성취하는 그 밖에 어디 있던가. 제갈공명이 오吳나라를 찾아가 손권과 주유를 설득해 적벽대전에서 화공으로 조조의 군대를 참패하게 하는 일은 그

지략과 성공의 통쾌한 한판승부를 전해준다. 옳은 일이 전제되면, 방법은 교묘할수록 좋다. 그런 방법을 현대인들은 〈적벽〉에서 읽을 수도 있으리라.

창극 〈적벽〉이 영웅적 보편성과 민중적 개별성을 동시에 보여주길 기대한다. 이는 동아시아적 보편성과 한국의 특수성과 개별성을 예술적으로 승화하길 기대하는 열망에 다름아니다.*

❙ 우공은 스스로 글을 너무 급하게 쓴다는 생각을 했다. 어느 날 우공은 자기 글이 실린 잡지를 남계에게 전해주었다. 남계가 〈조조평전〉이라는 800페이지가 넘는 책을 우공에게 전해주었다. 남계가 줄을 그어놓은 대목에 이런 것이 있었다. 조비는 조조를 평하여 "시서와 책을 좋아해 전쟁 중이더라도 손에 책을 놓지 않았다."라고 했다. 몇 행 내려가서 밑줄친 부분이 눈에 들어왔다. "풍부한 생활, 시문에 대한 애호, 열성적 창작음악에 대한 애호 등은 조조가 문학가로서 성공할 수 있었던 중요한 배경이었다. 조조는 건안의 문인그룹을 만들고 이끌었다. 고직하고 비량한 문학기풍은 그의 아들과 건안칠자에게 영향을 주었다."(p.9) 우공은 인간이 대상을 바라보는 방식은 어차피 관견管見일 수밖에 없다는 생각을 했다. 조조를 바라보는 판소리와 창극의 시각이 어떤 차이가 있는가 물어보려 했는데, 남계는 술이나 드셔, 하면서 필스너 맥주잔을 기울이고 있었다.

우공은 생각도 너무 날린다는 느낌으로 잔을 들었다. 아, 맥주의 이 가벼움….

털부리 아저씨의 구름모자

▌ 치료, 치유, 힐링이 대세로 부각되면서, 그 흐름을 타고 시치료학회가 발족되었다. 그 학회에서 우공을 초청했다. 문학의 치료효과에 대해 발표를 해달라는 최소영 회장의 부탁이 있었다. 발표가 끝나고 뒤풀이를 하는 자리에서 아동물을 주로 하는 병아리 출판사의 대표를 만났다. 문학과 문학교육에서 아동들의 역할 혹은 그들의 자리가 얼마나 중요한지 의견일치를 보는 중이었다. 우공 선생님도 동화 쓰시지요. 그럴 때, 우공은 좀 나대는 편이라서 좋습니다, 대답을 하고 말았다. 우공은 그날로 동화를 하나 엮어 병아리 출판사로 보냈다.

1.

우리 동네 은행나무 집에 털부리 아저씨가 삽니다. 아저씨는 은행나무처럼 키가 크고 몸집도 건장합니다. 친절하고 소박해서 아이들이 좋아하고, 무엇보다 일을 열심히 합니다. 그래서 동네 사람들은 일을 잘 한다고 아저씨를 칭찬합니다. 칭찬을 들으면 아저씨는 더 열심히 일합니다.

봄이 되었습니다. 아저씨는 모자도 안 쓰고 밭에 나가 흙을 팝니다. 흙속에서 하얀 뿌리도 나오고, 개구리도 놀라 뛰쳐 달아납니다. 흙 속에 지렁이가 나와 나동그라집니다. 아저씨는 지렁이를 젖은 흙으로 덮어 줍니다. 밭둑에 제비꽃은 보라색으로 피어 고개를 숙이고 햇살을 받아 졸다가 깨어 인사를 하기도 합니다.

아저씨가 검은 흙에 씨를 뿌리고 흙을 덮습니다. 흙 냄새가 향긋합니다. 아저씨는 흙 냄새를 맡으며 여름에 무지개가 피어날 것을 꿈꾸며 이마에 흐른 땀을 씻습니다.

수건에 머리터럭 몇 가닥이 묻어나옵니다. 일을 너무 해서 머리털이 자꾸 빠집니다. 아저씨의 눈이 민들레꽃처럼 커다랗게 둥글어졌습니다.

그 때 구름 한 덩이가 산을 넘어와 아저씨 얼굴에 그늘을 만들어 줍니다. 아저씨는, 구름 따라 흘러가도 행복해라, 그런 시를 쓴 시인을 생각합니다.

2.

여름이 오자, 봄부터 뿌리를 내리고 잎을 피운 풀과 나무가 기운을 다해 부지런히 키를 키웁니다. 풀들도 신이 났습니다. 매일 아침부터 저녁까지 풀들은 의기양양하게 자라납니다. 털부리 아저씨의 수염처럼 무성하게 자랍니다.

아저씨는 풀 때문에 이마에 주름이 잡힙니다. 제초제를 뿌릴까 하다가 그건 아니라고 고개를 흔듭니다. 그런데 풀이 무섭게 자라납니다. 아저씨는 풀들을 모두 베어 버리기로 마음 먹었습니다.

예초기를 돌리기로 했습니다. 기계 날이 돌아가는 데 따라 풀들의 몸이 잘려 사라락 사라락 넘어집니다. 개구리가 기계 날에 머리가 터져 달아나다가 풀섶에 넘어집니다. 아저씨는 쿨럭 기침을 한 차례 했습니다.

아저씨는 쉬지 않고 예초기를 돌리다가 땀이 눈에 들어갔습니다. 거울을 보았습니다. 눈이 벌겋게 충혈되고 머리털이 더 많이 빠졌습니다. 일을 너무 한 아저씨의 머리털이 빠지는 시간, 애호박은 반질반질 자랐습니다.

거울 저쪽에 시인이 나타나서 구름을 가리키며, 일을 멈추고 하늘을 보라고 이야기합니다.

3.

아저씨가 구름을 쳐다보는 동안 하늘이 높게 개어 올라갔습니다. 새털구름이 아이들의 꿈처럼 하늘을 덮고 조용히 흘러갑니다. 바람이 서늘하게 불어 미루나무 잎이 흔들립니다. 그 사이로 시인이 얼굴을 내밀었다가 사라집니다.

아저씨는 수확할 일들이 많아 마음이 저절로 풍성해집니다. 밭에 수수이삭이 고개를 숙이고, 해바라기는 아직 지지 않은 태양을 향해 힘겹게 고개를 돌립니다. 여름내 살이 오른 꿩들이 푸드득 푸드득 날아오릅니다. 그 소리에 밤톨이 툭툭 떨어집니다.

아저씨가 낫으로 옥수수대를 설겅설겅 벱니다. 달콤한 향기가 하늘로 흘러가 구름이 됩니다. 구름이 짙어지더니 소나기가 쏟아집니다.

아저씨는 소나기를 피해 원두막으로 들어섰습니다. 참외를 다 걷은

밭 가장자리 원두막에 비가 뿌립니다. 바람이 휘익 몰아칩니다. 아저씨 얼굴에도 빗방울이 들이칩니다.

아저씨가 눈가에 묻은 빗방울을 훔쳤습니다. 짭짤한 소금기가 눈으로 흘러듭니다. 그 사이 비가 개었습니다. 아저씨는 눈을 비비며 비가 갠 하늘을 바라봅니다. 눈에서 눈물이 흘러내립니다. 아저씨는 아픈 눈으로 하늘을 다시 쳐다보았습니다. 햇살이 어른거려 어지러웠습니다. 일을 너무 많이 한 몸이 쑤시고 아팠습니다.

하늘에서 흰구름이 내려와 짙은 땀이 배고 머리털이 다 달아난 털부리 아저씨의 머리를 예쁜 모자로 덮어 줍니다.

4.

머리에 흰구름을 둘러쓴 아저씨는 또 하늘을 쳐다봅니다. 어지러워지면 다시 땅으로 눈길을 돌립니다. 예초기 날에 다쳐서 말라버린 어린 개구리가 밤나무 아래 죽어 있습니다. 일을 너무 많이 하다가 밤나무도 개구리도 죽인 겁니다.

그런데 다시 보니, 소나기가 내려 개구리 옆에 물이 질척거립니다. 개구리는 거짓말처럼 퐁퐁 거품을 내면서 물에 삭아버립니다. 그 물을 빨아먹고 말랐던 밤나무가 다시 살아납니다. 나무는 땅에 뿌리를 벋고 줄기를 키워올리느라고 발갛게 볼이 달아 있습니다. 내년에는 꽃을 피울 겁니다. 그 동안 일만 하느라고 잘 몰랐던 것들을 머리에 구름모자를 쓰고 돌아보니 알게 되었습니다.

구름모자를 누가 씌워 주었나 생각해 보았습니다. 아 그것은 뭉게구름을 노래하던 시인이었습니다. 시인이 씌워준 모자는 하늘과 땅을 이어 주었습니다. 구름모자를 쓴 아저씨는 하늘을 이고 땅을 딛고 당당하게 서서 하늘을 우러러 기도했습니다.

찬바람이 북쪽에 불어오고 햇살이 엷어져도 아저씨는 푸른 하늘을 우러러 기도를 계속했습니다. 그리고 그 기도를 적어 놓았습니다. 아저씨는 시인이 되었습니다. 겨울이 되어도 하늘에는 노래가 흐르고 땅속에는 따스한 사랑이 움틀 준비를 하는 걸 느꼈습니다.

구름모자를 쓴 아저씨의 머리에 언제부터인지 봄 언덕처럼 풀이 자라기 시작했습니다. 그 풀은 하나하나 아름다운 시가 되었습니다.*

(2012. 9. 22.)

▌병아리 출판사에서 메일이 왔다. 우공은 자기가 쓴 글에다가 그림 몇 장만 넣어주면 근사한 동화책이 될 거라고 기대가 컸다. 그런 책이 나오면 손주들에게 읽어줄 계획까지 하고 있었다. 그런데 아니었다.

"이건 관념동화로군요. 시각이 어른의 시각으로 되어 있어서 동화 반열에 들기 어렵습니다. 전에 연못에 연꽃이 피었다는 이야기를 하셨는데, 그 이야기를 동화로 만들어 보세요." 연꽃 벙그는 시간을 동화로 쓰라고? 될성부른 요청이 아니었다. 공연히 동화 우습게 알고 덤비다가 쪽박 찬다는 이야기를 그렇게 점잖게 하고 있는 셈이었다.

몇 줄 공백으로 내려가서 이런 내용이 이어졌다. "기계 소리 웅웅대는 동화는 어린이들에게 읽히기 적절치 않답니다. 세상을 좀 아름답게 그려야지요."

우공은 하늘을 쳐다보았다. 뭉게구름이 산봉을 넘어 솟아나더니 동쪽으로 서서히 이동해갔다.

우공의 연꽃 계절은 그렇게 가고 있었다.

4부

서늘한 실존의 감각

〈엉겅퀴〉, 2016, 72.7㎝×53㎝, 아크릴

가을 과수원

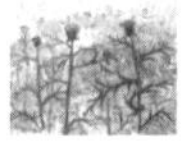

▌ 과수원동네에 자리잡아 살기 시작한 이래, 우공은 계절감각이 민감해졌다는 이야기를 가끔 하곤 했다. 가을에 대한 통념을 떨어버리고 가을을 실감하게 된 것이다.시간에 대한 실감은 공간과 뗄 수 없는 관계를 가진다. 시간은 어디의 시간인가 하는 공간의 제약을 벗어나서는 무의미하다. 우공이 가을로 접어들어 바빠지는 이유는 가을에 이미 겨울을 지나 봄을 기다리기 때문이다. 기다림이 있어야 현재를 잘 운용할 수 있는 게 아닌가 하는 생각에 빠진다. 우공은 오랜만에 일인칭 '나'를 생짜로 드러내는 글을 써서 수향정睡鄕亭에게 보냈다.

가을은 고향을 생각하게 한다. 특히 초가을은 여름을 보낸 끝에 오는 성숙과 함께 사람들을 고향으로 이끌어 준다. 어른이 된 이들은 고향을 추억으로 떠올린다. 어른이 져야 하는 무거운 세월의 짐을 벗어던지자면 추억으로 침잠할 수밖에 없다. 현실은 늘 갈등과 문제 상황으로 얽혀 있기 때문이다. 나를 추억 속으로 이끌어 넣는 가을은 자연 몸과 마음을 편안하게 해 준다.

하이데거의 말대로, 우리는 고향 상실의 시대를 살고 있다. 고향은 모든 것이 익숙하고 아무런 걸거침이 없는 공간이다. 익숙함의 반대편에 낯설음이 그늘을 드리운다. 낯설음의 극단에 자기소외가 도사리고 있다. 도무지 내가 나 같지를 않아 스스로 어설퍼지고, 때로는 나라는 존재가 뭔가 하며 허깨비를 보는 것 같은 느낌을 받기도 한다. 가을에 추억이 더욱 그리운 것은 나를 돌아볼 때의 그 낯설음에서 벗어나고 싶기 때문인지도 모르겠다.

가을은 단풍과 함께 국화가 아름다운 계절이다. 일 년 내내 손질하고 기른 국화가 어지럽게 피어 흐드러지기 시작한다. 서정주의 시에 나오는 것처럼 '한 송이의 국화꽃을 피우기 위해' 일 년 내내 땀을 흘린 것은 아니다. 밭둑 여기저기, 그리고 봄에 꽃이 피고 열매가 일찍 익는 매실나무 사이에 국화를 심어 무더기 무더기 피어나는 것이, 서리가 하얗게 내린 날 아침 배추밭머리에 황홀하게 피어나던 고향의 국화를 생각하게 한다. 그 꽃을 보고 싶어 주말과 연휴를 별렀던 터이기도 했다.

연휴를 기다린 이유 가운데 다른 하나는 꽃씨를 뿌리는 일 때문이었다. 가을에 뿌려야 하는 꽃씨는 그리 흔치 않다. 가을에 꽃씨를 뿌려야 하는 데는 다른 인연이 있다. 어느 날이던가 문학의 이미지를 설명하는 강의 시간에 목화를 본 사람 손들어 보라 했더니 아무도 손을 드는 학생이 없었다. 목화를 모르면서 어떻게 시를 읽느냐고 하다가, 내가 목화를 길러 자네들에게 목화꽃이며 다래며 목화솜을 보여주겠다고 했다. 그리고는 국립종묘연구소에 연락을 해서 목화씨를 얻어다가 심어 기르기를 몇 해째 계속했다. 그 소문을 들은 생물과 김영수

교수가 목화씨를 한번 얻어가고는, 때만 되면 꽃모종이며 꽃씨를 전해 주곤 한다. 작게 주고 크게 받는 셈이다.

이번에는 개양귀비 씨를 주겠단다. 아내가 개양귀비를 유난히 좋아하는 터라, 잘 되었다 싶어 김 교수한테 꽃씨를 받아왔다. 그런데 그 개양귀비 씨는 가을에 실기失期를 하지 말고 뿌려야 싹이 나서 겨울을 넘기고 봄에 꽃이 핀다고 한다. 꽃씨 때문에 일정에 얽매이는 것은 좀 우스운 일이다. 그러나 지금 씨를 뿌려야 돌아오는 봄에 꽃을 볼 수 있다는 것을 알면서 그대로 주저앉아 뭉기적거리며 견딜 수는 없다. 선물로 받은 꽃씨를 그대로 두었다가는 그 화려하고 아름다운 꽃은 고사하고, 작은 씨앗이 말라 버리고 말 것을 생각하면 몸에 저르르 하며 긴장이 스쳐간다. 서둘러서 밭으로 가야 하는 까닭이다. 품 안 드는 사랑이 어디 있겠는가.

개양귀비 꽃씨를 뿌리면서 이게 잡초를 이기고 자라서 꽃을 피울까 걱정이 되었다. 개양귀비는 본래 야생이라서 자생을 한다. 꽃이 피었다가 풀밭에 씨가 떨어지고, 떨어진 씨 가운데 몇 개가 겨우 흙내를 맡고는 싹이 튼다. 싹이 튼 것 중에 몇 그루가 힘겹게 자라나서 꽃이 핀다. 그리고는 또 씨가 떨어지고 잎이 벌고 꽃이 피고 하기를 거듭하는 중에 들판을 덮고 자라는 풀꽃이다. 그런데 이 꽃을 인공으로 자라게 하려면 공력이 꽤나 든다. 그 공력 때문에 한국에서는 이 꽃에 고급이라는 분류표가 붙게 되었다. 고급, 기르기 어려운 품종, 그런 표찰이 붙은 꽃들은 대개 섬연纖姸한 아름다움의 매력이 있다. 봄에 피는 꽃을 가을에 심는 준비성도 그렇거니와 '국화 옆에서' 봄꽃 씨를 뿌리는 마음은 예사롭지를 않다. 가을에 봄을 예비하는 마음이 꽃을 심는 마음이 아닐까 싶다.

개양귀비 꽃씨를 다 뿌리고 허리를 편다. 허리가 뻐근하다. 주먹으로 허리를 치면서 밭을 돌아보았다. 국화가 흐드러지게, 다른 표현이 안 떠오를 정도로, 피었다. 딸아이가 한 아름을 꺾어 가지고 가겠단다. 친구에게 선물하겠다며 곱게 웃는다. 그러마 하고 맘껏 꺾어가라 한다. 꽃을 선물할 수 있다는 것은 물질적 오고감을 지나 마음의 교감을 풍성하게 하는 방법이다. 그리고 꽃은 혼자 보는 것보다는 남과 함께 보는 데 매력이 있다. 내년엔 국화를 길가에다가 심고 다른 사람들이 함께 볼 수 있게 해야겠다. 그건 가을을 나눌 수 있는 착실한 방법이 되기도 하리라.

시내에서 점심을 먹고 밭에 올라오는 길에 개울 건너 과수원 옆에 거목으로 우람하게 선 밤나무를 바라봤다. 누릇누릇한 밤송이가 탐스럽게 달렸다. 어떤 놈은 송이가 벌어진 것도 보였다. 입에 군침이 돈다. 큰 밤나무 아래 알밤이 없을 까닭이 없다. 차를 세우고 밤나무 밑으로 다가갔다. 이미 발라갔거나 알밤이 떨어진 밤송이 사이에 떨어진 밤톨을 주웠다. 알밤으로 떨어진 밤을 주워 보기는 오랜만이다. 알밤이 손에 잡히는 촉감이 '실존 그 자체'라면 과장일까.

그 밤톨을 달고 있던 나무를 올려다본다. 까마득하게 자라 올라간 나무가 끝이 보이질 않는다. 어린시절 나무들이란 나무는 그렇게 까마득하게 높아 보였다. 나무가 워낙 커서 그늘이 짙기 때문에 그 아래에서는 다른 과일나무가 안 된다. 밤나무의 위의威儀에 다른 나무는 그 아래 기를 펴지 못 한다. 어른들 하던 이야기가 떠오른다. 나무는 큰나무 덕을 못 보아도 사람은 큰사람 덕을 본다, 그늘의 의미가 그렇게 다르다는 이야기를 해 주면서 큰 사람을 사귀라고 동네 조무래기들과 노는 손자에게 꾸중과 훈계를 겸한 이야기를 해주던 할머니 기억이 난다.

밤 가시에 찔리면서 한참 알밤을 줍고 있는데, 구이장댁 아주머니가 바구니를 들고 언덕으로 올라왔다. 그 나무는 구이장댁 소유로 되어 있는 터라 잠시 멈칫하는데, 많이 주우라면서 오히려 저쪽 편에서 시선을 비켜준다. 더 멈칫거리면서 밤을 줍는 것이 미안하기도 하고 해서 다 주웠다고 언덕을 내려왔다. 아주머니가 바구니를 들고 과수원 가장자리까지 쫓아온다. 그리고는 알밤이 굴썩하게 든 바구니를 내밀면서, 가지고 가서 삶아 먹으라 한다. 이미 내가 주워 모은 걸로 충분하다고 사양을 했다. 그 집도 아이들과 밤을 삶아 먹으면서 이야기 나눌 것을 생각해 보았다. 밤 줍기, 가족, 단란함, 살아간다는 것, 그런 단어들이 순서 없이 떠오른다. 문득 저 밤나무는 누군가 오래 전에 심었을 테고, 그 후손과 그와 인연이 닿는 사람이 밤을 따 먹는다는 사실이 가슴에 따뜻한 느낌으로 다가온다. 할아버지가 심은 나무의 열매, 대를 이어가기 그런 생각을 하면서, 손을 흔들어 인사를 했다. 인사를 받으면서 웃는 구이장댁 아주머니의 하얀 잇속이 들꽃처럼 곱다.

연휴를 마무리하는 날은 아쉽고 미진한 일들이 한꺼번에 불거진다. 연휴가 끝나는 3일은 남계 정병헌 교수의 갑년 식사 초청을 받아 놓은 터라, 아침나절 서울로 돌아가기로 했다. 정이장댁 농막 앞을 지나는데, 이장댁 아주머니가 새참을 준비하는 중이었다. 새참을 같이 먹고 가라고 붙잡는다. 갈 길이 바쁘다면서 서둘렀는데, 기어코 막걸리 한잔이라도 하고 가라 한다. 막걸리 한 대접을 마시고는 올 과수원 작황을 묻고, 집안의 안부를 물었다. 빈손으로 와서는 주인보다도 먼저, 새참으로 막걸리를 얻어먹는 게 염치가 없었다. 밭에 지천으로 핀 국화라도 꺾어다 성의를 표시할 것을 그랬다는 생각이 들었다. 내가 바빠서 꽃을 갖다 드리지 못하는 형편이니, 시간 내어 밭에 올라가 꽃을 꺾어 가져가라 하는 인사를 했다. 말만 들어도 고맙다며 보름달처럼 둥근 얼굴에 웃음이 흐드러진다. 전에 밭에서 국화를 한 다발 꺾어다 준 후 내 별명이 '꽃을 든 남자'가 되었다.

밭에 다녀가면서 만나는 사람들마다 내가 이 '동네사람'이라는 생각을 하게 한다. 내가 이 동네 사람들을 우리 동네사람으로 받아들이는 방법은 무엇인가를 생각해 본다. 내가 이 동네 사람들이 낯설지 않은 것처럼, 남들도 내가 낯설지 않게 처신을 해야 하리라. 그러자면 무엇인가 나누어 줄 수 있도록 채비를 해야 할 것 같다. 봄에 개양귀비 꽃이 피면 꽃다발을 만들어서 건네야 할까.

가을에 봄을 기다리는 것은 조급함인가 시간이 무르익어 계절의 경계를 넘나드는 까닭인가. 아무튼 가을 과수원에서는 사람의 마음까지 너그러워진다.*

(2011. 10.)

▌ 수향정 편에서 전화를 해왔다. 여기 나오는 나는 모두 자네 자신인가? 우공은 잠시 답을 못했다.

동네사람이라고 너무 가까이하지 말라고 이야기하려고 전화했지. 모든 익숙해지는 것은 편견과 속단을 공유한다는 뜻이라네. 자네 편에서 고루한 생각을 버리고 먼저 다가가야 할 게야. 동네사람들이 늘 가을처럼 무르익는 것은 아니라는 이야기지. 아마 거기서도 김현승의 '마른 가지 위에 다다른 까마귀 같은' 시간을 보내야 할 것이네. 자네가 과수원을 되살려서 너그러운 사람이 되어야지 남한테 얻어들은 결로 너그러움을 가장하지 말아야 할 것이네.

우공은 대답할 말을 잊고 멍하니 서서 저 아래 언덕의 밤나무를 쳐다봤다.

입추 무렵

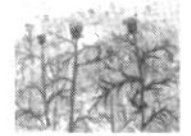

내가 생애 처음 만난 여자, 우공은 어머니를 그렇게 뜻매김하고 있었다. 처음 만났다는 것은 최후로 만날 것이란 말과 맞닿아 있다. 접근하기 어려운 거대한 산 같은 존재감, 그러나 최후에는 거기 묻힐 것이라고 믿고 있는 그런 존재가 어머니였다. 그래서 우공은 어머니에 대한 이야기를 잘 안 하는 편이다. 그러나 계절이 바뀌면서 바람기운이 달라지면 나비가 되어 날아오는 어머니의 영상을 우공은 어찌하지 못하는 것이다.

그의 어머니가 세상을 뜬 지 한 해가 되었다. 형제들이 모여서 제사를 올렸다. 양력으로 하면 광복절이 제사인데, 어머니 하던 대로 음력으로 제사를 모시기로 했다. 그래서 짚어 보니 칠석날 전날이 기일忌日이 된다. 제사를 앞두고 산소에 가서 벌초를 하자는 동생의 제안이 있었다. 일요일 형제들이 산소에 가기로 하고 새벽에 출발했다.

폭우 가운데 장례를 치른 지 한 해, 그 사이 또 비가 와서 산으로 올라가는 길이 어른 키만큼이나 패었다. 산소 옆에 밤나무가 무성하게 자라 올라갔다. 동생은 밤나무를 베어 버리자고 한다. 그는 산소에 오가는 사이 밤나무가 자라는 것을 보면서 신통해 한 터라 선뜻 잘라 버리자는 이야기에 동의를 하지 못했다. 밤나무에 제법 밤송이가 달려 한 달 지나면 추석이고, 그 때는 밤이 여물리라는 생각으로 동생을 만류했다. 올해 열린 밤이나 잘 여무는지 보고서 잘라도 자르자고 제안한다. 아, 한 달 남짓 지나면 밤이 여문다! 그는 평서문에다 느낌표를 달았다.

칠석날을 하루 앞둔 음력으로 칠월 초엿새. 칠석이 지나면 여름이 기울기 시작한다. 책력에서는 입추를 예고한다. 9월 2학기 개학을 해서도 늦더위 때문에 곤욕을 치르기도 하지만, 입추 지나면 바람끝에 서늘한 기운이 묻어난다. 밤에 창을 열고 자다가 산산한 바람이 들어오면 할머니도 그랬고, 어머니도 그런 이야기를 했다.

"이제 색바람 나는가보다. 추석이 얼마 남았다냐?"

추석을 한 달여 앞두면 바람끝에 서늘한 기운이 묻어난다. 아마 살아 계셨다면, 그리고 자식들이 더위 타령을 하면 그런 이야기를 또 했을 거라고 그는 짐작했다. 세상을 뜬 이들의 기억은 이따금 그들이 남긴 몇 마디 말과 음성으로 살아서 돌아온다.

자라는 아이들만큼 세월의 흐름을 느끼게 하는 게 또 있을까. 장마철 오이 자라듯 한다는 말이 있기도 하지만, 그는 조카들을 만날 때마다 아, 세월 이렇게 가는구나 하는 생각을 하곤 했다. 형제들이 자기 애들까지 데리고 와서 집안이 벅적거렸다. 군대를 마치고 온 조카, 초등학교 6학년, 그리고 고등학교 2학년인 막내동생의 아이들, 이미 시집을 가서 아이를 낳아 돌이 지난 조카 내외, 그리고 집안의 손녀와

아들 내외, 짚어보니 20여 명이 되었다. 이 식구들이 멀리 가까이 어머니 한 분의 핏줄과 연관되어 있다는 생각을 하다 보니, 무남독녀 외동딸이었던 어머니의 생애가 소슬한 바람처럼 다가왔다. 흔히 결혼식이 끝나고 폐백을 할 때, 아들 딸 많이 낳고 잘 살아라, 하면서 신부 치맛자락에 밤과 대추를 던지는 풍속이 어떤 의미를 지니는지 알 듯했다. 집안이 번성한다는 것을 생각해 보기도 했다.

지난 주 일요일에 그는 산소에 가서 벌초를 했다. 봉분에는 작년에 심은 떼가 잘 자라올라 어우러졌다. 한 해가 지나는 동안 슬픈 감정의 응어리들도 풀리어 눈가가 아릿한 정도로 삭아내렸다. 그는 묘지를 안 만들기로 작정을 한 지 오래지만, 형제들이 모이는 계기를 마련하는 데는 묘가 한 몫을 한다는 생각을 하기도 했다. 이 산에는 유독 때죽나무가 많이 자생을 한다. 봄에 다닥다닥 달리는 하얀 초롱같은 꽃도 꽃이지만 작은 구슬처럼 열리는 열매 또한 볼 만하다. 어느 봄이던가 그가 어머니를 모시고 지리산에 갔을 때, 계곡 주변으로 때죽나무 꽃이 황홀할 정도로 피어났던 적이 있었다. 그 기억이 물결져 오고, 꽃을 좋아하던 어머니 얼굴이 떠오르기도 했다.

시간을, 흘러가는 시간을 어떻게 잡아 쓸 것인가. 한 해가 기울어, 이제 가을이 시작된다는 입추를 바라본다. 지금은 우기이지만 곧 하늘이 개어 올라가고 뭉게구름이 꿈처럼 피어나리라. 그 위로 세상을 뜬 사람의 얼굴도 함께 떠올라 기억의 물살을 거슬러 흘러가리라.

제사 준비로 피곤해진 데다가 모처럼 식구들이 모두 같이 모여 밤늦게 이야기를 나누었다. 딸아이가 중국 여행을 간다고 한다. 우루무치를 가는데 북경을 거쳐 비행기를 환승해서 우루무치에 가서 동료와

합류하기로 했다고 한다. 그가 보기는 무리인데 젊은 때나 할 수 있는 일이거니 하고 눈감아 주기로 했다. 새벽 5시 차를 타야 한다고 해서 잠을 설쳤다. 아침에 막내가 제 누나를 차로 데려다 주어 겨우 시간을 맞출 수 있었노라고 했다.

간단한 제사지만 그것도 행사는 행사라서 준비가 있어야 하고, 사람이 모였다 헤어지고, 그리고 식구들 각자 일정이 있고 해서 그저 편히 지나가는 것만은 아니다. 또 식구들이 같이 모이면, 일부러라도 분위기를 잡아 이야기판을 벌이는 통에 일찍 자는 것은 제쳐 놓아야 한다. 이래저래 시간이 가고, 아침 8시나 되어서야 앙성 상림원으로 출발할 수 있었다.

휴가를 가는 차량들로 고속도로가 붐볐다. 덕평에서 일반국도로 접어들었는데, 별로 막히지 않아 평소보다 약간 시간이 더 걸렸을 뿐이다. 시간이 더 걸렸다고 짜증을 내고, 조금 덜 결렸다고 쾌재를 부르면서 살아오기를 몇 해던가. 생의 어느 순간 속도감이 상실되는 것일까 하는 생각을 해 본다. 아마, 어느 시점에 가면 눈부시게 치달렸던 시간은 회상으로만 남으리라.

농장에 도착하면서 자신도 모르게 탄성을 질렀다. 지난 주까지만 해도 복숭아 꼴이 별로 나지 않았는데, 나무 가지가 휘어진 채로 발갛게 익어가는 복숭아로 농장이 무릉도원으로 변해 있는 것이다. 축 늘어진 가지 끝에 붉게 익어 매달린 복숭아를 하나 따서 맛을 보았다. 복숭아는 아직 단맛이 덜 들었다. 본래 늦게 따는 미백이라는 수종기도 하고, 꽃을 따 주는 적화며, 과일이 맺혔을 때 따 주는 적과를 하지 않은 탓에 복숭아 알이 작다. 가장 큰 문제는 소독을 일체 하지 않은 것이다. 소독약 한번 안 뿌린 과수원이 과수원 노릇을 할 수 있는 것인가 싶질 않았다. 그러나 장마 가운데도 철이 되면 복숭아가 익는 것처럼 시간이 밀어내는 성숙의 압력을 그는 믿는 것이다. 입추인데, 알은 작아도 곧 단물이 배고 빛깔은 더욱 고와질 것을 기대한다.

포도는 일부 상하고 일부 익었는데 시어서 진저리가 쳐질 지경이었다. 청포도가 익을 시절인데, 좀 늦은 품종이라서 아직 맛이 덜 들었다. 토마토는 이미 끝물이다. 거름이 너무 많아 가지가 웃자라는 바람에 땅에 누운 가지에 달린 것들은 장마에 녹아버렸다. 그러나 풀 속에서도 자라서 열매를 맺는 그 시간의 기약을 어기지 않는 덕이 가상타. 옥수수는 한번 땄고, 남은 것들이 초라한 수염을 늘어뜨린 채 매달려 있다. 그 안에서도 알이 익는 것은 신기함을 지나 섭리를 느끼게 했다.

밭을 돌아보다가 산등성이로 치달아 올라간 참나무 숲을 잠시 묵연히 바라본다. 참나무에 상수리가 익어갈 것이다. 상수리가 익으면 밤 또한 알에 든 물이 짙어져 가을을 채비하리라. 멀리 보이는 산등성이가 갈매빛 짙은 그늘이 드리우고 있다. 아, 계절이 이울고 있다. 눈자위가 묵직해진다. 여름의 끝자락에 다가오는 가을 소식이 그런 감각을 불러왔다.

앙성에 가면, 그는 서울에서 맛보기 어려운 조용한 밤을 지낼 수 있어서 별미의 시간을 누린다. 라디오 텔레비전이 없고, 낮에 일을 한 끝이라 몸이 노곤하기도 해서 불을 끄고 눕는다. 창으로 서늘한 바람이 들어와 살갗을 어루만진다. 바람소리가 들리나 잠시 귀를 세워 본다. 풀벌레 소리로 밤이 가득하다. 이런 시간 잠을 잘 수 있다는 것은 적당한 피로와 적절한 무감각이 마련되어야 하리라. 온갖 공상과 추억이 몰려와 잠자리에서 뒤늡게 한다. 풀벌레 소리는 계절의 변화를 알린다. 자욱한 풀벌레 소리 가운데 그는 인간의 묵중한 존재감을 잠시 느껴본다.

풀벌레 소리 때문에 잠을 못 이루고, 밤중은 되었는데 테라스에 나와 하늘을 쳐다본다. 그린 듯한 반달이 서편으로 조금 기울었고, 별들이 하늘 가득히 빛을 뿌리며 섬벅거린다. 수천 광년 우주를 달려와 그의 눈에 다다른 빛도 있으리라. 한 해 한 해 시간이 흘러 광년을 헤아리자면 얼마나 많은 인연이 쌓여야 하는 걸까. 달이 서편으로 한참을 기울도록 잠을 이루지 못한다. 그에게 가을 소식이 너무 빨리 온 모양이었다.

아침부터 매미가 자지러지게 울어댄다. 쫘아 하고 골짜기를 가르며 들판으로 소리가 퍼져가는 말매미, 쓰름쓰름 울어내는 쓰름매미, 찌룩찌룩 울어대는 참매미, 온갖 종류의 매미들이 일대 교향악을 연주한다. 매미들이 극성스럽게 울고 잠자리가 뜨기 시작하면 여지없이 가을이다.

입추가 지나면 김장 무와 배추를 심어야 한다. 퍼렇게 자라오르는 김장밭은 무서리 아침을 일찍 당겨다가 가을을 예고한다. 그 무렵이면 국화가 정원 가득 피어나 청아한 향을 맑은 하늘에 뿌리리라.

입추라는 절후 때문에 가을이 너무 일찍 오는 것은 아닌가, 그는 그런 생각에 잠시 망연해졌다.

(2011. 8. 7.)

▍ 우공의 어머니를 두고, 그양반 정말 장부 같은 분이라고 하던 외서가 홈피에 올린 우공의 글을 보고 이런 답글을 달았다. 자서전 못 쓸 것 같다는 사람이 구태여 어머니 이야기를 해야 할 이유가 무엇인가. 애옥살이 겨우 면하자 세상 등지는 그런 세대. 애이불비哀而不悲란 말을 되새기게 되오. 우공은 외서의 모친께서 문집을 내어 손님 초대해서 잔치를 할 때 찾아가서 인사말을 했던 기억을 떠올렸다. 애도의 형식에 익숙하지 못한 우공은 자기가 쓴 글이 왜 소재가 산만하게 흩어져 있는가를 생각했다.

뽕나무와 이차돈

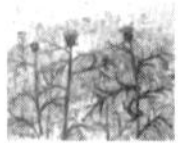

▎그건 고질병이다, 우공은 부잡스러울 지경으로 갈피를 잡지 못하고 치달리는 자신의 호기심을 두고 그렇게 이야기하곤 한다. 존재를 존재로 그대로 두는 법이 없다. 이우환이라는 화가가 세계 각처를 돌아다니며 잘생긴 돌을 찾아 전시장에 놓아두고는 그 의미를 당신이 알겠는가 물어올 때의 당혹감을, 우공은 거침없이 아무한테나 들이대는 버릇이 있다. 사르트르처럼 존재를 존재대로 내버려두어 구토감이 밀고 올라오는 체험을 하는 게 아니라 의미상 연결고리를 주섬주섬 챙기는 얄궂은 버릇을 만들어 가지고 있는 것이다. 자기 밭을 거창하게 상림원桑林苑이라 명명한 것은 그대로 접수한다고 해도, 뽕나무를 두고 잔주가 심한 게 아니던가. 그런 글을 하나 써서 홈피에 올려놓았다.

한 주 후반이 시작되는 목요일 오후에, 그는 상림원에 가서 뽕나무를 베었다. 그의 집 이름이 뽕나무 숲이 있는 동산이라는 뜻으로 상림원桑林苑인데, 명색이 그 주인이라는 이가 뽕나무를 베어 버린다는 것은 모순된 행동이라 비난받을 만하다. 그러나 무엇이든지 과하면 손질을 해 주어 균정均整된 모양을 갖추어야 하는 것이 인간 삶의 규율인 듯하다.

과수원 밭에다가 작은 집을 세우면서 조금 마음에 걸렸던 것이 바로 위밭에 있는 무덤이었다. 그것도 봉분을 올린 지 얼마 안 되는 새 무덤이었다. 묘를 조성하느라고 썼던 물건들이 밭가장자리 풀숲에 흩어져 있기도 했다. 저녁에 잠자리에 누우면 문득 그 자신이 위밭 무덤에 누워 있는 고혼과 같은 방향으로 누워 있다는 생각이 들기도 했다. 그러면 자기도 모르게 방향을 돌려 눕곤 했다. 그런 께름칙한 생각은 점점 엷어졌지만, 가을이 되어 나뭇잎이 다 떨어지면 잔디를 곱게 쓴 묏동이 빤히 건너다보여, 죽음과 연관된 생각을 불러오곤 했다. 그다지 유쾌하지는 않았다.

위밭과 시각적 차단을 한다고, 아래쪽 가지가 축 처진 채 자라는 잣나무를 사다 심고, 그 앞에다가는 대왕참나무도 한 줄 심어서 일종의 수벽樹壁을 만들기로 했다. 그 이후, 전부터 자라던 뽕나무를 베지 않고 그대로 두었다. 뽕나무가 자기가 심은 다른 나무와 함께 위밭의 묏동을 가려 주기를 기대했던 것이다. 그러한 기대는 쉽게 충족되었다. 뽕나무가 생육이 매우 왕성해서 두 해만에 묏동을 가려주는 것은 물론 그의 집을 완전히 숲속의 집으로 만들어 주었다.

뽕나무가 하늘을 찌를 듯이 자라나니까 보기는 좋은데 다른 문제가 발생했다. 그 아래 다른 식물들이 자라지 못하게 된 것이다. 뽕나무의 그늘이 짙고 따라서 다른 나무들이 햇볕을 못 받아 부실했다. 뽕나무 아래는 맥문동이 좍 퍼져서 자랐는데 풀을 베느라고 예초기 칼날에 베진 상처를 잎 끝마다 허옇게 달고 자라지도 못하고 오종종하니 땅에 붙어 있었다. 잣나무는 중도막에서 성장을 멈춘 채 새로 나온 순이 말라 버리기도 했다. 가을에 단풍이 아름답다고 심은 대왕참나무는 뽕나무 그늘을 피해 구부정하니 휘어져 자라는 통에 그 미끈한 나무를 보기는 무망인 지경이 되었다.

처음에 뽕나무가 제법 왕성하게 자라 올라가는 것을, 얼마나 자라나 보자고 그대로 두었던 게 탈이었다. 위밭에 있는 묏동을 가려주었으면 하는 기대를 충족해 주는 것이 가상하기도 했다. 잎이 무성한 뽕나무는 봄부터 가을까지 그늘이 짙고 잎이 아름다워 풍광을 넉넉하게 만들어 주었다.

거기다가 뽕나무를 찬양하면서 뽕나무의 가치를 칭송하는 이야기가 매스컴에 줄을 이었다. 뿌리부터 열매까지 하나 버릴 것 없이 유용하다는 것이었다. 뿌리는 말려서 다려 차로 마시고, 잎은 잘 아는 것처럼 뽕잎차를 만들고, 줄기는 닭을 삶아 먹을 때 오가피나무나 엄나무 같은 것 대신에 쓸 수 있는데, 잡스런 맛을 없애주고 닭의 기름을 중화해준다는 것이었다. 무엇보다 뽕나무의 매력은 오디를 얻을 수 있다는 점이다. 오디는 그대로 먹어도 되지만 잼을 만들기도 하고, 효소를 추출해서 주스로 마실 수도 있으며, 술을 즐기는 사람은 술을 담그면 와인 못지않은 맛을 낼 수 있다고 칭송의 소리가 높았다.

이런 보물 나무를 잘라 버리기가 안됐다 싶어 그대로 두었다. 그런데 나무가 너무 무성하여 다른 나무가 자라지 못한다는 게 문제였다. 앞에 얘기한 잣나무나 대왕참나무가 잘 못 자라는 것은 물론, 거기다가 살구나무 두 그루가 뽕나무에 가려 잎이 자라지 않고 가지가 말라 고사하는 것이다. 위밭과 경계를 만들어 준다는 것 말고는, 뽕나무의 다른 효용을 찾기 쉽지 않았다. 효용은 고사하고 그늘이 자기 영토를 침범하는 것이었다. 애물로 자리바꿈을 한 뽕나무를 두고 속을 썩이던 끝에, 그는 잘라 주기로 작정을 했다.

한 삼년 지난 것일 뿐인데 뽕나는 줄기가 직경이 10cm는 되게 자랐다. 이 나무를 아주 캐 버리자면 장비를 동원해야 하는 일이라 엄두를 못 냈다. 그래서 잔가지만 잘라 주려고 전지가위와 꺾낫을 동원해 잔가지를 쳐냈다. 그런데 문제는 잔가지가 아니라 위로 치솟아 올라간 원가지들이 그늘을 만드는 것이었다. 톱을 사다가 뽕나무 우듬지의 중도막을 잘랐다. 뽀얀 진이 톱에 묻어 나온다. 문득 뽕나무가 피를 흘린다는 생각이 머리를 스쳤다. 온몸으로 짜릿한 감각이 전류처럼 지나간다. 뽕나무가 흘리는 하얀 피, 그것은 감정가치가 실리지 않은 수액樹液이라는 용어로는 적실하게 다가갈 수 없는 대상이었다. 이렇게 무성한 나무를 가차없이 베어 버려도 되는가 하는 생각이 머리를 부글거리게 했다.

연장을 놓고 잠시 생각을 가다듬었다. 하얀 피, 뽕나무의 생명을 운영하는 그 액체. 그것은 생물학적인 생명을 넘어 이념을 함의하는 생명의 수액인 것이다. 신라에 불교를 전하다가 순교한 이차돈異次頓이 흘렸다는 하얀 피를 생각하게 되었다. 춘원 이광수가 불교에 심취해 있을 때 쓴 소설 가운데 〈異次頓의 死〉도 연상되었다. 그가 아는 이차돈에 대해 다시 몇 가지 생각을 정리해 보았다.

이차돈의 성은 박씨이고, 이름은 염촉厭髑이며, 501년에 태어나 527년까지, 식민지시대 작가들처럼 짧은 생애를 살았다. 그의 계보는 왕족과 핏줄이 닿아 있는 것으로 보기도 하는 모양이다. 이차돈은 말직의 관리로 성질이 곧고, 당시 신라에 널리 퍼지기 시작하던 불교를 깊이 신봉했다. 관리라는 신분과 새로운 세력으로 들어오는 종교는 갈등을 일으키기 마련이다. 기독교에서는 로마의 세바스찬이 그런 경우이다. 로마의 하급관리 세바스찬은 로마 관리로서는 최초로 기독교를 믿다가 온몸에 화살을 맞는 고통 끝에 순교했다.

당시 법흥왕이 불교를 공인하려고 하였으나, 제신들의 반대에 직면해서 자신의 의지를 관철하지 못하고 있었다. 종교는 한 나라의 임금도 맘대로 하기 어려운 정신영역인 것이다.

이차돈은 법흥왕의 번민을 알아챘다. 법흥왕의 번뇌를 해결하는 것은 자신이 신봉하는 불교를 널리 퍼지게 하는 포교의 더할 수 없이 훌륭한 방법이었다. 왕이 절을 짓는 불사를 하게 하고, 그 책임을 자기가 대신 떠맡음으로써, 자기를 희생하더라도 왕의 뜻을 펴게 하기로 작정했다.

“뭐라 해도 제 목숨만큼 버리기 어려운 것은 없을 것입니다. 그러나 제가 저녁에 죽어 커다란 가르침이 아침에 행해지면, 부처님의 날이 다시 설 것이요, 임금께서 길이 평안하시리이다.”(삼국유사) 그렇게 진언했다. 그리고는 “그릇되게 말씀을 전했다 하여, 신에게 목을 베는 형벌을 주십사.”고 왕에게 간언했던 것이다. 즉 절을 짓는 것은 법흥왕 자신의 뜻이 아니고 이차돈이 주장을 해서 그리 되는 것이라는 빌미를 만들어 주었던 터이다. 법흥왕은 이차돈의 제안을 받아들였다. 다른 신하들은 그런 방자한 주장을 해서 절을 짓게 한 이차돈을 처형해야 한다고 목소리를 높였다. 법흥왕은 안타까운 심정을 잠시 접어두고 이차돈의 목을 베라고 명령한다.

형을 집행하는 관리가 이차돈의 목을 베자 머리는 멀리 날아가 금강산 꼭대기에 떨어졌고, 잘린 목에서는 흰 젖이 수십 장이나 솟아올랐으며, 갑자기 캄캄해진 하늘에서는 아름다운 꽃이 떨어지고 땅이 크게 진동하였다. 이차돈의 잘린 목이 경주의 북쪽 산에 떨어져 거기에 무덤을 만들었다는 이야기도 있다.

도반들의 애도가 이어졌고, 많은 사람들이 이차돈의 불심을 칭송해 마지않았으며, 스스로 불교를 믿는 이들이 늘어났다. 이런 이차돈의 행적에 대해 ≪삼국유사≫를 기록한 일연스님은 이렇게 평가한다.

“개자추가 자기가 섬기는 임금의 건강 회복을 위해 허벅지 살을 베어 바쳤다 한들 이 엄청난 절개에는 비교할 바가 아니요, 홍연이 임금을 위해 배를 갈랐다 한들 이 장렬함과는 견주지 못할 것이다. 이가 곧 임금의 믿음에 의지해, 힘써 아도의 본마음을 이룬 성자이다.”

아도阿道는 신라에 불교를 전한 인물로 그의 신분에 대해서는 여러 설이 있으나, 신라의 불교 전파에 공헌한 다문화적 인간상의 하나인 것은 틀림없다. 위나라 사신 아굴마가 고구려에 왔을 때, 고구려의 고도령이라는 여인이 관계를 갖고 그 사이에 난 아들이 아도라고 전해진다. 부계로는 중국인이고, 모계로는 고구려사람이다. 신라로 보면 이웃나라 사람이다. 이러한 아도의 포교 정신을 이차돈이 계승해서 순교를 했다는 것은, 불교 전파가 국제적인 사건이었음을 암시하는 것으로 보인다.

또한 이차돈이 포교를 위해 임금과 마음을 같이 했다는 점은 종교와 왕권의 관계를 생각하게 하는 모티프가 된다. 그런데 이차돈이 순교한 이후, 법흥왕은 왕위를 진흥왕에게 물려주고 스스로 중이 되어 법공法空이라고 불렀다고 한다. 그리고 그가 세운 정사를 대왕흥륜사大王興輪寺라고 했다고 기록에 전한다. 이후 신라는 나라가 융성하고 불교가 널리 퍼지게 되었다.

성인이 목숨을 내놓고 전파한 불교가 나라를 흥왕하게 하고, 불법을 널리 펴는 데 공을 세웠다면, 오늘 내가 자르는 이 뽕나무가 흘리는 하얀 피는 무엇을 위한 희생 혹은 무엇을 위한 순교가 될 것인가, 그는 그런 의문에 빠졌다. 화식하는 속연의 세상에서 잘려나간 뽕나무는 화덕의 불쏘시개는 될법하다만, 순교가 되기는 연이 안 닿는 듯했다.

톱으로 자른 뽕나무 가지들을 땅에 묻으면 하얀 피가 흐르던 끄트머리마다 빛깔 고운 사리가 열릴까. 이 또한 아지 못할 노릇이라고, 그는 고개를 들어 하늘을 쳐다봤다.*

▌홈피에 올려놓은 것을 읽었는지, 친구 경농이 우공에게 전화를 해왔다. 대뜸 하는 말이 이랬다.

"당신 자이나교 신자인가?" 말이 막혔다. 자이나교가 극단적인 생명존중 사상을 지닌 인도의 한 종파라는 것을 우공은 알고 있었다. 육식을 금하는 것은 물론 살아 있는 것은 작은 버러지 하나 맘대로 죽이지 말라는 계율로 살아가는 사람들이었다.

"난 속세에 인연이 너무 깊어서 그렇게는 못 하지."

"벌레 밟아 죽이지 않으려면 짚신 신고, 빗자루 들고 길 쓸고 다니면서 살아야 할 것이야. 나무도 베지 말고 풀도 뽑지 말며, 그저 동굴이나 찾아 들어가 자연과 더불어 살아야겠지."

"자네 뭐 잘못된 거라도 있나, 왜 그러는데?"

"글이 안 써지니까 그렇다네." 경농 편에서는 잠시 말이 없었다. 글 안 써진다는 게 고통스러운 모양이었다. 한숨을 내쉬고는 말을 이었다.

"그리고 뽕나무 뿌리 끝에 사리가 맺힌다는 상상은 아름답기는 하나, 설익은 불가적 상상력이 아닌가 해서 안타깝소."

우공은 노상 무언가 남에게 들키고 산다는 생각을 하며, 낫을 하나 찾아들고 밭으로 나갔다.

천신薦新이라는 게 있었느니

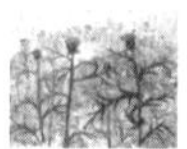

꽃과 나무 앞에만 서면, 우공은 존재가 위축된다. 잘 핀 꽃을 꺾지 못하고, 자라 올라가는 나무 가지를 잘라내지 못한다. 심지어 상추잎을 따는 데도 손끝이 떨린다. 그런 우공은 가끔 아내의 핀잔을 사야 한다. 여름으로 들어가 첫물 과일을 따기 시작하면, 우공은 아예 수확을 외면한다. 해마다 노각외를 심어 따먹고는 했는데, 덜 익은 외를 따는 경우 우공은 샐쭉해서 토라진다. 아내의 표현대로 꽃과 나무 앞에서 벌벌 떠는 태도가 어쩌면 자연에 대한 경외감은 아닐까 하는 생각을 하기도 한다. 그런 생각은 우공을 어렸을 때의 기억을 반추하게 한다.

첫물은 바로 따 먹지 않는다고 했다. 이유는 두 가지였다. 하나는 첫물을 그대로 두면 나무가 자라는 데 지장을 받기 때문에, 첫물이 열리면 훑어 버리고 이듬해에 열리는 것부터 따야 한다는 것이다. 이 때의 첫물은 과일나무를 심어서 처음 열리는 과일을 뜻한다.

지난 주 밭에 갔을 때, 밤나무를 쳐다보고 잠시 눈을 의심했다. 그

전 주까지 탐스런 밤송이가 달려 있었는데 그게 보이질 않는 것이었다. 혹시 하고 다가가 살펴보았다. 이미 밤송이가 누렇게 아람이 벌어 풀섶에 떨어져 있고, 주변에는 알밤과 쭉정이가 흩어져 있었다. 실기를 한 셈이었다. 알밤 몇 알을 주워 호주머니에 넣으면서 첫물을 따 버리지 않았기 때문에 나무가 잘 안 자라면 어떻게 하나, 그는 은근히 걱정을 했다.

그런데 한 해 늦게 심은 밤나무에는 아직 퍼런 밤송이가 그대로 달려 있었다. 밤송이 가운데는 겉으로 보아도 실팍해서 밤알이 들어 있음직한 기대를 갖게 하는 것들이 있고, 몇 개는 밤알이 안 들었을 것 같은 무녀리 밤송이도 달려 있었다. 이 나무 역시 첫물을 따 주지 않고 그대로 두었던 것이라 별로 기대를 하지 않으면서도, 밤송이 크기로 보아서는 실팍한 알맹이가 들어 있을 것 같기도 했다. 밤송이를 따다가 나뭇가지를 엇깎아 밤을 발랐다. 굵직굵직한 밤톨이 불거져 나오는 모양이 앞으로 좋은 밤을 얻을 수 있을 것이란 기대를 하게 했다.

잣나무는 다섯 그루를 심었는데, 한 나무에만 잣송이가 꼭 둘이 달렸다. 잣나무는 잣이 열려야 제 구실을 한다는 생각을 하면서 가평 잣나무를 구해 심은 지가 4년이 된다. 잣고장 가평이 고향인 박태진 선생에게 부탁을 해서 구해다 심은 잣나무이기 때문에 기대를 하고 있었다. 심은 지 3년 만에 금년에 잣송이를 처음 보게 되었다. 퍼렇게 자라던 잣송이가 어느 틈에 누렇게 빛이 변해 말라 있었다. 잣알이 이미 다 쏟아지지 않았을까 하면서 따다가 잣송이 미늘을 젖혀 보니, 탱글탱글한 잣알이 제법 들었다. 송진이 어찌 많은지 장갑이 송진 투성이가 되었지만 솔향기가 진해서 잣나무의 향을 흠뻑 맡을 수 있었다. 이 잣나무 또한 첫물을 따 주어야 하는 게 아니었던가 하면서, 잣나무를 쳐다보았는데 가운데 중동가지가 말라 있는 것도 보여서 제대로 건사를 못 했다는 안타까운 심정이 되었다. 내년에는 잣나무 다섯 그루에서 잣송이가 달리면 꽤 딸 것 같은 기대를 한다.

첫물을 바로 따먹지 말아야 하는 다른 이유는 과일이 열리는 데 대한 감사를 표하는 '천신'을 먼저 해야 한다는 것이었다. 천신을 하는 물건은 외, 참외, 가지, 토마토 같은 채소류에 속하는 것들이었다.

산골짜기 외딴집에서 살다가 이십여 호 집들이 어우러진 동네로 이사를 했다. 어떻게 했던지 아버지는 가대家垈를 장만해서 농사를 시작했고, 할아버지는 새벽같이 일어나 텃밭을 가꾸고 들에 거름을 내고 하면서 전에 없던 새로운 삶의 활기를 지펴올렸다. 텃밭에는 외, 가지, 호박 그런 것들을 심었다. 밭을 부지런히 거루고 김을 매 준 덕으로 열음이 풍성했다.

그 가운데 아이들이 침을 흘리게 하는 것이 외였다. 노란 외꽃이 떨어지고 새끼손가락만하다가 하루가 다르게 엄지손가락 굵기로 자라고, 다른 날 가 보면 가시 같은 돌기가 제법 두드러지는 것들이 호미자루 정도는 되게 자라 있었다. 손을 댈까 하다가도 할머니가 천신 전에 따먹으면 벌을 받는다는 이야기를 하던 기억이 떠올라 슬그머니 물러서곤 했다.

그런데 그 천신이라는 것이 희한했다. 천신을 드리는 일은 주로 할머니 몫이었다. 할머니는 유난히 깔끔하게 다듬은 무명 적삼을 손질해서 입고는 대바구니를 들고 텃밭으로 나갔다. 바구니에 외며 가지 같은 것을 세 개씩 따가지고는 부엌을 지나 뒤뜰 장독대로 갔다. 장독대 앞에다가 반들반들 윤이 나는 소반을 갖다 놓고, 그 위에다가 하얗게 빛나는 사기 대접에다가 물을 찰찰 넘치게 떠 놓았다. 그 앞에 외와 가지를 가지런히 놓고 할머니는 손을 모아 싹싹 비비면서 연신 허리를 굽혀 절을 했다. 손을 모아 비비면서 하늘을 우러르고 땅을 굽어보고 하는 사이 무어라고 쉬지 않고 웅얼웅얼 주문을 외듯 했는데, 그 내용은 정확히 알아들을 수 없었다. 물론 뭐라고 했는지 물어볼 염을 내지도 못했다. 할머니의 비손에 대해서는 일종의 금기가 되어 있어서, 할아버지는 물론 아버지도 뭐라고 빌었는지 묻는 적이 없었다.

할머니가 여사제가 되어 올리는 '천신'이 끝나면 외를 벗겨서 손자들에게 나누어 주었다. 그러면서 남의집 외밭에 들어가지 말라는 훈화를 한참 반복해서 늘어놓았다. 그가 그 때 들었던 이야기 가운데 하나 기억나는 게 있었다. 누구네 원두밭에다가 개가 똥을 싸면, 잊지 않고 저놈의 개, 저놈의 개 한다는 것이었다. 너도 남의 외밭에 들어가면 '그짝 난다'면서 근엄한 얼굴로, 남의 물건에 손대지 말라고 타일렀다.

뒤에 생각해 보니 그 천신을 올리던 할머니의 비손이 〈춘향전〉에서 춘향의 어머니 월매가 정화수를 받쳐 놓고 이도령 잘 되라고 비손하던 그 모습 그대로였다. 월매가 정화수 떠 놓고 비손하는 모양을 보고는 이도령이 하는 소리가 "나 잘 되는 것이 조상의 음덕인 줄 알았더니 이제 보니 장모 덕이로구나."하는 것이었다. 그리고 남의 외밭에 들어가지 말라는 이야기는 이하부정관李下不整冠 과전불납리瓜田不納履

라는 조심성을 일러준 교육이었다. 그리고 한번 못된 놈으로 인상지워지면 그 허물을 벗어나기 어렵다는 이야기도 천신의 자리에서 들은 것이었다.

요새 천신을 하는 이는 없을 것이다. 그러나 조선조에는 날을 정해서 천신을 올리는 것이 종묘천신宗廟薦新이고 집안에서 조상들에게 올리는 천신이 가묘천신家廟薦新이라고 해서 중요한 행사가 되었던 기록이 있다. 그의 집안은 가묘를 둘 정도는 아니었기 때문에 뒤란 장꽝에서 올렸을 터인데, 그 때 할머니의 정갈하고 기품이 있던 모습은 오래 그의 기억에 남아 있다. 천신을 올리지는 않더라도 그해 첫물을 아무 감정도 없이, 아무런 고마움도 표하지 않고 널름 따 먹는 것은 몰취미요 살풍경이 틀림없다.

천신은 물질적 풍부함보다는 정성과 감사함이 담겨야 한다. 그래서 무엇을 바치든 꼭 세 개 정도로 만족한다. 먹을 것을 아주 조금 가지고 와서 내놓았을 때, "그걸 누구 입에 천신하라고" 하는 거냐고 책망을 한다. 또, 아주 적은 양의 먹을거리를 누가 혼자 날름 먹어버리는 경우 "제 입에 천신"이라며 단작스러움을 나무라기도 했다.

아무튼 천신을 보면서 자라는 중에 식욕을 절제하고 시간을 기다리는 교육을 받은 셈이다. 내 입에 들어가는 먹거리가 천지신명과 조상의 덕으로 만들어진다는 그 발상은 지극한 생태학적 상상력이고, 따라서 천신은 자연에 대한 경건함이 배어나는 작은 의식이다. 내년에는 가지나 외가 달리면 아이들 모아 놓고 천신의 예를 행해 보아야 할까 보다.*

▎우공은 자기가 쓴 글을 누구한테 '천신할까' 잠시 망설였다. 그러다가 이전에 글을 보여주었던 수열이 떠올랐다. 내가 믿는 독자에게, 그러한 서두를 달아 메일을 보냈다. 답이 왔다. 우공 선생님 글을 보고 혼자 웃었습니다. 작가가 나이를 먹으면 감성도 늙는다는 것을 드러내는 글이었기 때문입니다. 물질적 풍요가 정성과 감사를 압도하는 현실에서, 몽당연필을 깎아 쓰라고 강요하는 것은 우스운 일이지요. 더구나 재배 기술이 발달해서 꼬부라진 오이꼬뱅이라든지, 멋대로 울툭불툭한 호박 대신에 비닐 속에서 잘 만든 소시지처럼 크는 호박…. 그런 것들은 천신을 못 합니다. 컴퓨터로 운영되는 온실에서 자동기계로 자라난 야채… 손편지 하나 받을 수 없는 시대에 문학적 감수성이란 무엇인가를 다시 생각하게 됩니다. 우공은 컴퓨터를 닫았다.

알토란 같은 이야기

요즈음 우공은 자신이 쓰는 말들을 젊은 사람들이 알아듣지 못하는 정황에서 당황스러워하곤 한다. 말에서 세대차를 느끼는 것이다. 세대차를 실감하는 것은 사실 치명적인 일이다. 동시대를 잃어버렸다는 뜻이 되기 때문이다.

혁명은 낡은 말을 쳐부수는 데서 시작된다. 라틴어 성경을 자기 말로 번역했다가 화형을 당한 얀 후스가 그랬고, 마틴 루터 또한 같은 예다. 거꾸로 말하자면 말이 낡은 것은 자기혁명에 실패했다는 뜻이 된다. 농업사회에서 쓰던 관용어들에 안주하는 것은 주눅이 드는 일이다. 그 중 하나가 '알토란 같다'는 것이다. 젊은이들은 안 쓰는 그런 말을 재미있다고 주무르고 앉아 있는 자신을 향해 비소를 던지면서, 우공은 그가 쓴 원고를 죽 읽어 내려갔다.

농사꾼의 관용어 가운데 '알토란같다'는 게 있다. 토란의 껍질을 벗기고 다듬어 놓은 것을 알토란이라 한다. 내용이 실하고 오롯한 내것이라는 실감이 절절하게 느껴지는 경우에 쓰는 말이다. 그리고 속이 들어차서 안이 충실한 사람을 두고 그렇게 이르기도 한다.

일상에서는 알토란같은 돈을 주고 산 건데 그걸 공으로 거머채려고 하다니, 하는 등의 맥락에서 쓰는 표현이다. 이는 물론 실한 토란 알맹이를 두고 하는 비유다. 그런데 토란은 알맹이뿐만 아니라 잎에서부터 줄기나 뿌리까지 한 군데 밉상인 데가 없다. 모양이 아름답고 이용가치가 높은 작물이다.

일상 보는 식물 가운데 토란土卵만큼 잎이 넓고 품위 있는 작물이 없을 듯하다. 그래서 토란은 작물로 밭에 심기도 하지만, 잎이 넓고 아름다워 화분에 관상식물로 키우기도 한다. 토란잎은 아낙들이 가지고 다니는 손수건만큼은 넉히 될 정도로 넓게 자란다. 그리고 잎의 표면은 보송보송하니 감촉이 정갈하다. 그 위에 빗방울이라도 떨어져 구를라치면, 볼이 고운 아가씨의 진주 귀고리 구슬이 저렇거니 하는 생각을 하게 한다. 맑고 영롱한 구슬이 연록색 잎에 모여서 제 무게에 쪼르르 굴러 내리는 모습이 얼마나 사랑스러운지는 비오는 날 토란을 가까이서 바라본 사람이라야 안다.

토란의 잎은 모양이 커다란 하트형으로 자라기 때문에 보기도 넉넉하고 모양은 단아하다. 사실 하트 모양은 근간 젊은 사람들 사이에서 사랑을 표시하는 데 쓰는 아이콘이다. 본래 심장의 모양이 그렇게 생겼다고 해서 심장, 가슴, 사랑 그렇게 상징적인 의미를 축적한 아이콘이다. 아무튼 토란은 잎의 우아함으로 한몫을 하는 식물이다. 상징적인 의미를 몰라도 보기 아름다운 것은 사실이고, 그 아름다움 때문에 천대를 받지 않는다.

토란 잎이 돋아나는 모습은 연잎이 돋아나는 것과 비슷한 데가 있다. 외떡잎 식물이라서 마치 카라 꽃처럼 나선을 이루어 비틀려 벌어지면서 봉긋이 돋아난다. 그리고는 줄기가 좀 올라오는 듯하다가는 잎이 옆으로 퍼지기 시작한다. 그 잎을 받치고 올라오는 대궁이 실한 것은 손가락만하게 틀을 잡는다. 그것이 붉은 기를 띠기 시작하면 토란이 실하게 자랄 징표가 된다.

잘 자란 토란은 대궁이 여러 가닥으로 벌어서 잎을 무성하게 피워낸다. 토란대는 토란이 한창 자라 무성할 때 베어서 갈라 말리면, 아주 요긴한 나물 거리가 된다. 갈라 말린 것을 잘 보관했다가 음력설이나 보름 같은 때 삶아서 나물로 무쳐먹기도 한다. 혀에 감기듯 부드러운 감촉은 토란대의 매력이다. 육개장을 끓이는 데다가 고사리와 함께 넣으면 고기의 느끼한 맛을 없애 주고, 고사리와 함께 특유의 부드러운 감칠맛이 살아나 미각의 즐거움을 그야말로 만끽滿喫하게 된다.

알뿌리처럼 보이는 토란은 사실은 뿌리줄기이다. 토란대 밑에 뽀얀 실뿌리가 굵게 나고 그 옆으로 줄기가 뻗어 자라난 게 토란이다. 이는 영양기관이면서 동시에 내년에 다른 개체를 만드는 번식기관이기도 하다.

토란을 캘 때는 안으로 조용히 부푸는 설레임마저 느끼게 된다. 줄기를 베어내고 호미로 두둑을 파기 시작할 무렵, 그 안에 오달지게 자라 있을 토란 알맹이를 생각하면 가슴이 부풀어 오른다. 땅의 약속에 대한 기대 때문이다. 봄의 가뭄과 여름의 장마, 그리고 폭우를 이겨내고 끝내 지켜내어 토란 알맹이를 성숙시켰을 그 약속에 대한 기대가 가슴을 부풀게 한다.

두둑에 호미를 대고 흙을 파면 그 안에 조롱조롱 알이 실은 모습을 드러내며 부드러운 흙과 더불어 손에 얹히는 느낌은 존재의 실감으로 다가온다. 감자를 캘 때 다가오는 실감과는 좀 다른 것은 이게 주식이 될 수 없기 때문인지도 모른다. 그러나 손끝을 통해 전해지는 미세한 전류와 같은 감촉은 수확을 하는 손에 내리는 축복의 일종이다. 그런 축복을 누리기 위해서는 봄부터 부지런을 피워야 한다.

작년에는 토란을 실패했다. 토란은 물기가 충분한 땅이라야 잘 된다는 것만 생각하고 언덕 밑을 골라 얼음이 풀리자마자 일찌감치 심었다. 토란 씨를 미리 준비해 두었던 게 아니라서, 동네 시장에 들러 노점상을 하는 아주머니에게 부탁을 해서, 전해에 팔다가 방치해 두었던 씨를 한 주먹 겨우 구했다. 그걸로는 너무 시부정치 않아 동서에게 부탁을 했더니 또 한 주먹은 되게 씨를 구해 주었다.

그렇게 궁상을 떨면서 구해다 심은 토란이 심은 지 한 달이 지나도 잎을 내밀 생각을 하지 않는 것이다. 토란을 심은 구덩이마다 풀을 제쳐주고 토란 싹이 나오기를 기다리다가 아예 포기하고 풀이 자라거나 말거나 방치해 두었더니 예초기로 풀을 벨 때까지도 싹이 날 기미가 없었다. 토란 맛 볼 일은 아예 포기하고 예초기를 돌려 풀을 베었다. 그 속에 겨우 토란 싹이 나오고 있었는데, 어린 싹들은 이미 예초기 날에 잘려 나가고 말았다. 그 뒤 이어서 싹이 자라기를 기대하며 풀을 제치고 들여다보곤 했다. 예초기에 베어져 나간 뒤로는, 뒤엉킨 풀 속에서 겨우 싹을 내밀고 밭에 심은 토란치고는 초라하게 잎을 피웠다. 그 빈약한 잎과 줄기 밑에 달린 토란 또한 실하지를 못해 겨우 씨를 할 수 있을 정도였다.

그렇게 두어 주먹 챙겨 두었던 토란 씨를 금년에는 아예 밭에다가 한 두둑을 심었다. 실한 대궁이며 넓고 우아한 잎이 어우러지기를 바라면서 씨를 심었다. 그리고 남은 씨는 화분에 심고 물을 자주 주었다. 화분에 심은 것은 잎이 돋아 너우러지기 시작하는데 밭에 심은 것은 잡초만 무성하고, 올해도 또 실패를 하는구나 싶게 싹이 돋지를 않는 것이었다. 결국은 감자밭에 바랭이가 우거져 예초기를 대야 할 지경이 될 때까지도 소식이 없는 것이었다. 토란잎에 빗방울 굴러가는 것을 보리란 꿈은 포기하기로 하고 두둑에 돋은 잡풀을 예초기로 밀어 버렸다.

그런데 신통하게도 예초기 칼날에 베어져 나간 풀잎 사이로 잘려나간 토란 줄기가 물방울을 눈물처럼 맺어 가지고 있었다. 눈물이라기보다는 차라리 핏방울이라고 하는 게 나을 지경이었다. 아린 가슴을 쓸어안으며 토란 줄기 옆으로 우악스럽게 흙을 덮고 있는 잡초 뿌리를 뽑아 주었다. 그리고는 틈나는 대로 풀을 잡아 주었더니 토란잎이 어기찬 기세로 자라기 시작했다. 그러면 그렇지, 쾌재를 부르다가 몇 가지 생각을 가다듬어 보았다.

우선 토란을 너무 일찍 심은 것이다. 모든 식물이 그렇듯이, 흙에 묻힌 다음 싹이 트는 데까지 걸리는 시간이 각각이다. 그렇기 때문에 심는 시기를 맞춰 주어야 한다. 풀이 자라는 시기와 토란이 싹트는 시가가 일치한다는 것. 그대로 두면 풀 속에서 토란잎이 햇빛을 못 받아 시들다가 녹아 버리고 만다는 것을 알게 되었다. 화분에 심은 토란이 무성하게 자란 것은 토란잎이 나오기 시작하면서 풀을 뽑아 주어 햇빛을 충분히 받았기 때문이었다. 이런 간단한 사실을 잊고 토란 기르기 어렵다는 푸념을 늘어놓은 것은 사실 "떡 못하는 년이 피안반 나무란다." 듯이, 좀 부끄러운 일이다.

갈색 털이 둥글게 테를 이루어 두르고 있는 토란은 손에 쥐면 그 실감이 유다르다. 흙의 기운을 흡수해서 빚어낸 보석을 떠올리게 한다. 토란의 매력 가운데 하나는 알키한 독기가 느껴진다는 점이다. 보석이 비운을 암시하기라도 하듯. 그러나 토란을 캐서 그릇에 담는 실감은 그야말로 알토란 같은 것이다.

지난 주말에 그는 아내와 함께 밭에 가서 토란을 캤다. 올 농사에 고구마는 피롱被農이다. 그나마 토란이 가을의 기대를 충족시켜 주는 위안이다. 그래서 올에 수확한 토란은 그야말로 알토란 같다.*

(2010. 10. 23.)

우공에게 토란 씨를 구해준 동서는 이 세상에 없다. 알토란 같은 자식 남매를 두고, 겨우 회갑을 넘기고 세상을 떴다. 아들이 장가를 들어 손주를 낳아 안아보고 세상을 뜨기는 했다. 자식 낳아 기르는 일을 '자식농사'라 한다. 자식은 알토란 같은 대상이 되지만 내외간에는 서로 그런 말을 안 쓴다. 알토란 같은 남편이라든지 알토란 같은 아내 그런 말은 없다. 내외야 자식 편에서 보자면 토란 줄거리 같은 존재일 뿐이기 때문인지도 모른다. 삶아 우려내지 않은 토란 줄거리가 얼마나 독한지, 그래서 토란 이미지를 어떻게 배반하는지를, 우공은, 그걸 먹어봐서 안다.

꿈속에서 시를 쓰다

▌허구와 사실을 혼동하고, 꿈과 현실을 넘나드는 자를 정신병자라 한다. 정신병자(로서의) 시인을 논한 평론가도 있다. 그런데 현실에서 간절한 염원은 꿈에 나타나기도 하는 법이다. 우공은 현실에서 당하는 일들을 어느 하나 빼지 않고 간절하다고 하는 판이니 꿈에 시를 쓰지 말란 법도 없을 듯하다. 그러나 문학에 미쳐 산다는 이야기를 하지 않는 걸로 본다면, 그가 꿈에 시를 썼다는 것은 어인 일인지 용혹무괴로다.

종일 일을 한 뒤라 몸을 가누기 어려울 정도로 피로가 몰려왔다. 그는 저녁을 먹자마자 다른 일 제쳐놓고 자리에 누웠다. 어둠을 무서워하는 아내가 바깥문을 닫아 달래서 잠이 덜 깬 채로 밖에 나갔다. 초이레 달이 하늘에 예쁘게 걸려 있었다. 바람은 서늘하고 달은 요염할 지경으로 아름다웠다. 잠시 달을 쳐다보며 서울에서 보기 어려운 풍경이란 생각을 했다. 이제는 용서없이 가을이구나 싶었다. 용서없이라니? 계절이 용서를 구하고 오는 법이 있던가? 한 주일만 있으면 추석이 다가온다. 추석이 지나면 가을이 깊어진다.

낮에 보았던 콩포기들이 눈에 선하다. 자잘한 콩꼬투리가 조랑조랑 달린 것이, 저게 한 달 지나면 알에 물이 배고 비릿한 풋콩냄새를 피우며 익으리라. 풋콩 생각으로 입안에 단물이 고이는 판인데 바람 한 줄기가 등을 스치고 지난다. 약한 한기가 몸을 감싼다. 그렇게 기온은 자꾸 낮아지고 바람끝은 날이 서기 시작하면서 가을이 깊어져 겨울로 다가가리라. 그러면 나무들이 단풍진 시간의 무게를 덜어내고 자기 자리에 묵직하게 서서 짙은 그림자를 드리우리라. 또 등으로 한기가 지나갔다.

지난 여름에는 할 일이 참 많았는데 정정정정 지나가고 말았다. 우선 학회에서 발표한 원고를 정리해서 논문집에 게재할 일들이 밀린 채로 지나갔다. 소설을 하나 새로 쓸 생각이었는데 전에 써놓은 작품을 손보느라고 그냥 줄거리를 적어 놓은 상태에서 진전이 없다. 용서 없이 흐르는 시간과 멈칫거리고 바장이는 가운데 밀려가는 시간이 그의 내부를 푸른 물살로 지나가는 듯했다. 그러나 그렇게 순환이 되는 것이려니 하는 생각을 하다가, 불빛에 비친 제라늄 꽃이 진저리치게 붉은 빛깔로 다가온다. 잎은 거의 이울고 꽃만 붉어 을씨년스러울 지경이다.

거실로 들어왔는데 무릎이 짜아하니 통증과 쓰린 감각이 아울러 지나갔다. 낮에 벌을 쏘인 독기가 그렇게 번지는 모양이다. 거년에 불루베리를 사다 심었는데 작년과 금년 몇 줌 맛을 볼 수 있었다. 그런데 거름을 잘 주어서 그런지 유독 나무 주변으로 풀이 무성해서 갈 때마다 손질을 해 주지 않으면 나무 꼴이 되지를 않는다. 허리까지 자라

올라온 바랭이를 뜯어 주느라고 나무 밑을 얼싸고 들치는데, 눈앞에 마치 현기증처럼 벌떼가 움직이는 듯하다가는 무릎을 쏘았다. 온몸으로 알싸한 느낌이 지나간다. 벌에 쏘여 죽는 사람들 이야기를 하도 많이 들어 우뚜름한 두려움이 몰려왔다.

다시 방안으로 돌아왔을 때, 예쁜 반달이 창에 비치어 뜰에 심은 오죽이 그림자를 드리웠다. 정신은 말갛게 개고 잠이 오지를 않는다. 어디선가 물소리가 들린다. 아무리 생각해도 물이 흐를 곳이 없는데, 물소리가 환청처럼 들린다. 몸 안의 어딘가에 물이 흘러내리는 모양이다. 그리고 대바람 소리가 들리는 듯하다. 이쯤 되면 그 자신이 산인지 또는 물인지 구분이 안 되는 경지를 헤매고 있는지도 모른다는 생각이 들었다. 그는 아주 단순한 언어로, 좋다는 소릴 속으로 뱉어 봤다.

벌에 쏘인 무릎에 통증이 아스라한 바람소리처럼 싸아하니 지나간다. 한기가 등골이 오싹할 정도로 몰려온다. 낮에 벌에게 쏘인 때문에 오는 오한이 분명하다. 홑이불 한 장으로는 떨리는 몸을 눌러 둘 수가 없다. 몸을 떨다가 솜을 둔 이불을 꺼내 덮고서야 겨우 안정이 되어 잠들 수 있었다. 아 가을이다, 하면서 잠이 들었다. 물소리와 바람소리가 가라앉지를 않는 채.

잠이 든 것이라기보다는 가수상태假睡狀態에서 혼몽한 시간이 흐른다. 혼몽 중에 두 가지 꿈을 꾸었다. 하나는 금년에 정년을 하는 선배 김 교수 출판기념회에 가는 꿈이었다. 정년을 하고 책을 내어 출판기념회를 한다고 한다. 그는 축의금 낼 돈이 모자라 농협을 찾아 헤매었다. 언덕을 기어 올라가고, 개울을 건너고 지붕을 넘고 해도 농협은 안 나오고 지갑에 돈이 삼만 원인가가 남아 있는데, 그걸 단작스럽게 축의금이라고 내밀 염치가 없다. 어제 찾은 돈 가운데 막내한테 3만원인가를 용돈으로 쓰라고 내주고, 지갑에 남은 돈이 그렇게 꿈으로 실현되는 것인가, 꿈속에서 그런 분석을 했다. 일상에서 시달리는 일들이 가끔은 꿈에 나타나기도 한다. 가을이 확실한 실감으로 다가오면서 시간의 억압 속에 지내는 자신의 모습을 보는 것 같았다.

다른 하나는 꿈속에서 가을을 명상하는 것이었다. 명상이라기보다는 그야말로 가을 속을 걷고 있었다. 언덕에 풀이 이울어 누렇게 물이 들었다. 바람이 분다. 바람이 언덕을 쓸며 넘어간다. 몸에 소름이 돋는다. 언덕에 묻혀 있던 풀씨가 바람에 일어나 싹을 틔운다. 바람을 타는 풀 사이로, 상수리나무인지 감나무인지 나무가 한 줄기 돋아 올라온다. 풀들이 그 나무를 밀어올려 나무가 쑥쑥 자란다. 나무에 열매가 달리고, 열매는 다시 땅에 떨어진다. 바람이 불어 싹이 트고, 나무가 자라고, 나무에 열매가 달리고, 바람이 불고 하는 사이 그는 추워서 등에 소름이 돋는다. 나무에 벌들이 잉잉거리며 날아나고 날아드는 것 같기도 하다. 그는 이런 시를 읊다가 쉬다가 하기를 거듭했다.

바람은 씨앗을 깨워
언덕을 푸르게 물들이고
풀들은 어린 나무를 밀어올려
그 기운으로 나무는 자란다.
나무에 열린 열매는
다시 언덕으로 떨어진다.
바람에 눈을 뜬 풀들이

어린 나무를 밀어올려 자란다.
풀과 나무는 언덕에서
힘지게 얼싸안고 돌아간다.

언덕 저편 산 능선에
초이레 반달이 떠올라
풀벌레 소리함께 旋律을 다듬는다.

꿈속에서까지 시를 쓴다면, 시에 들려[憑] 사는 것일 터인데, 알 수 없는 것은 꿈속에도 출판사가 있어서 내 시집을 찍어 줄까? 그리고 꿈속의 독자는 누구인가? 그런 의문에 휩싸였던 기억이었다.

아, 가을이다.*

(2011. 9. 4.)

▌시전문지 〈모든시〉에서 우공에게 청탁이 왔다. 소설가가 쓴 시도 좋고 소설가가 시에 대해 어떻게 생각하는지 의견을 주어도 좋다는 게 청탁 내용이었다. 우공은 〈꿈속에서 시를 쓰다〉라는 원고를 보냈다. 편집장이 득달같이 전화를 주었다.

"수고하셨습니다. 그런데 어쩌지요? 우리 직원이 이미 원로시인 문탁월 씨한테 원고를 청탁해서 받아 놓았답니다."

"아, 그래요?" 우공은 두어 달 전에 그 시인이 세상을 떴다는 기사를 신문에서 보고, 문상을 갈까 말까 망설이다가, 나까지야 하면서 결국 문상을 안 가고 말았다. 우공은 문탁월 시인이 죽지 않았는가 편집장에게 물으려다 입을 다물었다.

금송화

– 눈부신 영혼의 꽃

영혼은 우공이 기휘하는 말 가운데 하나다. 맨정신으로는 감당하기 어렵기 때문이다. 영원이니 행복 같은 말도 마찬가지이다. 하물며 신이라든지 우주 같은 말이야 일러 무엇하겠는가. 그런데 우공이 영혼을 생각한 것은 인도에 가서 그 황금빛으로 이글거리는 금송화꽃을 보고서였다. 세상과 맞서서 부대끼며 살던 인간이 삶을 마감하고 저승으로 간다는 시점에서 이승에 남긴 육신을 장식하는 꽃, 남은 육신에 아직 깃들여 있는 '영혼'을 천도하는 꽃이 금송화라는 것을 인도를 떠돌다가 알았다.

인도를 여행하다보면 인간의 '궁극'에 대해 생각하게 된다. 삶과 죽음, 영혼과 육체, 순간과 영원, 인간의 본질과 사회 나아가 인간과 자연 등, 평소에는 그의 생활 영역 밖에 맴돌던 낯선 문제들이 자신의 화두로 뚜렷한 모양을 드러내며 다가왔다. 그 가운데 그의 의식 속으로 물살을 일으키며 다가드는 화두가 영혼이라는 것이었다.

사실 인도는 영혼을 생각하기는 좀 당황스런 나라다. 한국 정도의 수준에서 문명이라는 이름 아래 나름대로 질서를 잡아가며 살아가는 이들이 본다면 인도는 무질서와 혼란의 소용돌이에 휘말려 있는 것처럼 보인다. 아직도 계급제도가 있어서 불가촉천민이라는 부류 인간들이 소 돼지 같은 짐승처럼 살아가기도 한다. 정원 분수 옆에 굴모하르 꽃이 선염하게 핀 고급호텔 옆 웅덩이 흙탕물에서 아이를 업고 빨래를 헹구는 깡마르고 얼굴 새까만 여인을 보고나서는 도저히 잠자리가 편할 수 없었다. 저 여인에게 영혼이란 무엇인가, 그는 그런 생각으로 밥맛을 잃었다.

자연의 아름다움을 기대하고 인도에 간다면 대개는 실망할 것이다. 길거리는 먼지투성이이고, 길가에는 쓰레기로 뒤범벅이 되어 있다. 그 쓰레기더미에서 개가 어슬렁거리고, 멧돼지가 먹을 것을 찾느라고 비닐이며 플라스틱이 뒤엉킨 오물을 주둥이로 뒤졌다. 이따금 원숭이도 쓰레기장 옆의 나무를 오르내리며 턱을 긁기도 했다. 옷이랄 것도 없는 넝마로 아랫도리만 가린 아이가 쓰레기장에서 허리를 숙이고 무엇인가 찾고 있는 모양은 인간 모멸의 감정을 불러왔다. 저 아이에게 영혼이 있다면 그게 무엇인가 생각하면, '불쌍한'이라는 관형어 말고는 아무 생각이 떠오르지 않는다. 인도의 자연을 제대로 보자면 인간의 발길이 잘 안 닿는 히말라야나 찾아가야 할지도 모른다고, 그는 생각했다.

인도의 새벽 장마당은 활기찬 삶의 에너지가 넘쳐났다. 물론 사람들이 무질서하게 물결져 흘러가고, 오토바이 매연이며 자동차 클락션 소리, 물건을 사라고 외치는 소리 등 시끄럽기 이를 데 없지만. 그런 장마당에, 한국에서는 보기 어려운 금빛 꽃무더기가 펼쳐졌다. 그리고 가게 기둥이며 횃대에는 꽃을 엮어서 만든 레이스가 걸려 있게 마련이다. 그 아래에선 가게 주인인 듯한 노인이 아이를 데리고 앉아서 꽃송아리를 실에다 꿰고 있다. 일이 마무리되면 그걸 횃대에 걸어 두었다. 꽃을 만지는 그들은, 보는 이에 따라서 부처도 되고 보살도 되리라고 그는 생각했다.

갠지스강에 있는 화장터 가운데 가장 규모가 크고 격식이 갖추어져 있다는 바르나시에서였다. 일출을 보자고 아침 일찍 서둘러서 강가로 달려가는 중이었다. 도중에 그의 발길을 끌어잡는 것은 금빛으로 일렁이는 불꽃처럼 꽃들이 흐드러져 있는 꽃가게였다. 발을 멈추고 가게로 다가가서 꽃을 만져보았다. 낯익은 꽃인데, 인도에서 보기 때문인지 이름이 떠오르지 않았다. 냄새를 맡아 보았다. 허브향이 섞인 듯한, 사향 냄새가 곁들인 알키한 꽃향이 호흡을 따라 몸 안으로 흡입되어 들어갔다. 아찔하다는 말은 이런 데 쓰는 것이로구나 싶을 지경으로 몸으로 짜르르하니 전류가 흐르는 듯했다.

그것은 아주 평범한 꽃, 금송화였다. 메리골드, 까만 얼굴에 흰 이가 꽃처럼 웃었다. 그 평범한 금송화가 인도에서는 색과 향과 촉감으로 뭉청 다가오는 꽃이 되는 것은 실로 기이한 일이었다.

"이 꽃을 어디에 씁니까?"

그는 그 꽃의 용도를 대강은 짐작을 하는 터였지만, 인도 사람의 답을 듣고 싶어서 아주 정중하게 물었다.

"영혼을 하늘로 천도하는 꽃입니다."

영혼, 소울, 그 단어가 그의 머리를 쳤다.

그가 천도遷度라고 알아들은 말은 인도인의 발음으로는 '엔한스'였다. 영어단어 인핸스(enhance)를 식민지 유산 영국식으로 발음하는 것이 엔한스인 모양이었다. 다른 말로 고양高揚이라는 단어로 바꾸어도 좋을 성싶은 말이었다. 그는 자신의 영혼이 노란 금송화가 가득 피어 있는 길을 따라 천국으로 인도되어 가는 모양을 잠시 상상했다. 그는 특별히 누구의 영혼이랄 것도 없이 외로이 떠도는 불쌍한 영혼들이 저승으로 잘 가게 하기 위해 꽃을 사고 싶었다. 불쌍한 영혼을 위한 꽃이라니. 그는 영혼 앞에 불쌍한이라는 관형어를 버릇처럼 얹어두고 있었다.

그런 혼란 끝에 문득 자신의 영혼이란 무엇인가를 잠시 생각했다. 영혼이란 도저한 정신세계의 어느 한 국면을 가리키는 것이리라. 인간이 탐구해야 하는 궁극의 정신상태. G.루카치가 〈영혼과 형식〉이라는 책에서, 영혼의 막다른 골목에서 운명의 모습을 띠고 솟아나는 것이 형식이라고 하는 글을 읽으면서, 그의 철학적 사고에 잠시 몸을 떨었던 기억이 떠올랐다.

독일어에서는 마음에 해당하는 말이 세 가지 정도가 된다. 기분이나 분위기 혹은 감정, 정서 등을 뜻하는 게뮈트(das Gemüt, 영어의 mind)가 육신의 밑바닥을 떠받들고 있다. 그런가 하면 시대인식이나 시대정신 등과 같은 의미로 쓰이는 단어로 어느 집단이 공유하는 깨달은 의식 정도로 번역되는 가이스트(der Geist, 영어의 spirit)가 사회적 존재로서 인간의 정신을 대변한다. 또 혼이나 영혼으로 번역되는 단어가 젤레(die Seele, 영어의 soul)이다. 우리가 영성을 이야기할 때, 흔히 쓰는 영혼이란 말이 이에 해당할 것이다. 아무튼 그는 일 달라 한 장을 건네주고 금송화 꽃목걸이 작은 것을 하나 샀다. 인도인 꽃장사는 그를 쳐다보고 하얀 이를 드러내고 씨익 웃었다. 당신은 아름다운 영혼을 지닌 분입니다, 그런 메시지일까. 그도 빙긋 웃었다.

저 아래 화장장에서는 시신을 태우는 연기가 뭉큰뭉큰 올라오고 있었다. 초라한 무덤만이나 할까, 장작이 쌓이고 그 안에 어느 인생 하나가, 아니 어느 영혼이 불에 타고 있는 것이다. 저렇게 화장을 하고 나면 재를 갠지스강에 뿌린다. 비쩍 마른 사내가 일찍 화장을 마친 사람의 재를 커다란 함지박에 담아 어깨에 메고 강으로 내려간다. 저 사람의 영혼이 또한 여기서 불에 타고 하늘로 인도되어 승천할 것인가. 아마 그렇게 믿을 것이다. 그런데 행색으로 봐서는 저 누추한 인간이 죽었을 때 누가 금송화를 가지고 와서 그의 영혼이 고양되도록 뿌려주고, 화장장에 올려주어 그 향기 속에 장례가 진행되게 해줄 사람이 없을 것만 같았다.

문득 생각이 날개를 달고 무질서하게 비상하기 시작했다. 영혼의 물질성, 혹은 비루한 영혼의 초상, 영혼의 추락…. 영혼과 악마, 그렇지 파우스트는 마침내 악마에게 자신의 영혼을 팔아넘기지. 그렇게 팔아넘긴 파우스트의 영혼은 영원히 여성적인 것에 의해 구원되고… 위대한 영혼으로 불리는 마하트마 간디의 나라가 인도. 간디와 공감하면서도 세계관은 달랐던 위대한 시인 타고르, 간디의 영혼이나 타고르의 영혼은 그럴듯한 형상으로 떠오른다. 그런데 불가촉천민으로 자신의 영혼을 스스로 구제한 암베드카르. 암베드카르를 지켜낸 그 심덕을 영혼이라 해야 하나 정신이라 해야 하나. 그렇게 의문이 이어지다가 그는 파우스트처럼 악마에게 팔아넘길 영혼이 있기나 한 것인가 하는 패자의 의식이 발동하기 시작했다. 어지러운 생각 속에서 그는 금송화 꽃다발을 잃어버렸다. 어차피 그 꽃을 바칠 영혼이 없는 바에야, 어쩌면 그 자신의 영혼을 위한 꽃이었는지도 모를 일이었다. 꽃을 받을 자격이 없는 나의 영혼인가, 그는 멈칫 이마를 짚어보았다. 공연히 곁이 썰렁하니 바람기를 느끼게 된다.

인도 여행에서 돌아온 봄, 날이 풀리자 그는 금송화 씨를 밭에 뿌렸다. 그 모종을 집에 들어오는 길가에 심었다. 코스모스와 때를 같이하여 눈부신 꽃이 피어날 것이다. 간디의 말이 떠오른다. "내일 죽을 것처럼 살고 영원히 살 것처럼 배워라." 내일 죽을지도 모르니 오늘 땀 흘리며 총력을 다해 살고, 지금 배워두면 영원히 써먹을 수 있을 것으로 생각하고 진리를 추구하라는 말인 듯했다.

금송화를 보고 영혼을 공부한다든지 하는 말은 아둔한 비유라서 내세우기가 저어되거니와, 금송화는 어느 영혼을 위한 것인지는 몰라도 황금빛으로 달아올라 청청한 가을 하늘 아래 존재의 극한, 그 운명의 시간을 운영하고 있다. 그 꽃을 보고 값의 고하를 따지는 이는 없을 듯하다. 인도에서 본 바로는, 다른 데는 몰라도 꽃을 사는 경우는 흥정이 없다. 최소한 영혼을 하늘로 인도하는 꽃이기 때문이다. 영혼의 세속적 조건을 생각하면 그것은 영혼이 아니다. 속물의 욕심으로 조작된 헐가의 망집일 뿐이다.

금송화가 영혼을 천국으로 인도한다는 말은 좀 버겁다. 그는 늘 눈부시게 빛나는 마음을 가다듬어야 하겠다는 생각을 하면서, 열매가 빨갛게 익어가는 백당나무 아래 눈시리게 피어난 금송화를 쳐다보았다. 몸 안으로 서늘한 바람 한 줄기가 맵싸한 향을 흩뿌리며 지나갔다.*

(2015. 9. 19.)

▌그는 금송화가 영어로 메리골드marigold라는 것을 안다. 그가 인도에서 본 금송화는 한국에서 천수국이라 하는 꽃이었고, 유사한 종류에 만수국이라 하는 것도 있었다. 그러면 천수국에 실려가는 영혼과 만수국에 실려가는 영혼이 따로 있을 것인가, 우공은 그런 이상한 생각을 했다.

그에게는 가끔 자기 글이 신통치 않을 때 상의하곤 하는 강선필이라는 작가 친구가 있었다. 우공은 자기가 쓴 글을 메일로 강선필에게 보냈다.

강선필에게서 등기우편물이 왔다. 간단한 메모가 하나 들어 있었다. 〈영혼과 연관된 글을 쓰는 데 참고하세요.〉 내용물은 루카치의 〈영혼과 형식〉이란 책이었다. 책갈피 끼워넣은 부분에 이런 구절이 있었다.

"무릇 글쓰기 행위는 세계를 어떤 운명적 관계의 상징 속에서 표현한다. 운명의 문제가 어디서나 형식의 문제를 결정하는 것이다. 형식과 운명의 이러한 통일성과 공존은 너무나 강하기 때문에 한 요소는 다른 요소 없이는 등장하지 않고, 그렇기 때문에 이 양자의 분리라는 것은 추상을 통해서만 가능하다."

영혼－운명－형식으로 엮어지는 맥락 속에서 이루어지는 글쓰기란 기실 겁나는 일이다. 우공은 자기가 쓴 글들이 운명이나 형식과 어떤 연관이 있는지를 잠시 생각했다.

강선필은 이 글을 어디선가 읽은 적이 있는 듯하다는 이야기를 덧붙였다. 석우의 회갑을 기념하는 4인 문집에 들어간 글이었다. 우공은, 뺄까 하다가 그대로 두기로 했다. 어차피 독자가 달라질 것이기 때문이었다. 그리고 맥락을 부여함으로써 글의 양식이 달라지기 때문에 다른 글인 셈이었다. 혹시 논문이라면 '자기표절'이라는 희한한 용어로 질타의 대상이 될 수도 있었다.

종자와 씨오쟁이

❙ 씨앗은 애련이다. 씨앗의 애련은 哀憐 哀戀 愛憐 愛戀 어느 것을 써도 다 들어맞는다. 예수의 비유 가운데, "천국은 겨자씨와 같다."는 게 있다. 겨자씨가 싹이 트고 자라서 꽃이 피고 열매를 맺는 그러한 과정을 거쳐야 천국에 이를 수 있다는 뜻이다. 겨자씨는 씨앗 가운데 작은 씨앗으로 알려져 있다. 사실 그보다 작은 씨앗으로는 양귀비, 개양귀비, 담배 그런 식물의 씨앗이 있다. 아무튼 씨앗에서 거목에 이르는 그 과정은 식물의 DNA에 새겨져 있지만 그것을 재구성하는 것은 인간의 상상력이다. 우공이 애호박을 따면서 손이 떨리는 까닭이 있는 것이다. 우공은 자기 글을 블로그에 올렸다.

햇살이 좀 성글어지고 찬바람이 나면 애호박이 잘 달린다. 파릇하고 청순한 빛깔과 윤기가 자르르 흐르는 애호박은 손을 댔다가 너무 잔양스러워 따지 못하고 물러서고 말 정도로 사랑스럽다.

그는 아내와 같이 밭에 나가 호박덩굴을 작대기로 들쳤다. 넓게 번 호박잎 아래 깨드러지게 웃는 어린애 얼굴 같은 애호박이 풀섶에 숨어 있다가 보물처럼 불거져 나왔다. 그의 아내는 요것 따다가 볶아먹으면 참 맛있겠다, 요놈은 따다가 전을 부쳐 먹으면 제격이겠다며 금방 달려들어 딸 기세다. 그는 그 옆에서 긴장하기가 싫어 못 들은 듯 옆으로 물러나 다른 일을 하는 척했다. 애호박이 신성한 '어린이호박'처럼 생각되는 것이었다.

어린이와 결합할 수 있는 말들이 따로 있다. 북돋아주고, 보호하고, 자라나게 해 주어야 한다. 헌데, 어린이를 잘라? 따? 먹어? 말이 안 된다. 물론 그런 사고가 은유적 사고, 원시적 사고란 것을 그가 모르는 바 아니다. 그러나 애호박이 살아 있어 그에게 애처로운 눈초리를 보내는데 어쩌랴. 그에게 애호박은 좀 과장하자면, 애를 사르는 호박이었다.

그는 애호박을 제때 따지 못하고 멈칫거리다가 설늙은 호박을 따다가 먹곤 한다. 애호박의 달달하고 보드라운 느낌은 사라지고, 잘 익은 호박의 달고 푸근한 감미가 잡히지도 않은 어중간한 호박이 설늙은 호박이다. 그는 호박이 제가 타고난 명을 다하도록 늙혀 두는 게 가장 마음이 편하다. 그래서 누구네 농막이나 헛간 지붕에 누렇게 익은 호박을 볼 때마다 마음이 푸근해진다. 늙은 호박이 노지露地에서 겨울을 지내는 동안 살이 얼었다 풀렸다 하는 가운데, 삭아 터져서 저절로 씨가 밖으로 나와 여기 저기 흩어져 번식하는 모양을 생각한다. 그런데 그런 지경이 되면 이미 밭이 아니다. 밭이 아닌데 거기 호박이 자란다고 그게 농사일 턱이 없다.

전에 어른들이 호박씨, 외씨, 가지씨 같은 씨앗을 받아 간수했다가 뿌리던 기억이 떠올랐다. 호박 이야기가 나왔으니 씨받을 호박을 길러 간수하던 모습을 회억해 보았다. 호박의 첫물은 천신薦新을 하기 때문에 끝까지 남겨 두는 법이 없다. 첫물을 지나 틈실하게 열리는 호박을 골라 똬리를 해서 받쳐 주고, 풀을 제쳐 햇빛을 잘 받을 수 있게 건사해 주면서 누렇게 익기를 기다린다. 서리가 내려 호박넝쿨이 후줄근하니 착 까부라지면 늙은호박이 덩그렇게 밭두렁에 배를 드러낸다. 지게에다가 지고 와야 할 정도로 큼직한 호박은 사랑이나 헛간에 두고 보기만 해도 마음이 뿌듯했다.

그런 호박은 대개 호박고지를 만드는 데 썼다. 호박을 갈라 속을 파내고 겉껍질을 벗긴 다음 둥글게 잘라 널어 말리면 호박고지가 된다. 호박씨를 발라 비료푸대 종이 같은 데다 말려 두었다가 종자를 삼았다. 그런 호박씨는 아이들의 군것질 감이 되기도 했다. "호박씨 까서 한 입어 털어 넣는다."는 말은 정성들여 어떤 일을 하고는 그 결과를 금방 보람도 없이 탕진하는 경우에 쓰는 비유로 자주 하던 말이었다.

외 또한 호박 비슷한 과정을 거쳐 늙히면 늙은외(노각)가 된다. 늙은 외를 따서 속을 긁어내어 씨를 발라 말려 둔다. 외는 속에 물기가 많아 바가지 같은 데다가 물을 붓고 손으로 주물러서 속살을 뺀 다음, 남은 물이 다 빠질 때까지 받쳐 놓았다가 깨끗한 종이에 널어 말린다. 한번은 노각 외를 길렀는데, 돼지새끼만한 놈들이 주렁주렁 열려 외가 그렇게 탐스러운 것을 보고 놀랐다. 놀란 것은 외가 커서뿐만 아니라 그 작은 씨에서 싹이 트고 줄기가 벋고 그리고 열매가 여는 그 생명의 과정이 신비로 가득 차 있기 때문이다. 여인들의 버선 가운데 모양새 좋게 잘 빚어진 버선을 외씨버선이라고 하는 것은, 조지훈 시인의 〈승무僧舞〉에 "소매는 길어서 하늘은 넓고 사뿐히 접어올린 외씨버선이

여" 하는 구절에서 확인된다. 갸름하니 뽀얗고 보송보송한 외씨의 질감이 농사를 하는 사람들에게는 가히 미적 표상이 되었음직하다.

가지는 반들반들 윤이 나는 것 가운데 크고 알진 놈을 지목해 두고, 따지 못하게 단속을 하면서 늙히면 겉이 노랗게 된다. 늙은 가지를 따다가 십자로 갈라 그 사이에 젓가락 같은 나뭇가지로 꾀어서 벌려 말려 둔다. 이듬해 씨를 뿌릴 때 마른 가지를 물에 불려 씨를 추려내어 쓴다. 가지는 성적인 이미지를 환기하는 터라, 과부가 '그 맛'을 알면 가지밭에 가지가 남아나지 않는다는 비속한 속언도 있다. 그러나 가지씨 모양은 보잘것이 없다.

종자로 삼을 과일 꼭지에다가 아이들이 손을 대는 것은 큰 벌을 받을 못된짓으로 치부되었다. 철이 든다는 것은 무엇이 귀하고 귀하지 않은가를 분간할 줄 안다는 뜻이다. 종자를 까먹는 놈은 어려서부터 싹수를 가리기 어렵다는 뜻이다. 종자는 절대가치를 지닌 물건이었다. 그래서 종자를 간수하는 일 또한 집안의 엄한 규율로 자리잡게 되었다. 오죽하면 천하 못된 말종을 일러 "종자 까먹을 놈"이라고 했을까.

종자를 보관하는 데 쓰던 짚가공품(稿工品) 가운데 오쟁이라는 것이 있다. 짚으로 엮어서 구럭 모양으로 만들어 잣다란 물건을 보관하는 데 썼다. 씨앗은 일반적으로 통풍이 잘 되는 데 보관해야 한다. 보리, 밀, 콩 같은 곡식을 오쟁이에 담아 광에 걸어 두기도 했다. 절곡絕穀이 되었을 때 식구들은 씨앗이 든 오쟁이를 쳐다보면서 한숨을 짓곤 했다. 그럴 때 주인장은 어금니를 물고 인내를 거듭해야 한다. 그것은 내년을 위한 희망의 씨앗이기 때문이다. 그래서 "굶어 죽더라도 씨오쟁이는 베고 죽어라." 하는 이야기가 있을 정도다.

오쟁이에 보관되는 물건은 주로 씨앗이지만, 신주 다음으로 소중하게 갈무리해 두어야 하는 것이었다. 사리분별 없이 사람이 다른 사람이 하는 행동을 따라 충동적으로 움직이는 이를 일러 "남이 장에 간다니까 씨오쟁이 떼어 지고 간다."고 한다. 그는 "오쟁이 진 남자" 이야기를 떠올리고 혼자 빙긋이 웃었다.

씨앗과 연관된 속언 가운데 "똥구멍으로 호박씨 깐다."는 걸작을 앞설 게 없을 듯하다. 호박씨는 고소한 맛 때문에 까서 먹기는 하지만 노력에 당하는 보람은 크지 않은 편이다. 여기서 한 발짝 더 나간 것이 호박씨가 수박씨로 바뀐 것이다. 수박씨는 먹을 것도 없으려니와 겉이 단단해서 냉큼 까지지를 않는다. 호박씨가 술안주로 나오기도 하고 빵 같은 데 얹히기도 하는 것을 보면 요새는 기계로 까는 모양이다.

요즈음은 직업도 분화가 되어 씨앗을 전문으로 생산하는 업체가 있다. 이른바 무슨무슨 종묘사라는 데가 그것이다. 씨앗을 사다가 싹을 틔워 모종을 만들어 파는 일을 직업으로 하는 사람도 있다. 씨앗 따로 모종 따로, 심는 일 따로, 풀 매는 일 따로 모두가 따로다. 그러다 보니 농사짓는 일이 총체성과 일관성을 상실하게 되었다. 내가 심을 씨앗이 남의 밭에서 자라는 격이다.

그뿐이 아니다. 씨앗 전쟁이라 해도 지나치지 않을 정도로, 씨앗, 종자에 대한 로열티가 백억대를 헤아리는 시대가 되었다. 귤, 장미, 백합, 딸기 등등 일일이 예를 들기 어려울 정도로, 신품종을 수입하는 데 지불하는 돈이 몇백억 대에 이른다고 한다. 모든 씨앗은 황금씨앗이다. 황금은 전쟁의 도화선이 된다. 트로이전쟁의 불씨가 된 파리스

왕자의 황금사과(pomme d'or)의 씨앗 또한 황금이었으리라.

황금씨앗 가운데 가을 들판을 황홀하게 물들이는 벼를 당할 것이 있을까. 우수한 볍씨 품종을 개발한 우리 농업사는, 굶어 죽을망정 씨오쟁이는 간수하던 조상들이 보여준 '종자애'의 다른 버전이 아닐지 모르겠다.

그는 언덕에 틈실하게 익어가는 밤송이를 바라보며 '땅의 씨앗'이란 비유를 떠올렸다.*

▌무정이 아우가 블로그를 보고 문자를 보내왔다. 형님이 교육은 씨뿌리는 일이라던 얘기가 떠오릅니다. 고흐의 〈씨 뿌리는 사람〉이란 그림을 〈창작교육론〉 표지에 썼던 것도 생각납니다. 그만큼 씨뿌리기에 대한 애틋한 정이 있는 게 아닌가 짐작이 갑니다. 종자애란 결국 인간애 아닌가 싶네요. 농사짓기와 교육하기와 문학하기의 공통인수가 아마 사랑 아닌가 하는데, 손자녀석 불알 속에 들어 있는 씨앗을 생각하매 웃음이 절로 납니다. 내 씨앗이 아들로 아들의 씨앗이 손자로…. 손자의 손자의 손자의…. 이게 과연 무한수로 나아갈 것인지. 갑자기 우울해집니다.

우공은 현재와 같은 추세로 인구가 줄면 2100년에는 대한민국이 지구상에서 사라질지도 모른다는 기사를 어느 신문에서 읽은 게 떠올랐다. 늘 하는 소리로 영원한 것은 없다지만, 사라지는 것은 무엇이든지 애틋한 비애감을 자아내게 마련이지 싶었다.

어떤 일이 있어도 종자는 남아야 하는 것. 우공은 빨랫줄에 매달아 놓은 옥수수 자루를 쳐다봤다.

백일홍

— 지지 않는 꽃

▌소설가는 호사가라야 한다는 생각을, 우공은 이따금 하곤 한다. 정훈희의 〈꽃밭에서〉라는 노래 가운데 "꽃밭에 앉아서 꽃잎을 보네/ 고운 빛은 어디에서 났을까/ 아름다운 꽃이여 꽃이여" 하는 구절이 있다. 그게 무슨 꽃인지는 이야기하지 않는다. 그런데 소설에서 그렇게 쓴다면 삶의 구체성이 드러나지 않는다. 어느 계절 어디서 피는 무슨 꽃인지를 밝혀야 직성이 풀린다. 그리고 그러한 꽃을 인물의 정서나 행동과 연결지어 서술해야 한다. 수필에서는 그러한 것들을 밝히고 그 감상을 말하면 끝난다. 그런데 소설에서는 서사와 맥을 대야 한다. 이 점이 수필의 호사가와 호사가로서의 소설가의 차이점이다.

백일홍은 피기 시작한 지 석 달 열흘을 지나도 계속해서 핀다고 해서 백일홍百日紅이다. 배롱나무라고 하는 목백일홍과 달리 초본 일년생 꽃이 일반적으로 일컫는 백일홍이다. 그런데 이 백일홍이 좀 아이러니컬한 꽃이다. 대개의 꽃들은, 특히 예쁜 꽃들은 그 수명이 짧다. 그래서 안타깝다. 예쁜 꽃은 미인박명이란 말을 떠올리게 한다. 지극히 아름다운 꽃들은 어찌 보면 황홀경이다. 그런데 이 꽃은 지루할 정도로 오래간다. 황홀할 수 없는 일.

황홀경 혹은 엑스타시로 표현되는 미적체험은 장기지속을 허용하지 않는다. 빈센트 반 고흐의 '아이리스'를 보고 느꼈던 황홀감은, 미술관에서서 느낀 그 감흥은 오래 지속되는 것이 아니라 미술관을 나와 일상 속에서 돌아다니는 중에 가뭇없이 사라진다. 그림을 본 감흥은 그 그림을 다시 생각하는 가운데, 어쩌면 반추를 통해 강화되어 우리 머리에 각인된다. 시벨리우스의 교향곡은 연주장에서 집에 돌아와 우리나라의 현실 혹은 역사와 연관지어 생각할 때라야 그 이미지가 정리되기도 한다. 아무튼 미적 대상은 잠시 같이 하는 시간 공감을 불러오고 가슴 뛰게 하는 감흥을 자아낸다. 그 다음은 대개 일상으로 돌아와 묻혀버린다.

백일홍은 언제 보아도 그 자리 그대로 피어 있다. "화무는 십일홍이요, 달도 차면 기우느니라" 하는 노랫가락을 비웃듯. 이 말은 기실 매우 이념적이다. 화무십일홍에 대구로 나서는 것이 '권불십년'이라는 정치적 발언이기 때문이다. 이 둘 사이에는 유비관계가 성립한다. 꽃이 제아무리 아름다워도 한 열흘 지나면 시드는 것처럼, 지금 날아가는 새도 떨어뜨릴 정도의 권력이라도 십년 가기 어렵다는 것이다. 그러니 어쩌라는 것인가. 한마디로 근신하라는 것이다.

근신을 강조하는 데는 영원성을 의심하거나 부정하는 전제가 깔려 있다. 유한자로서 인간의 한계조건에 대한 인식을 촉구하는 것일 터. 눈부시게 아름다운 꽃이 거짓말처럼 금방 져버리는 게 살아있는 존재의 근원적 상황인 셈이다. 그런데 이렇게 대상을 파악하는 데는 무언가 잘못된 가정이나 전제가 깔려 있는 것은 아닌가, 그는 의문을 감추지 못한다. 꽃은 그 자체가 완결성을 지닌 존재가 아니다. 꽃은 뿌리, 줄기, 잎으로 구성된 식물의 생식기관이기 때문이다. 휘황한 색채를 펼쳐보이는 꽃들은 사실 과도하게 발달한(장식된) 생식기관을 밖으로 내보일 뿐이다. 그렇다고 꽃이 생식기관 자체는 아니다. 생식기관을 꾸며주는 장식물이다. 생식기관의 핵심은 열매다. 열매가 열리기 위한 과정으로서 꽃이 피는 것이기 때문에 그 꽃이 일찍 시들고 늦게 지는 것은 그 식물의 생리일 뿐이다.

대개 줄기 끝에 달리는 열매는 그 나름의 구조를 지니고 있다. 아울러 열매는 식물의 다른 기관, 즉 뿌리 줄기 잎 등과 유기적으로 결합되어 있다. 열매가 익어서 씨앗을 만들기 위해서는 각 기관이 제 역할을 해야 한다. 잎이 무성해서 광합성을 해야 하고, 줄기를 통해 물과 양분을 빨아올려야 한다. 그러자면 뿌리가 대지에 섬세한 실뿌리를 박고 인간이 상상하기 어려운 혹심한 노동을 해야 하는 것이 아닌가.

그렇게 해서 열매 속에 자기 개체를 저장해 가지고 있게 된다. 그러한 과정에 다른 생물의 도움을 받아야 하는데, 벌과 나비 같은 매개역을 하는 곤충을 이끌어들이기 위해 외관을 지극히 화려하게 장식하는 것이다. 어떤 꽃이든지 절정에 이른 때는 오르가슴에 다다른 떨림이 화려한 모양과 찬연한 빛깔로 외현되는 것이리라. 사실 우리가 보고 즐거워하고 감탄하는 꽃은 우리의 의지와는 아무 상관없이 피고진다. 일찍 이우는 꽃이 안타까움을 자아내는 것은 인간의 미적 욕망에 연관될 뿐이다.

인간이 운용하는 부실한 언어는 사물을 갈라서 말할 줄밖에 모른다. 줄기나 잎 혹은 뿌리 등은 있어도 꽃잎과 줄기를 함께 아우르는 단어는 없다. 꽃과 줄기는, 말로만 보자면 잘려 있는 셈이다. 사람의 숨과 체온을 함께 나타내는 말이 없는 것과 마찬가지이다. 그렇다고 잘라서 말하는 것으로 언어의 용법이 완성되는 것은 아니다. 부분과 부분을 연결하거나 부분들의 총합을 가리키는 단어도 있게 마련이다. 그러나 이런 단어는 결국은 어느 한 부분을 잘라서 말하는 방법에 의존한다. 생물은 동물과 식물로 분류된다. 그런데 생물은 무생물에 대립함으로서 다른 분류항목에 포함되는 식이다. 단어는 이처럼 종개념과 유개념을 엇바꾸어가면서 존재의 연쇄를 드러낸다.

언어가 사물을 갈라보는 단점을 극복하기 위해 부분으로 전체를 표시하기도 한다. 장미는 장미꽃을 뜻하면서 동시에 필요한 때는 장미 줄기라든지 장미 묘목이나 나무를 뜻하기도 한다. 봄에 화단에 장미를 심었다고 할 때는 장미 묘목을 심었다는 뜻이지 장미꽃을 심었다는 뜻은 아니다. 마찬가지로 백일홍을 심었다고 하면 백일홍 꽃씨를 심었다는 의미가 된다. 언어는 이렇게 돌려씀으로써 제한된 단어로 무제한에 가까운 대상을 분류하고 드러낸다.

아무튼 백일홍은 '화무십일홍'을 비웃는 꽃이다. 이 말을 듣기는 오래 전부터이다. "노세노세 젊어서 놀아" 그렇게 시작하는 〈차차차〉 한 구절이 그것이다. 그런데 이 꽃을 찾아보다 보니 송나라 시인 양만리楊萬里라는 사람을 만나게 된다. 그 시인이 월계꽃을 노래하는 가운데 "사람들은 꽃은 피어도 열흘 넘기기 어렵다 하는데/ 이 꽃은 날을 가리지 않고 봄바람을 기다려서 피지 않는구나"(只道花無十日紅/ 此花無日無春風) 하는 구절이 화무십일홍의 근원이라는 설명이 널리 퍼져 있다.

그런데 날을 기다리지도 않고 꼭 봄바람이 아니어도 피는 '이 꽃'은 무엇인가 하는 의문이 들었다. 그게 월계화月桂花라는 것은, 기후 풍토를 고려하지 않으면 이해가 잘 안 간다. 그게 일년 내내 피는 꽃인가를 잘 모르기 때문이다. 그런데 대강 알기로는 월계꽃은 들장미를 뜻한다. 우리나라에서는 '덩굴장미' 또는 '찔레꽃'이라고도 한다. "찔레꽃 붉게 피는 남쪽나라 내 고향" 그렇게 시작하는 노래 가운데 찔레꽃이 월계화에 해당하는 것이다. 아마 중국 어딘가 남쪽에서는 이 꽃이 계절을 가리지 않고 피어나기 때문에 그런 시가 나온 듯하다.

이 꽃이 독일에서는 '들장미, Heidenröslein'에 가까운 것을, 그는 알았다. 괴테의 시를 슈베르트가 가곡으로 만들어 부른 노래다. 들장미는 괴테가 스트라스부르그에 머물면서 프리데릭 브리온과 사랑에 빠졌을 때 쓴 시이고, 이는 그녀에게 헌정되었다. 이 에피소드가 오페라 작곡가 프란츠 레하르에게 영감을 주어 노래로 작곡되었다고 한다. 영원히 시들지 않을 것 같은 청춘의 사랑을 거머잡는 일은 가히 운명적인 도모일 터이다. 행불행은 물론 생사가 갈리는 과업이 사랑이 아니던가. 영원히 지속할 것 같은 사랑과 허무하게 시들고 마는 실망의 교차 가운데 시간은 흘러 꽃이 피고 지는 것이 아니던가, 그는 양손을 쥐고 불끈 힘을 주었다.

꽃에 대한 정서는 시대와 지역에 따라 다르지만 공통되는 점이 있게 마련이다. 이는 꽃의 상징성이라 할 만한데, 오래 지지 않고 피는 꽃 혹은 피었다 지기를 반복해서 오래 피는 꽃은, 피었다가 쉬 지고 마는 꽃의 일반적 허무감을 뒤집는 의미를 보여준다. "새벽에 피었다가 아침에 지고 마는 나팔꽃보다 슬픈 사랑"이라는 가사는 사랑의 허무함을 애달아하는 노래가 되어 있다. "얼마나 기다리다 꽃이 되었나"

하는 '달맞이꽃'은 안개 낀 밤에 피어 새벽으로 다가가는 달맞이꽃의 처연한 사랑을 노래한다. 황금색으로 피어나는 이 꽃 또한 아침나절이 다하기 전에 시든다. 그래서 이 꽃들을 만나기 위해서 벌들은 새벽부터 부지런을 떨어야 한다.

그러나 백일홍은 특별한 상징적 의미를 지니지 못한 채 계절에 따라 잎이 벌고 꽃이 피고 또 시들고 그렇게 시간을 운용한다. 광풍을 모르는 꽃인 까닭이다. "우리집 서방님은 명태잡이를 갔는데 바람아 광풍아 불어라 석 달 열흘만 불어라"라 하는, 까무러칠 만한 사랑을 백일홍은 모르는 것이다. 사랑의 밀도와 시간의 길이가 꼭 비례하는 것은 아니다.

바랭이 이삭 무성한 가운데 오히려 꽃은 빛깔이 더 선명한 백일홍을 바라보며, 아무쪼록 그 백일이 멀기만을 기대한다. 서리치는 어느 가을 아침 죽음을 앞두고 자지러질 듯 색조가 돋아나는 백일홍을 기다릴 만큼 올해도 거친 시간이 꽃송이를 훑고 지나간다.

내일이 추석이다.*

▍글을 받은 경농의 반응은 예상 밖이었다. 백일홍이라는 평범한 꽃을 가지고 요모조모 생각을 깊이 했다는 이야기를 기대했던 것인데, 아니었다. 땅을 장만해서 농사 잘 하는 줄 알았는데, 밭에다가 잔소리만 노박이로 부어놓고 있다는 타박이었다. 그리고 글이라는 게 상황에 맞아야 하는 법인데 그렇지 못하다는 것이다. 추석을 앞두고 다른 식구들은 송편을 빚고 전 부치고 하면서 생활의 재미를 오글오글 쏟아놓을 판인데, 혼자 책상 앞에 꾸그리고 앉아 궁상을 떠느냐고 책을 했다. 우공은 그렇기도 하다는 생각을 하면서, 글이 생활로부터 도피를 강구하는 전략으로 되어 버렸다 싶었다.

알밤, 그 실존의 감각

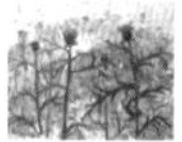

▌가을밤, 바람은 서늘하고 공기는 삽상하게 피부에 안겨왔다. 이전 같으면 책을 읽고 논문을 쓰면서 밤 가는 줄을 모르고 지냈을 것인데, 그런 일에서 멀어지면서 자연이 눈에 들어오고 풀과 나무가 손에 다가왔다. 그런데 잠이 잘 안 오고, 잠이 들어도 자꾸 깨는 병이 생겼다. 우공은 안 오는 잠을 청하다가, 차라리 글이라도 매만지자고 낮에 있던 일을 되살피기 시작했다. 컴퓨터 앞에 앉아 일기를 쓰듯이 글을 엮어 나갔다. 외서라는 친구를 생각하면서였다.

오전에 뒷밭 숲에 나가 밤을 주웠다. 올해가 밤나무 묘목을 심은 지 사년이 되는 해다. 작년부터 열리기 시작한 밤이, 금년에는 한 나무에 너댓 되는 실하게 알밤을 주울 수 있을 정도로 푸짐하게 열렸다. 알밤을 주우면서 여러 가지 생각이 그의 머리에서 넌출졌다.

그가 어려서 살던 동네는, 가난하기로 작정한 사람들이 모이기라도 하듯 그렇게들 사는 한촌寒村이었다. 동네에는 번듯한 기와집 한 채 없고, 자작농으로 쌀을 쌓아 두고 먹는 집도 없었다. 과일나무도 귀하기는 마찬가지였다. 동네에 밤나무가 있는 집이 꼭 한 집뿐이었다. 그것도 밤나무가 논둑에 서 있어서 밤을 줍기 위해서는 발을 벗고 무논으로 들어가야 했다. 그래서 조무래기들은 뒷산으로 밤을 주우러 가곤 했다. 어쩌다 발견하는 밤나무래야 도토리보다 조금 클까 하는 쥐밤이었다. 너무 일찍 들이닥치면 밤이 안 익어 풋밤을 따서 발라야 했다. 풋밤을 까는 일도 졸연치 않았다. 지금처럼 쇠로 만든 집게가 있는 것도 아니고, 어른들이 쓰는 연장으로 밤 바를 꼬챙이를 만들 기회도 없었다. 어른들이 집에서 쓰는 낫이니 하는 연장을 들고 들로 나간 뒤에라야 겨우 아이들이 움직이기 때문이었다. 자연 밤을 바르기 위해서는 손가락에 가시가 박히곤 했다.

어쩌다 만나는 밤나무마다 허리춤에 상처가 나서 옹이가 져 있었다. 아이들이 밤을 털기 위해 돌로 밤나무를 쳤던 자국이 그렇게 남은 것이다. 상수리나무 또한 마찬가지였다. 아이들은 밤나무를 짓이기다시피 해서 밤을 따 가지고는 발라서 속껍질도 벗기지 않은 채 입에 넣고 우적우적 씹어먹곤 했다. 휴전이 끝나고 어른아이 할것없이 인심들이 그렇게 비틀려 있었다. 나무를 사랑한다든지 하는 이야기는 아득한 남의 나라 동화와 같았다.

알밤은 어린 시절의 추억을 불러온다. 그 가운데 하나가 알밤을 먹이는 것이다. 다른 말로는 꿀밤을 먹인다고도 한다. 오른손 검지를 꺾어 쥐고 아이의 머리를 뚫어박는 어른들의 행동을 그렇게 말한다. 머리를 물리적으로 충격을 가해서 아프게 하여 아이가 자기 잘못을 깨닫도록 하는 행동을 알밤을 준다거나 꿀밤을 먹인다고 표현하는 것은 자못 재미가 있다. 그리고 아이가 대들면 변명의 빌미를 준비한 행동이라는 데 매력이 있는 관용어다. 아이가 어른한테 얻어터지고 찌뿌둥해 있을 때, 녀석아 꿀밤 한대 먹고 뭘 그래, 하면서 넘어갈 수 있는 일이었다.

어렸을 때는 밥을 먹고 돌아서면 금방 군것질 생각이 나곤 했다. 어쩌다가 어머니가 밤이나 고구마를 삶아 놓으면 그 집 아이들이 끊임없이 들랑거리면서 날라다 먹곤 했다. "밤 소쿠리에 생쥐 드나들듯 한다."는 속담은, 아이들이 연속적으로 들락거리면서 먹을거리를 빼가는 모양을 이르는 말이다. 그러다가 어른들한테 붙들리면 꿀밤을 먹고 질질 울다가, 소맷자락으로 눈물을 훔치면서 대문을 나서곤 했다. 그때 어떤 형들은 무슨 향수를 발랐는지 알싸한 밤꽃 냄새를 풍기며 동네 처녀들을 따라서 마을을 벗어나곤 했다.

근간에는 밤이 참 흔해졌다. 60년대 말, 70년대 초 전국에 조성한 유실수 단지 가운데 밤나무 심기가 한 몫을 했다. 철로로 경부선을 달리다 보면 청도 근처 철로 연변 산이 온통 밤나무로 뒤덮인 데를 볼 수 있다. 국도로 가다가는 충남 공주 일원 산록은 아예 밤나무 말고는 다른 나무가 안 보일 정도로 밤나무 단지를 조성해 놓았다. 알이 굵고 맛이 좋기로는 공주 밤 앞에 나설 게 없다는 중평이다.

그런데 밤, 특히 알밤은 심상치 않은 상징성을 띠기도 한다. 그 가운데 하나가 알밤이라는 것이다. 요즈음 예쁜 이름을 짓는다고 해서 이름에 뜻이 고운 우리말이 꽤 자주 등장하게 되었다. 바람직한 일이다. 꽃님이, 초롱이, 샛별이, 슬기, 시내, 새암, 다움, 두리 등. 여러 가지 창의적인 아이디어로 출중한 이름들이 많다. 그런 이름을 보면 그의 이름은 물론, 어른들의 이름은 너무 고답적이라는 생각도 든다.

오해 없기를 바라면서 이야기하기로 한다. 예쁜 이름 가운데는 '아람'이라는 경우를 가끔 본다. 밤이 익어서 겉껍질이 벌어지고 알밤이 붉은 얼굴을 겉으로 드러내는 것을 아람이 번다고 한다. 이때의 아람은 알밤에서 자음동화를 일으킨 결과이다. 알의 'ㄹ' 과 밤의 'ㅂ'이 동화되면서 'ㅂ'이 자음의 속성을 잃고 모음으로 약화된 경우이다. '셔블'이 서울이 되는 경우와 비슷한 예가 된다. 아무튼 아람이 번다는 것, 혹은 아람이 분다는 것은 밤이 겉껍질이 터져 알밤이 저절로 떨어져 나온다는 뜻이다. 문제는 아람이 벌었다는 것을 여성의 성기를 비유하는 말로 쓴다는 데 있다. 아람이라는 말에서 그런 성적 이미지를 환기한다는 것은 일없는 호사가의 세속적 취향일지도 모른다.

군대를 다녀온 사람들은 대개 그런 생각을 하리라. 저질스런 이야기를 안 들을 권리 같은 게 왜 없는가 하는 의문이 그것이다. 군대 병영에서 통용되는 특별한 말들이 있다. 주로 욕설인데 밤과 연관된 걸로 이런 게 있다. 고참의 이야기를 안 듣는 졸병에게 고참이 하는 말이 이렇다.

"짜식아, 그걸로 밤송이를 까라면 까야 하는 게 군대야." 그 뒤에서 고참 편을 든다는 다른 고참 하는 이야기는 더욱 강도가 높다. "그걸로 침상의 못을 뽑으라면 뽑는 시늉이라도 하는 거야, 인마." 물론 앞의 그것과 뒤의 그것은 성별이 다르다는 것을 독자는 짐작하시리라.

절대 복종을 강조하는 고참의 뜻이야 요해了解하고도 한참 지난 연후이거니와, 그런 잡스런 이야기 안 들을 권리는 왜 없는 것인지 알다가도 모를 노릇이었다. 때로 군대의 욕은 전율스럽다. 戰栗은 戰慄과 같은 뜻으로 쓴다.

가을 분위기를 자아내는 걸로 밤과 코스모스만한 게 없을 듯하다. 밤은 먹을 수 있고, 줍는 실감이 계절을 만끽하게 한다는 점이 매력이다. 요즈음 우리가 먹는 밤은 가히 양식이 될 만큼 큼직하게 종자가 개량되었다. 그런데 밤을 날로 깎아 먹거나 삶아 먹을 때 매력은 입에 차는 듯 부족한, 충족감과 헛헛함이 함께 한다는 데 있다. 날로 먹거나 삶아 먹는 것보다는 구워 먹는 맛이 제격이다.

밤 가운데 군밤은 감칠맛이 특색이다. 겨울 밤 늦게 귀가하면서 김이 나는 군밤을 한 봉지 사 들고 들어가는 가장은 술이 거나하게 취해도 아내의 용서를 받게 마련이다. 예전에는 남녀가 데이트를 할 때 군밤이 등장하곤 했다.

경기민요 군밤타령은 4절로 되어 있다. 그 가운데 3절의 내용은 이렇다. "나는 총각 너는 처녀/ 처녀 총각이 시집을 가고 장가를 가누나/ 얼싸 좋네 아 좋네 군밤이여/ 에헤라 생율밤이로구나" 각 절의 마무리가 생율生栗밤으로 되어 있어서 제목을 뒤트는 역전의 묘를 살린 가사다. 달콤하고 보들보들 입안에서 녹는 군밤인 줄 알았더니, 웬걸 제사상에 쳐서 올리는 생율밤, 그 맛대가리 없는 밤이라는 뜻이다. 사랑의 끝자락이 꼭 군밤 맛일 턱이 없다. 더구나 샘나게 하는 남의 사랑이야 일러 무삼하리요.

밤은 빛깔이 곱고 손에 잡히는 실감이, 말하자면 실존의 감각이다. 빛깔이 곱기로는 마로니에 열매를 뜻하는 마롱(le marron)이 밤보다 한결 앞서는 듯하다. 그러나 마로니에 열매 마롱은 먹을 수 없기 때문에 밤만큼 유용성이 높지 못하다. 가을 그늘진 숲에서 집어드는, 반들반들 윤이 나며 서늘한 감각으로 손에 쥐어지는 알밤은 가히 실존의 감각을 일깨운다.

밤을 한 말은 되게 주웠다. 밤이로되, 역시 실존의 무게는 어깨를 찍어누른다. 밤을 줍기 전에 밤나무 밑에 웃자란 풀을 베느라고 한 나절 고된 노동을 했기 때문이다.

▌우공은 늦은 시간에 자기가 쓴 글을 외서에게 메일로 보냈다. 외서도 자지 않고 가을을 음미하고 있었는지 금방 답이 왔다.

달이 밝아 잠을 못 자는 우공의 심성이 합자연하는 경지에 이른 것을 보는 듯합니다. 그리고 사고의 외연을 극대치까지 넓혀가는 우공의 그 호사가 나는 진정 부럽기만 합니다. 나를 전율케 하는 우정을 감사하게 생각한다오.

그리고 몇 행을 공란으로 둔 다음 이런 물음이 달려 있었다. "그런데 그대가 주운 알밤은 혼자 먹었소?"

잠시 생각을 가다듬다가, 우공은 책상에 앉아 컴퓨터를 껐다. 책상 위 정리장에 든 엽서를 꺼냈다. 아람번 밤을 그려서 친구에게 보내겠다는 생각이었다. 그런데 이상하게도 밤의 모양이 떠오르지를 않는 것이었다. 책상 앞에서는 실존의 감각이 손에 잡히지 않는 까닭이라고 눙쳐두었다.

파초의 꿈

— 내 뜰에 열린 바나나

중국에 드나들면서 정원이라는 것을 볼 때마다, 우공은 못마땅한 구석이 하나 있었다. 너무 꾸민 것이 그것이었다. 자연스럽다는 느낌을 찾을 수 없이 온갖 기화요초琪花瑤草는 물론 괴석怪石을 갖다 정원을 꾸민 모양은, 첩첩 운산을 그린 산수화처럼, 조형미가 승해서 그윽히 다가오는 멋이 없었다. 그래서 자연스럽다는 게 무엇인가 하는 생각 끝에 〈청구영언〉을 뒤적이다가 '작품'을 하나 발견했다. 박연폭포 황진이와 더불어 송도삼절이라고 하는 서경덕, 그 화담花潭의 작품에 이런 게 있었다.

마음이 어린 후이니 하는 일이 다 어리다/ 만중운산에 어느 님 오리마는/ 지는 잎 부는 바람에 행여 긘가 하노라.

우공이 뜰에다가 파초를 길러보겠다고 애쓰는 모습은 잔양스럽기까지 했다. 우공은 그 동안 파초를 기르며 쓴 글을 천천히 음미하며 읽어 보았다.

드디어 그가 밭에 심은 바나나가 꽃이 피었다. 드디어라고 하는 것은 화분에 심은 작은 파초를 거쳐, 너울대는 바나나 잎으로, 그리고 드디어 바나나 열매를 볼 수 있는 꽃이 달렸기 때문이다. 그 사이 오년이라는 시간이 흘렀다.

파초를 처음 심은 뒤 몇 년은 잎을 보는 걸로 만족했다. 널찍널찍해서 소담스런 잎 사이로 새 잎이 솟아올라오는 고갱이는 식물들이 보여주는 수직상승의 생명 의지를 느끼게 했다. 푸른 천에 신의 말씀을 사경寫經한 두루마리처럼, 전장에 나가는 장수가 황제에게 올리는 표문의 두루마리처럼, 어기차게 올라오는 고갱이는 여유롭게 번져 너울거릴 잎을 상상하게 했다. 이 무렵의 바나나는 옆으로 번져 잔바람에도 너울대는 너그러움과 위로 자라 올라가는 상승의지를 함께 느끼게 해서 식물들이 지닌 원형적 평형의 의지를 볼 수 있게 한다.

바람이 좀 있는 날 데크(높은 툇마루)에서 바라보면 잎이 너울거리는 모양은 마치 맑은 물위에 가벼운 돛을 달아 띄운 배에서 하늘을 바라보는 듯한 착각에 빠지게 한다. 그런데 파초 잎은 그 잎이 생을 다할 때가지 무탈하게 견디기는 몸집이 너무 크다. 파초는 가히 긴 항해 끝에 난파를 당한 향유고래를 연상하게 했다. 계절이 바뀌어 겨울에 사위가 눈에 뒤덮이고 한파가 몰아쳐 땅에 묻힌 수도관마저 터뜨리는 땅에 파초가 뿌리를 내린 것은 그 자체가 유형流刑이다.

파초는 초본식물이기 때문에 잎줄기에 잎을 달고 바람에 불리면서 견뎌야 한다. 그런데 그 둥지에 큰 잎을 달고 견뎌내게 할 수 있는 방법은 자기 몸을, 정확히 말하자면 잎몸을, 작게 갈라가며 바람을 타는 것이다. 대궁에서 올라와 옆으로 번진 잎은 그 길이가 한 발은 넉히 된다. 거기 붙어 있는 잎은 폭이 한 자가 넘기도 한다. 바람이 불면 바람을 타고 너울거리다가 더 견디기 어려운 정황이 되면 잎이 잎줄기와 수직방향으로 갈라진다. 종이를 오려 타래지게 해서 걸어 놓은 옛날 냉면집 엠블럼 모양으로 잎이 갈라지는데, 희한한 것은 갈라진 잎에는 잎맥이 가지런해서 몇 차례 더 갈라져도 최후의 한 줄기 찢어진 잎끝까지 물이 올라갈 수 있게 되었다는 점이다. 큰 잎을 유지하기 위해서 자신의 몸을 어느 정도 상할 줄 아는 생명 유지에 바치는 자기 통어를 거기서 보게 된다.

여름을 벗어나 날이 서늘해지면서 바나나 잎이 자라나는 세가 약해진다. 남쪽에서야 방치해 두어도 겨울을 견디고 무성하게 자라나서 열매를 맺는다. 우리가 시장에서 사다 먹는 바나나 한 송이라고 하는 것은 커다란 송이의 한 층의 절반이나 사분의 일 정도의 부분에 지나지 않는다. 큰 것은 한 짐은 착실히 될 정도로 여러 층으로 열매가 열리는 것이다. 우리가 과일가게에서 볼 수 있는 바나나 송이가 가운데 중심에 둥글게 붙어 한 층을 이루고 그러한 층이 너댓 차례 반복되는 바나나 열매의 온전한 모습은 열대 식물의 위용을 짐작하게 해 준다. 어른이 어깨에 걸머져도 한 짐은 착실히 되는 거창한 열매가 달리는 게 바나나다. 물론 몽키바나나라고 하는 것은 형태는 같지만 규모는 앙징맞게 작다.

바나나는 경작지를 만들어 재배하는 경우도 있지만, 개울가나 두엄터미 옆에 자생하여 자라면서 열매를 맺는 것이 제 모습이다. 그런 경우 바나나 잎이 말라 더는 윤기를 유지하지 못하고 아래로 처지는 모습은 싱싱할 때의 잎과는 너무나 달리 초라한 모양이 된다. 메마른 잎줄기 귀퉁이가 말라 원가지에서 마구 흩어진 채로 매달려 있는 모양은 너절근하고 추하기까지 하다.

그런 원산지 바나나에 비하면 그의 정원에서 자라는 바나나는 귀족

대접을 받는다. 우리나라처럼 겨울을 나기 어려운 환경에서 자라는 바나나는 호사도 이만저만 호사가 아니다. 사람이 손질을 해 주어 매끈한 대궁 위에 잎이 정갈하게 유지되기 때문이다. 그리고 사람들의 시선이 그 잎 위에 경탄과 함께 머무는 것이다. 가히 예술 단계의 행운이, 아니면 걸작에 대한 흠모의 정이 바나나 나무에 걸리게 된다.

바나나 한 그루가, 가운데 잎줄기 올라오는 모양이 영 시원치를 않았다. 처음에는 오갈든 것처럼 구겨져 올라오는가 하더니 곧 가오리 모양으로 양옆으로 퍼져 교황이 의식을 집전할 때 쓰는 미트라(mitra)처럼 봉긋하게 올라와서는 더 자라나지를 않는다. 변종이거나 뭔가 잘못된 줄만 알고 약간은 실망스럽기도 했다. 풀과 나무가 소원대로 자라 주지 않아 실망했던 경험이 적지 않은지라 크게 마음쓸 일은 아니어서 범상하게 지나갔다.

그런데, 그는 어제 10월 2일, 집에 오자마자 바나나가 궁금해서 바나나 나무 옆에 사다리를 갖다 놓고 올라가 보았다. 바나나 너우러진 잎 사이로 커다란 옥수수자루 같은 게 내밀어 옆으로 기울어졌다. 드디어 바나나가 변형을 시작하는구나 하는 생각을 했다. 그게 무엇인지 궁금해서 자세히 살펴보았다. 옥수수자루를 감싸고 있는 것 같은 껍질이 살짝 들려 올라간 속에 손가락 같은 게 쪼르라니 고개를 내밀고 그 끝에 노란 꽃술이 오르르 달렸다. 드디어! 바나나 꽃을 보게 된 것이다. 이는 암꽃일 것이고, 수꽃은 바나나 열매가 다 뻗어 나온 다음에 맨 나중에 기다란 줄기를 뻗어, 마치 피기 전의 극락조꽃부리 같은 것이 줄기 끝에 붙는 것일 터였다. 인도, 태국, 스리랑카 같은 따뜻한 나라에서 본 바가 그렇고, 제주도 서귀포 여미지식물원에서 보았던 바나나 꽃도 그런 모양이었다. 수꽃을 보기까지는 한참 시간을 기다려야 할 판이다.

아뿔사, 영광의 날은 짧은 법이라서 그런 것일까. 설악산에 단풍이 물들기 시작한다는 소식과 함께 강원도 산간에 첫 얼음이 얼겠다는 일기예보를 들은 것이다. 창밖으로 바람 지나는 소리가 소란했다.

중국에서 그랬고 우리도 그런 이름으로 불렀는데, 바나나보다는 파초가 보편적인 이름이었다. 바나나는 먹을거리를 생각하게 한다. 파초는 너울대는 잎과 푸른 빛깔로 상징되는 화초를 마음 가운데 불러온다. 그래서 파초와 연관된 일화와 파초를 의인화해서 노래하기도 한다. 문정선의 '파초의 꿈'이라는 노래에는 이런 구절이 나온다. "태양의 언덕 위에 꿈을 심으면/ 파초의 꿈은 이루어지겠지"

열매를 맺었으되 따뜻한 햇볕이 모자라 결실을 하지 못하는 이나라 정원은 태양의 언덕이 되지 못한다. 결국 파초의 꿈, 파초와 연관된 꿈은 파초의 고향으로 돌려보내야 이루어질 수 있는 꿈이 아닐까 싶다. 그는 파초의 겨울나기를 생각하며 꿈이란 무엇인가 생각을 거듭했다.*

(2014. 10. 3.)

▌자기가 농사꾼이라고 경농耕農이라는 호를 쓰는 친구에게 글을 보냈다. 그에게서 우공에게 온 답신에는 아무 말도 없이 김동명의 '파초'라는 시가 적혀 있었다.

조국은 언제 떠났노/ 파초의 꿈은 가련하다.// 남국을 향한 불타는 향수鄕愁,/ 너의 넋은 수녀보다도 더욱 외롭구나!// 소낙비를 그리는 너는 정열의 여인/ 나는 샘물을 길어 네 발등에 붓는다.// 이제 밤이 차다/ 나는 또 너를 내 머리맡에 있게 하마.// 나는 즐겨 너를 위해 종이 되리니,/ 너의 그 드리운 치맛자락으로 우리의 겨울을 가리우자.

경농의 편지를 받은 날 무서리가 내려 파초 잎이 후줄근하니 처져 버렸다. 너의 치맛자락으로 겨울을 가리우자고? 이 한갓된 관념이라니. 바나나와 파초의 사이에 설치된 구거溝渠는 말의 근원을 잘 따지는 우공이 스스로 만든 것이었다. 뒷날 경농에게서 문자가 왔다. '바나나와 파초는 다른 식물입니다.'

황금빛 궁전에서

▌짧은 잡문이라도 하나 쓰려면, 우공은 어디론가 떠돌지 않으면 안 되는 버릇이 생겼다. 그것은 타성을 벗어나야 생생한 생각이 풀려나오기 때문이라는 변명의 구실이 되기는 한다. 떠돌기, 노마디즘, 방황, 표류 그런 말들의 상대편에 국화가 자리잡고 있다. 이는 국화라는 대상의 속성에서 비롯되는 연상인지도 모른다. 군자의 기품을 상정하는 것이 국화의 이념이라면 이념이다. 그렇다고 국화향이 변하는 것은 아니다. 국화로되 나는 그 색과 향을 사랑한다, 우공의 말이다.

순천에 갈 일이 있었다. 한려대학교의 전흥남 교수가 운영하는 광양 시립도서관 인문강좌에서 특강을 해 달라는 요청이 왔다. 10월 21일 오전 광양시립도서관으로 일정이 잡혔다. 그는 순천만 갈대를 보고 싶어서 아내와 20일에 출발해서 순천 일원을 돌아보자는 계획을 마련했다.

순천시에서 열렸던 국제정원박람회 자리를 '국가정원1호'로 지정했다. 박람회 내용이 정원이기 때문에, 행사가 끝나고도 조금만 관리를 하면 사람들이 산책하고, 정원을 감상할 수 있어서 그 장점을 살려 정원을 존치하기로 했다는 것이다. 이후 순천지방을 찾는 관광객들이 빼놓지 않는 명소가 되었다고 한다. 지방에서 박람회를 하고 전시회를 개최하고 나면, 썰물 빠져나간 가을 바닷가처럼 썰렁한데, 순천은 그런 난점을 잘 극복하고 정원으로 성공을 거둔 듯했다.

아내와 함께 나선 그는 전날 원고 때문에 잠을 설쳤고, 내려오는 차 안에서 원고 한 꼭지를 손보느라고 제대로 쉬지 못했다. 몸이 찌뿌드드하고 늦더위가 진땀을 나게 했다. 그는 땀을 씻으며 아내와 표를 사서 정원에 들어갔다. 순천만 해도 남쪽이라 아직 덥고, 햇살이 강렬하게 내리쬐는 바람에 땀이 나고 몸이 가라앉았다. 잠시 어찔하고 눈앞이 안개 같은 걸로 가린다. 숨을 고르면서 천천히 움직이다가, 호수가 보이는 바깥 나무의자에서 잠시 쉬면서 땀을 들였다. 국화 동산이 눈에 들어온다. 바야흐로 국화의 계절이다.

국가정원에는 국화철이기 때문에 국화를 이용한 화원을 아기자기하게 꾸며 놓았다. 코끼리, 기린, 물고기, 등 동물상을 만들어 놓은 게 눈에 띈다. 사진을 찍을 수 있는 하트 모양의 아치를 만들어 놓은 데는 사람들이 줄을 서서 차례를 기다린다. 꽃 속에서 사람들은 꽃이 되어 명랑하게 재깔거린다. 사람들마다 얼굴에 웃음이 넘친다. 웃는 얼굴들은 팽팽하건 찌그러졌든 꽃같이 곱기만 하다.

정원을 돌아보는 동안 그들 내외는, 앙성의 밭을 모두 정원으로 꾸미자는 계획으로 들떠 꿈에 부푼 이야기를 했다. 그는 며칠 전 앙성에 다녀왔던 기억이 되살아나 국화정원을 다시 쳐다보곤 했다. 각양각색의 국화종류, 그 다양한 국화를 어디서 모아온 것인가 놀랍다는 생각을 하다가, 국화는 역시 황국黃菊이라야 제맛이라는 생각을 했다. 고정관념일지 모르지만, 그게 국화를 인식하는 방법이 되어 왔는데 어쩌랴 싶기도 했다.

전날 그가 앙성에 갔을 때였다. 뜰에 국화가 피어 황금빛으로 타올랐다. 그는 문득 자기가 황금 궁전에 와 있다는 착각에 빠졌다. 국화향이 번지는 뜰에서 잠시 눈을 감았다. 색과 향이 어우러져 몸을 감싼다. 공중부양이라도 될 듯 몸이 가벼워진다. 사실 황금을 칠한 궁전이라고 해도 이렇게 아늑하게 안겨오는 향이, 생기가 넘치는 빛깔이 있을 듯싶지를 않다. 사람들은 황금을 존재의 가장 귀한 형상으로 인식하곤 한다. 만해의 시에 그렇게 나타나듯. 그러나 황금에는 생명의 풋풋한 기운이 없다. 괴테가 '생명의 황금나무' 라는 비유를 쓰기는 했지만, 비유항(vehicle)을 잘못 선택한 것인지도 모른다.

국화철이면 국화 꽃송이 사이에 벌들이 모여들어 잉잉대면서 춤판을 벌인다. 다리며 날개에 묻은 황금빛 꽃가루가 벌을 아예 황금곤충으로 만들어 준다. 소리와 빛깔이 어울리는 공감각, 그야말로 색청(色聽, colored hearing)을 경험하는 가운데 그는 몸에 국화꽃 물이 드는 듯한 착각에 빠진다. 이 짧은 시간의 황홀함을 위해 많이도 기다렸다는 생각을 하기도 했다.

봄에, 작년에 어떤 꽃이 피었던지는 가뭇없이 사라진 기억이라서, 국화 종류를 가리지 않고 뜰 한 구석에 심었다. 모종을 심기 전에 퇴비를 바닥에 깔아 주었다. 그 거름의 힘이 대단한 것이라서 국화는 잡초를 누르고 무성하게 자라났다. 국화가 자라는 동안 내심 가을이 되기를 기다렸다. 꽃을 기다리며 세월이 가는 것은 기실 아무나 누릴 수 없는 복락이다. 작물은 꽃을 기다리기보다는 꽃이 지고 열리는 열매를 기다린다. 열매란 결국 사람의 먹이인 셈이고, 그게 돈으로 환산되는 것이라서 미적 대상은 아니다. 그래서 농사를 짓는 데 필요한 노동력은 돈으로 환산된다. 그러나 꽃은 색과 향이 어우러진 미적 대상이다. 꽃을 보면서는 돈이 얼마나 들어갔는가를 잊고, 얼마나 고된 노동의 결과로 꽃을 보게 되는가를 생각하지 않는다. 아무튼 그는 오랜만에 꽃다운 꽃을 보는 셈이다. 사실 그 동안 풀을 제쳐주고, 줄기가 웃자라 쓰러지면 지지대로 버텨주고 하는 과정은 몸을 고되게 움직여야 하는 노동이었다.

아무튼, 어떤 색 꽃이 피는지는 예상을 하지 않고 심었는데, 뜰 한 자락이 모두 황국으로 뒤덮인 것이다. 황국의 성벽 한 구석에 보라색 꽃이 한 줌이나 되게 피었을 뿐, 나머지는 모두 샛노란 소국이다. 이들이 어울려 화려하고 향기롭고 우아한 황금 궁전이 되었다. 그 가운데 그가 서 있다는 실감은, 그 자신이 왕자거나 왕이라는 환상을 불러온다. 그러나 그가 뜰을 서성이는 사이, 어둠이 내리고 썰렁한 바람이 불어왔다. 환상을 걷고 현실로 돌아와야 하는 시간이었다.

집안으로 들어서면서 이 꽃을 얼마나 더 볼 수 있을까 아쉬운 생각이 들었다. 그런데 국화는 꽃이 오래간다. 그것도 국화의 미덕 가운데 하나다. 화무십일홍花無十日紅이라는 노랫가락을 외돌려놓고, 서리가 내릴 때까지도 피어 있는 게 국화의 견딤성이다. 고산 윤선도처럼 국화의 절조를 오상고절傲霜孤節이라고 추켜세울 생각은 별로 없지만, 국화가 없다면 단풍만으로 가을을 느껴야 할 것이 아닌가. 국화가 더 사랑스러운 것은 역시 오래가는 꽃이기 때문이다.

국화향에 취해서, 그는 방으로 들어갔다. 방에서는 목재로 마감을 했기 때문에 나무 향이 그윽하게 풍긴다. 국화는 향이 그윽한 것이 또 다른 미덕이다. 국화향은 한약방을 떠올리게 한다. 한약방 냄새야 늙은이들이나 추억으로 떠올릴 만한 것인지 모른다. 한약방 냄새를 추억으로 떠올리게 하는 국화향은 젊은 사람이 좋아할 향이 아닐지 모른다. 그러나 길게 가는 향으로 국화향을 넘어설 게 없을 듯하다. 황금에는 향이 없다.

국화는 차를 만들어 마실 수 있다는 점이 미덕 가운데 하나다. 국화꽃을 따서 데쳐가지고 쪄서 말리면 국화차가 된다. 주로 감국甘菊이라고 하는 노란 소국의 꽃을 따서 이용하는데, 향이 맑고 쌉쌀한 맛은 입맛을 돋군다. 서양 사람들이 유별나게 좋아하는 카모마일 차는 뒤끝에 잡스런 냄새가 배어나오는데 국화차는 끝까지 맑은 향이 지속된다.

국화를 차로 만들어 마시는 이야기쯤 오면, 이는 살풍경한 장면으로 전환된다. 자기 스스로 만들어 마시는 것은 몰라도, 상품이 되는 길로 들어선 셈이기 때문이다. 국화를 달리 이용하는 방법에 대해서는 절제해야 하리라. 그러자면 뿌리를 불려 이웃에게 나누어 주어야 할 것이 아닌가 싶다.

국화는 황금을 넘어서는 생명력이 있어 사람을 이끈다. 국화와 더불어 가을을 맞고 국화가 이울 때를 기다려, 눈이 내리는 풍경을 그리는 것은 삶의 가닥을 자연의 순환에 맡기는 일이 아닐까. 아무튼, 국화는 고향을 생각하게 한다. 〈고향의 노래〉에서 국화는 진다. '국화꽃 져버린 겨울 뜨락'에 무서리가 하얗게 내릴 날이 머지않았다.

내년 이맘때, 국화꽃 가득한 황금빛 궁전에 어떤 모습으로 서 있을 것인가. 그의 생각에 국향이 묻어 있었다.*

▌가볍게 읽을 수 있는 글이라고, 일별해 보라는 뜻에서 로고포 동지들한테 메일을 발송했다. 외서, 남계, 석우 그 셋이 우공과 어울려 사십년지기로 우정을 닦아가고 있다. 석우가 고향의 노래를 다운받아 답신으로 보내주었다. 그걸로는 안되겠다 싶었는지 전화를 했다.

"형님 팔십 될라면 아직 멀었는데 내년 이맘때 어쩌구 하니 영 아니라는 생각이 드는데요."

"내가 그렇게 썼던가." 우공은 대답을 눙치면서, 마지막 문장을 어떻게 할 것인가 잠시 생각했다. 십 년 후에도 나는 황금빛 궁전에서 꿈을 꾸고 싶다, 그렇게 고쳤다가는 원래대로 두기로 했다. 어차피 고친다고 해도 그게 허구인데 뭐가 달라질 것인가 해서였다.

가을, 국화가 피었다, 집이 마치 황금빛 궁전을 닮아 보인다, 그런 정도의 이야기를 구태여 허구라고 우길 건 뭔가, 우공은 이쯤에서 물러서야 하는 게 아닌가 하는 생각을 하기도 했다. 그러다가 실소하듯 픽 웃었다. "채반이 용수가 되게 우긴다."는 말이 떠올라서였다. 생각해 보면 채반이나 용수나 거기가 거기 아닌가 하는 생각도 들었다. 재료는 버들가지나 싸리가지를 이용한다. 크게 보면 둘 다 집안의 살림이다. 그러나 용도는 같지 않다.

수필과 소설의 경계도 그런 데 있을 것 같았다. 둘 다 산문문학인데 수필이 경험을 경험으로 내세운다면, 소설은 경험을 남의 경험으로 전치하는 그 작은 차이가 장르를 구분하게 만드는 것이다. '국화가 잘 핀 우공네 집'과 '황금빛 궁전'도 언어 운용의 작은 차이에서 장르가 갈리는 것이다.

우공은 그렇게 써나가다가 잠시 손을 멈췄다. 눈앞에 나타나는 것은 뭐든지 설명해야 속이 시원해지는, 훈장출신의 직업병이 도지는가 해서 씁쓸한 침이 입에 고였다.

네카 강을 따라간 그 가을날

▌ 내외가 여행을 나서면, 우공네 부부는 마치 이인삼각 경기에 나선 사람들처럼 돌아다닌다. 다리를 묶어놓았으니 둘이 떨어질 수는 없는데, 둘이 다리 길이가 서로 달라 발이 맞지 않는다. 우공은 박물관이니 미술관 같은 데를 찾아다니면서 서사탐색에 시간을 바치고 싶어 한다. 거기 비하면 우공의 아내 로즈원은 느긋하게 돌아다니며 맛있는 것 찾아 먹고, 쇼핑하고, 풍경을 구경하고 싶어 한다. 독일 튀빙겐대학교에서 열리는 국제학술대회에 초청을 받아 가는 길에 내외가 같이 나섰는데, 그 여정 가운데 우공은 몇 편의 산문을 썼다.

1. 부부의 여행길/2015년 10월 2일 새벽

튀빙엔 대학교 세미나에 가면서, 그는 아내와 동행했다.

친구들이 모일 때마다 이야기가 궁하면 흔히 내외 이야기를 한다. 여자들이라면 아마 남편 이야기라든지 자식 이야기를 할 것으로 짐작된다. 이전에는 친구들이 만나 내외 이야기를 하면 팔불출 취급을 받았다. 풍속은 변하기 마련이라서 요즈음은 내외간에 지내는 이야기는 물론 소소한 집안 이야기를 하는 것이 별로 책망을 들을 이유가 없어진 풍속이다. 남자들이 소심해진 탓일지도 모른다.

내외가 해외여행을 다녀왔다고 하면, 그래도 품위있고, 우아하고, 경제력도 평가를 받으며 잘나가나는 집안이라는 인상을 주어 선망의 눈길을 받기도 한다. 하기사 그는 검은머리가 파뿌리가 되도록 백년해로해야 한다는 것을 조물주의 지상명령으로 교육받은 세대에 속한다. 늙어서까지 내외가 아옹다옹 다투지 않고 해외로 여행을 할 수 있다면, 그보다 우아한 삶이 어디 있을 것인가 싶기도 할 것이다. 건강해야 하고, 시간이 나야 하는 것은 물론 손에 얼마간의 돈을 쥐고 있어야 할 수 있는 일이기 때문이다.

부부여행은 일정한 나이가 지나면 대개는 패키지여행을 택한다. 내외가 머리 맞대고 앉아 일정을 짜고 항공편이며 호텔 예약하고 현지 교통형편을 알아보고 하는 일이 귀찮고 익숙하지 않기 때문에 패키지여행을 택한다. 패키지여행을 택하면 준비가 간편하고 남들 하는 대로 따라다니면 편하다. 그런데 문제는 가이드가 가자는 대로 따라다녀야 하고, 듣고 싶지 않은 설명을 들어야 하는 불편이 있다. 그리고 여행객 중에는 술꾼들이 끼어서 식사 때마다 술을 찾는가 하면, 세상술은 자기가 다 마실 것처럼 술값을 자기가 부담한다고 식탁마다 술병을 좍 깔아놓는 불출도 만나게 된다.

돌아다니는 동안, 어느 부부가 너무 간드러지게 애정표현을 해서 우리는 왜 저렇게 못하는가 주눅이 들기도 한다. 반면 종일 한 마디도 주고받는 일 없이 돌아다니는 부부를 보면 우리도 저렇게 살았나 싶어 아내가 공연히 자꾸 쳐다보이기도 한다. 또 카메라를 들고 다니면서 여행갔다 돌아오면 남는 게 사진뿐이라면서 부지런히 찰칵대는 - 초기 일본인 여행객을 두고 클리커라고 비아냥거리는 말이 떠오른다 - 내외들이 있다. 그런 팀의 아내들 열에 여덟은 화장이 과도하게 화려하고 말이 많다.

또 하나, 주책스런 손님과 같이 다녀야 하는 불편도 있다. 음담패설을 입에 달고 사는 작자가 있게 마련인데, 자기는 늘 서 있는 남자라든지, 또 질좋은 여자가가 제일(지일이라고 발음해서 침이 흐른다.) 좋다는 둥 …. 그런 이야기는 중국에 가면 정부에서 아내들이 음부를 청결하게 건사하라고 버스 안에도 써 붙인다는 둥 발전에 발전을 거듭하다가, 하루를 마무리하는 술자리에 가서는 **지 자字 돌림의 건배제의로 혼자 좋아 너덜거리며 낄낄거리는 주책과 마주치기도 한다.

패키지여행의 성패는 여행사의 수준이 결정한다. 여행사의 수준이란 결국 여행비를 달리 말하는 것일 뿐이다. 노 쇼핑 혹은 쇼핑은 초이스를 선언하는 여행사는 여행비 수준이 높게 마련이다. 돌아가는 묘리야 아시는 대로 짐작할 것이지만, 여행비 적게 내면 무슨무슨 팁이라는 명목으로 가욋돈을 솔찮이 써야 하고, 쇼핑에 동원되어야 한다. 쇼핑에 머리를 내두르는 남편이나 쇼핑에 익숙하지 않은 남편은 그 시간 쇼핑센터 밖에서 담배를 죽이거나 초상집의 개처럼 근처를 어슬렁거리게 마련이다.

부부가 여행을 하는 데는 다녀올 목적지 '어디'를 결정하는 일이 쉽지 않다. 여행의 목적지는 그 동안 어떻게 살아왔는가에 따라 결정된다. 유럽여행을 할 경우, 클래식에 익숙한 남편은 베를린에 가서 필하모니 연주를 듣고 싶어할지도 모른다. 중고등학교 때 '옛날부터 전해

오는 쓸쓸한 이 말이…' 그렇게 나가는 로렐라이 언덕을 배운 이래, 김동건이 진행하는 '가요무대'나 늙은 배철수가 젊은 척하는 '7080'에 머문 아내는 라인강을 따라가는 추억여행을 선택하고 싶어 할지도 모른다. 아니면, 그는 젊어서 신혼여행 해외로 간다고 겨우 제주도 다녀왔으니 요새 젊은이들 신혼여행 가는 발리섬이나 푸켓 그런 데로 가자고 틀어대는 아내 이야기도 이따금 들린다.

여행을 가서 무엇을 했는가 진지하게 묻는 우직스런 친구도 있게 마련이다. "발리, 좋지, 거기 갔으면 막내라도 하나 맨들었어?" 그런 식이다. 파리 세느강– 한강에 대면 조금 큰 개천이드만, 유람선– 무슈바또 말이지? 거어 충주호 유람이 더 낫지, 베를린 브란덴부르크 개선문– 우린 왜 개선문 하나 없는지 모르겠어, 언제 한번 호쾌한 승리를 해본 적이 없는 패배자의 역사니까 그렇긴 하지만. 셰익스피어 고향동네? 나도 가봤는데 연극해서 그렇게 잘 살 수 있다면, 나도 연극이나 할 걸 그랬지… 그렇게 받아치는 경우, 여행가서 무얼 했는지 이야기할 맛이 싹 가시고 만다. 더구나 남들 못 가봤다고 하는 여행지 이야기는 상대의 자존심을 생각해서 아끼지 않을 수 없다. 나이 먹은 부부가 여행을 가서 할 일이란 무엇일까를, 그는 다시 생각해 봤다.

누구와 여행을 하는가에 따라 여행의 성공과 실패가 좌우된다. 부부의 여행은 여행 파트너가 남편에겐 아내고, 아내에게는 남편이다. 여행지에서는 일상생활 속의 부부가 살아가는 것과는 좀 다른 관계를 형성하지 않으면 안된다. 호텔에서 먹는 아침은 주는 대로 먹으면 되니까, 음식 맛이 없다고 아내가 투정을 하면 남편은 자기도 그랬노라고 동조하면 그만이다. 그런데 골라먹어야 하는 점심이나 저녁은 그렇게 만만치 않다. 식단의 품목을 결정하는 것은 물론 음식의 가격, 곁들이는 음료 등 내외가 똑같지가 않아서 문제가 된다. 그렇다고 상대방의 뜻대로 따라간다고 주견을 포기하기는 아직 이른 경우가 대부분이다.

잠자리도 내외가 똑같을 수 없는 일. 내외 가운데 누구 하나가 코를 골아 잠을 설쳐도 각방을 쓸 수 없다. 내복 갈아입는 것도 같지 않다. 남편은 그대로 떨어져 자고 싶어 하고 아내는 남편이 지저분하다고 투정을 한다. 시간관념도 내외가 다르기 마련이다. 직장생활을 한 남편은 시간을 엄격하게 지켜야 한다는 주장이고 아내는 시간에 너그럽다.

여행에서는 주머닛돈이 쌈짓돈이라는 식의 계산은 잘 안 된다. 어느 한 편에서 계산을 하게 마련인데, 남편은 토탈페이 식이고 아내는 재래시장 장보는 식으로 가기 십상이다. 남편들은, "자기가 언제부터 그렇게 푹푹 썼대요?" 그런 핀잔을 감수해야 하는 경우가 대부분이다. 그런데 팁은 아내들이 잘 챙긴다.

내외가 같이 여행을 하면서 남편이나 아내 모두가 만족할 만한 운영을 한다면 그건 그런대로 성공적인 삶을 산 것은 아닌가 싶다. 더구나 외국여행은 내외의 취향, 직업, 식성, 습관은 물론 교양까지 조율이 필요하다. 그리고 그 과정에서 내외가 어떤 길을 걸어왔던가를 돌아보게 된다. 살아오는 동안 잘한 일보다는 되돌이키고 싶은 일이 더 부각된다. 그러나 어떤 일을 되돌이키는 데는 반드시 시간과 더불어 훈련이 필요하다.

아뿔싸, 무엇을 해야 하는가는 보이는데 그걸 고쳐할 시간이 짧음을 어찌하랴. 깨달음은 오래 걸리고 실천은 시간을 요하는데, 자신의 석양에 서 있음을 확인하는 순간, 비극적 전망이 떠오르는 것일 터. 이 또한 내외가 같을 수 없다니, 내외가 살아가는 인생의 공집합 부분을 다시 생각하게 된다.*

2. 황태자의 첫사랑을 찾아서/2015년 10월 3일 아침

커피 백 잔—

프랑크푸르트에서 만하임으로 가는 열차를 탔다. 대강 30분이 걸리는 거리라고 하는데 그래도 자리가 없는 터라 서서 가기가 꺼려진다. 식당칸으로 들어가 자리를 잡았다.

메뉴를 뒤적이고 있는데 판매원이 다가와 커피를 시킬 거냐고 묻는다. 아내가 멈칫거리고 있는 사이 판매원은 커피 종류를 주워섬긴다. 아메카노, 카푸치노, 카페라떼… 그러다가 다시 주저주저하자, 그들이 내외라는 것을 감안하는지 투 커피? 하고 묻는다. 그의 아내는 어제 저녁 맥주를 못 마시게 한 것이 미안했는지 맥주도 마실 수 있다는 것을 넌즈시 귀띔해 주었다. 그는 맥주를 마실 생각을 하고 있는데 판매원은 다시 투 커피? 스리 커피? …화이브 커피? 하는 식으로 읊어나간다. 이사람 봐라 하다가, 원 헌드러드 커피! 하고 그가 외치자, 오케이! 하며 흐드러지게 웃는다. 아내는 카푸치노를 시키고 그는 맥주, 에어딩거 바이스를 시켰다.

가벼운 농담을 하면서 지나가는 사이 얼굴근육이 이완되어 안온해진다. 강팍한 인상을 펴준다. 그런 농담에 무슨 이념적 기반이 있는 것도 아니고, 철학이 뒷받침되어야 하는 것도 아니리라. 사는 동안 가볍게 넘어갈 필요가 있는 시간을 공연히 무겁게 운영하느라고 삶이 지치게 되는 것은 삶의 기술이 모자라는 탓이라고 밖에 무어라 할 것인가.

맥주 맛을 음미하기 위해서는 자리를 잡고 편하게 앉아야 한다는 게 그의 지론이다. 달리는 시간이 겨우 30분인 이체 ICE(Inter City Express)안에서 마시는 맥주의 맛을 음미하기는 시간이 너무 짧다. 그런데 그가 에어딩어를 시킨 것은 익숙해서일 뿐이다. 서울 수입맥주점에서 마시던 상표라서 그 익숙함이 그런 선택을 하게 했다. 익숙한 것이 선택을 결정하게 만든다. 우리에게 무엇엔가 익숙해진다는건 사실 무서운 일이다. 사람들은 낭비에 익숙해져 있고, 거친 말에 길들어 있고, 폭력 또한 일상으로 슬그머니 들어와 있다.

만하임(Mannheim)은 묘한 이미지를 지니고 있는 도시다. 그에게 이 도시는 우선 〈이데올로기와 유토피아〉를 쓴 칼 만하임을 떠올리게 한다. 인간 Mann + 고향 Heim 으로 조어된 이 말은 자연스럽게 '인간의 고향'을 불러온다. 사회학자로서 만하임이 그런 책을 쓰지 않았더라도 '인간의 고향'은 유토피아를 떠올리게 한다. 인간이 혁명을 일으키는 것은 질곡에 처한 삶에 대한 저항이라든지 자유를 추구하는 열정이라든지 그런 것보다는 '꿈, 이상, Utopie' 그런 것 때문에 현실을 규제하는 이데올로기를 쳐부수고 싶은 욕망에서 비롯된다는 게 만하임의 주장이다. 유토피아에 대한 절절한 염원이란 무엇인가. 결국 이루어질 수 없는 꿈이 아닌가. 인류사적 과업이라는 수사를 달고 나오는 문제들은 사실 허황된 꿈에 불과한 것인지도 모를 일이다.

만하임을 들르고 싶어 하는 것은 거기 시립미술관에 볼 만한 몇 가지 그림들이 있다고 해서이기도 했다. 이 미술관의 팸플릿 표제 그림은 Ferdinand Hodler(1853~1918)의 〈멀리서 들려오는 노래, Das Lied aus der Ferne〉 녹색 옷을 입은 젊은 여인이 가슴에 손을 얹고 초원에 서서 노래를 부르는 모습을 그린 그림이다. 그 먼데라는 게 무엇인가. 고향, 들판, 목장 그런 유토피아 이미지를 담고 있는 게 아닌가. 고향의 들판에 서서 그리움을 노래하던 시절이 자신에게 있기나 했던가 하는 생각을 하면서 뒤꼭지에 어찔한 느낌이 지나갔다.

전시실 입구쪽에 〈세례요한의 목〉이 걸려 있다. 프란츠 데사가(Franz Desaga)의 작품이라고 기록되어 있는데 유럽에서 흔히 볼 수 있는 그림이다. 살로메의 요청으로 그의 삼촌이 자르라고 명령해서 쟁반에 담아 갖다가 바친 그 목이 어디로 갔는가, 그것은 소설적 관심이라고는 해도 여전히 해결되지 않은 채 그의 머리에 남아 있는 의문이다. 예수에게 세례를 베풀어 성인으로 인류의 미래와 심판을 설교하게 한 세례 요한의 염원은 무엇이었던가. 무참하게 달아나는 유토피아의 꿈, 그 형상이 목 잘린 사내의 운명은 아닐지. 잘린 목에서는 날개가 돋지 않는다.

나폴레옹, 그 위험한 꿈을 꾸었던 키작은 사내, 아메리카 대륙에서 영국과 싸워서 멕시코를 자기 손에 넣은 나폴레옹은 자기 조카를 멕시코 황제로 임명한다. 원주민들을 무참하게 토벌하고 거기다가 가톨릭을 심기 위해 벌인 전교의 노력은 실패로 돌아가고 황제는 체포되어 총살당한다. 그런 역사적 사실을 만만치 않은 사나이 마네(Edouard Manet, 1832~1883)가 커다란 화폭에 기록하고 있다. 좌우에 다른 사형수가 서 있고, 그 가운데 멕시코 맥고모자를 쓴 황제가 장총의 연기 속에 기우뚱 기울어지는 모습이 포착되어 있다. 사형을 집행하는 군인들은 검은 제복에 하얀 허리띠를 둘러 사형의식을 아주 평범하게, 아무 동요 없이 수행하고 있다. 그리고 그 뒤에 병사 하나가 이쪽을 향해 얼굴을 돌리고 총에 장전을 하고 있다. 사람들은 이 광경을 담너머로 얼굴을 내밀고 바라보고 있다. 제국의 운명이 한갓 웃음거리로 전락하는 장면이다.

프랑스 등 남쪽 나라 그림들을 보여주다가 근대로 넘어오고, 표현주의와 즉물성 경향을 거쳐 결국 도달하는 곳이 인간형상의 일그러진 모습이다. 베이컨(Francis Bacon, 1909~1992)의 교황을 그린 그림 가운데 두 번째에 해당하는 그림이 거대한 화면으로 관객을 압도해 온다. 암실에서 전기고문을 당하고 있는 듯한 형상으로 제시되는 교황은 인노센트 10세로 알려져 있다. 인류사의 유토피아 가운데 교황의 존재란 무엇인가. 종교란 무엇인가. 그는 머리가 어지러웠다.

하이델베르크에서는 〈황태자의 첫사랑〉을 떠올리면서 옛날다리(Alte Bruecke) 앞 식당 야외 테이블에 앉아 잠시 쉬기로 했다. 우선 맥주를 두 잔 시켰다. 힘들게 이끌고 다니던 몸에 활력을 주는 걸로 맥주만한 게 없는 듯하다. 맥주를 마시면서 바라보는 다리에 석양이 비치기 시작한다. 적벽돌로 교각을 쌓아올리고 아치를 만들어 건축적 리듬을 형성한 다리는 점점 불타오르는 빛깔로 익어간다. 이 다리는 현실에서 이상으로 건너가는 다리, 혹은 이상향에서 분잡紛雜한 현실로 돌아오는 다리인지도 모른다.

몸이 건장하고 수염이 부슬부슬한 얼굴에다가 머리를 약간 길게 길러서 올백으로 빗은 청년 종업원이 음식은 무엇을 시킬 것인가 거듭

채근한다. 오늘의 메뉴라는 칠판이 눈에 들어온다. 또 익숙한 데 빠져 보기로 한다. 슈니첼이 그것이다. 슈니첼은 송아지고기를 튀김가루를 묻혀 튀겨내는 요리다. 야채 한 접시를 곁들여 준다.

황태자가 케티라는 술집 아가씨에게 매료되어 일탈하는 이야기, 그 가운데 마리오 란자가 부르던 축배의 노래, 창틀에 올라서서 커다란 맥주잔을 들고 열창하던 노래가 떠오른다. 하얀 레이스로 불거져 오르는 젖가슴을 장식한 아가씨가(아줌마가) 계산대 앞에 서 있다. 가슴을 아찔하게 내놓고 다녀서 그런지 젖무덤이 까맣게 그을었다. 인종의 차이인지도 모를 일이다. 그러나 영업을 위해 젖가슴을 그렇게 두드러지게 내놓고 살아야 한다면, 이는 발터 벤야민 식으로 말하자면 인체의 상품화라고 설명될지도 모를 일이다. 아무튼 황태자가 사랑한 술집 아가씨 케티의 젖가슴은 수줍은 듯 뇌쇄적인 웃음과 함께 뽀얗게 돋아올라 보였다.

하이델베르크는 늙은(alt)이라는 관형어가 어울리는 도시다. 그래서 늙은 다리 건너편 언덕에 철학자의 길이 있다. 철학자들이란 무엇인가. 젊은 혁명가가 총칼로 역사에 새파란 상처를 냈을 때, 목을 내놓고 싶지 않은 노추한 늙은이들이 젊은 혁명가의 업적을 정리하고 정당화하는 일이 철학이 아니던가. 신예과학자라는 말은 그렇거니와 젊은 철학자라는 말은 '청년 헤겔' 말고는 기억에 없다. 혁명도 못하고 철학도 한 일 없는 그의 한 생애가 석양에 녹아들어가 네카강 물결 갈피 속으로 흘러든다.*

3. 문학이란 무엇인가/2015년 10월 4일 아침

여행을 출발하기 전에 우공은 헤어조를 만났다. 그는 30대 중반에 독일 유학을 꿈꾸고 그 꿈을 실현하기 위해 독일에서 10년 넘게 공부해서 마침내 박사학위를 취득했다. 스투트가르트에 잠시 머물 거라는 이야기를 했을 때, 근처에 헤르만 헤세의 고향 칼브(Calw)라는 마을이 있다며 소개했다. 헤르만 헤세는 아무래도 익숙한 인물이라 그의 고향을 들러보는 것도 좋겠다는 생각이 들었다. 그런 생각을 하게 된 다른 계기도 있었다. 서울에서 헤세의 수채화 전시회가 있는데 그의 시와 더불어 인상적이었다는 이야기를 하며 그에게 추천하는 친구가 있어서 꼭 들러보고 싶었다.

하이델베르크에서 출발해서 헤세의 고향동네 칼브와 프리드리히 실러의 고향동네 마르바하(Marbach)를 거쳐 스투트가르트 숙소를 찾아가는 여정을 택했다.

구름을 노래하고 고향을 읊은 시인 가운데 헤세는 단연 앞자리를 차지하는 작가다. 그리고 동양과 서양을, 인간의 육신과 영혼을 함께 아우르고자 하는 그의 문학적 자세는 여러 측면에서 고향이라는 어휘를 휘갑해야 하는 과제를 안고 씨름하게 된다. 그 가운데 그의 고향은 어린 시절과 젊은 시절(1877~1881, 1886~1895) 자연과 교감하면서 글쓰고, 사색하는 데 정신적 바탕이 되었을 것으로 보인다.

헤세의 고향동네 칼브를 찾아가는 길은 좀 난삽했다. 하이델베르크에서 출발해서 칼스루에라는 데서 차를 바꾸어 타야 하고, 다시 포르츠하임이라는 데서 지선으로 갈아타고 가야 하는 여정이다. 그런데 포르츠하임에서부터 동차 한 량이 운행하는데, 옆에 작은 강을 끼고

숲속으로 이어지는 철로 연변에는 가을이 곱게 물들기 시작하는 싱싱한 숲이 생기를 뿜어낸다. 골짜기에 자리잡은 집들은 붉은 기와를 이은 지붕을 나란히 엇대고 가지런히 정리되어 있다. 고향을 그림으로 그리란다면 이런 곳을 그릴 수 있을 듯하다. 칼브 바로 못미쳐 이웃 동네는 히르자우(Hirsau)라고 하는데, 작은 성과 높이 솟은 첨탑이 있는 교회 그리고 붉은 지붕을 한 집들, 그 집들의 하얀 벽이 푸른 숲과 대조를 이루어 연출하는 안정되고 우아한 색상 등, 유럽의 아름다운 산간마을의 대표격이 됨직하다.

기차역에서 내려 승강기를 타고 4층을 내려가면 강을 건너는 다리로 길이 연결된다. 다리 난간에서 강물이 흘러가는 아래쪽을 바라보면 아치를 이룬 옛날 다리가 있고, 그 위로 사람들이 하루 장사할 전을 벌리고 있는 분주한 모습이 보인다. 며칠 전 모친상을 당한 송현호 교수가 보낸 감사의 메일에, 모친이 행상을 하면서 아무 불평없이 자식 7남매를 길렀다는 이야기를 한 게 떠올랐다.

헤세 뮤지엄은 상점거리 끝에 자리잡은 아담한 건물이다. 3층 목조 건물로 되어 있는 박물관은 짜임새와 규모가 척 어울린다. 튀빙겐에 가서 서점 점원으로 일하다가 고향에 돌아와 지내는 동안 나비를 수집하고 식물을 연구하면서 시를 짓고 산문을 쓰면서 지낸 젊은 시절의 행적을 약여하게 알 수 있는 전시가 짜임새를 느끼게 한다. 삶의 점멸하는 인상들이 집약되어 있다. 동양을 돌아다니면서 수집한 불상이니 그림, 조각 등이 헤세의 관심 폭을 알게 한다. 크로키, 유화, 청동상, 사진들이 드문드문 정리되어 있어서 헤세 전체 이미지를 형성하는 데 기여한다.

문학은 꿈꾸기이다. 따라서 문학은 현실에 대한 혁명적 전망을 모색하는 일이다. 산능선을 넘어가는 흰구름을 노래할 때도 각박한 현실의 그림자가 그 뒤에 드리운다. 성인의 얼굴에 떠오르는 성스러운 아우라를 그린 그림은 범인들의 속악하고 지루한 일상을 배경으로 해서 성스러움이 형상을 얻는다. 그 배경은 어느 시대일 수도 있고, 작가가 처한 현실일 수도 있으며 독자가 가지고 있는 인식의 저변에 깔린 이미지일 경우도 상정할 수 있다. 아름다운 산, 아름다운 사람들, 아름다운 노래 그렇게 나가는 문학이 있다면 그것은 예술성 아니면 최소한의 예술적 윤리를 결여한 감정의 속물적 낭비에 속할 것이다.

박물관을 나오면서 루츠(Herbert Schnierle - Lutz)라는 사람이 쓴 〈칼브의 헤르만 헤세, Hermann Hesse in Calw〉라는 책을 하나 샀다. 독일어로 되어 있어서 얼마나 읽을 수 있을지는 잘 모르겠다. 그리고 2002년에 열린 전시회에서 헤세를 바탕으로 해서 그린 그림들을 모은 도록을 하나 샀다. 〈대응 그림들, Reaktions－Bilder〉이라는 제목이 붙어 있는 도록 가운데 한국인 화가 남희라는 분이 그린 그림 〈Voelkel－Song〉 중생의 노래(?)라는 작품에는 반야바라밀다심경의 한 구절이 등장한다. 헤세가 앉아 있는 사진에다가 종이 띠를 그려 넣고, 그 종이 위에 "사리자야 색이 공과 다르지 않으니"라고 써 넣었다. 그림액자 네 모퉁이에, 왼편 위와 오른편 아래에 '색'이라는 글자를, 오른편 위와 왼편 아래에는 '공'을 배치하여 태극을 이루어 싸고도는 형상을 연상하도록 했다. 헤세가 동서를 아우르는 인간 보편의 의미를 발굴하자 했던 이념에 도달한 그림인 것을 알게 한다.

마침 주말이라 장터거리에 장이 섰다. 늙은 농부, 중년 공예기술자,

주부들, 심지어는 이제 겨우 열 살이나 되었을까 하는 애들에 이르기까지 자기가 쓰던 물건을 가지고 나와 전을 벌려 놓았다. 제1차, 2차 세계대전을 치룬 나라, 그들에게 '인간, 자연, 평화, Mensch－Natur－Friede' 그 연결고리를 어떻게 모색하는 것인지 모를 일이다. 헤세의 꿈이, 이상이 이해에 끝나는 것인가 아니면 어떤 실천의 방법이 있는, 있었던 것인가. 문학은 문제를 제기하는 양식이지 문제를 해결하는 양식이 아니라고 가르친 일들이 다시 생각키운다. 정말 그런가. 고향에도 〈수레바퀴 아래, Unterm Rat〉 시들어가는 청춘이 없으란 법이 있던가.

실러의 고향동네를 찾아가는 길에는 혼란이 있었다. 스투트가르트를 사이에 두고 헤세의 고향 칼브가 남서쪽이라면 실러는 동북쪽에 해당한다. 각각 스투트가르트에서 40km 남짓 되는 마을들이다. 헤세를 보고 실러를 찾아가는 길에 지방선 열차를 잘못 타는 바람에 헤매게 된 것이다. 마침 축제 기간이라 차가 붐빈 것도 한 원인이었다.

지리적 결정론은 위험한 발상이다. 왕대밭에 왕대 난다는 속언은 한 조각의 진실밖에는 담보하지 못한다. 그러나 비교를 위해서 말하자면, 칼브보다는 마르바하가 한결 세속적인 인상을 풍기는 동네다. 덜 고향 같다는 뜻이다. 고향이 인간이 궁극적으로 돌아가 안식할 수 있는 땅이라면, 거기에는 이상향이 설정되게 마련이다. 그런데 그 이상향이라는 데는 혁명을 꿈꾸기에는 불편하다. 고향에서 도둑질하기가 불편한 것처럼. 고향에서 저지른 불륜은 탈향을 강요당한다. 더구나 고향이 독재권력의 손아귀에서 시달릴 때, 할 수 있는 일이란 그 권력을 뒤엎는 일이다. 〈빌헬름 텔 Wilhelm Tell〉을 쓰자면 고향에 대한 아득한 향수로는 불가능하다.

대대로 도둑 이야기는 문학하는 이들의 흥밋거리다. 좀도둑이야 별로 흥미로울 게 없다. 그러나 세상을 한번 뒤집어 엎어보자는 야망을 품은 도둑들은 인류의 '유토피아－이상'과 연관된 역사적 과업을 걸머지고 진통하는 인간상으로 부각되기 때문이다. 스파르타쿠스, 로빈후드, 홍길동, 임꺽정 등, 그런 존재들이 역사를 뒤집어엎고자 발버둥한 인물들이 아니던가. 그런 인물들의 이야기를 하기 위해서는 장르의 속성을 고려한 투구가 필요하다. 실러가 극양식을 택한 이유가 거기 있는 게 아닌가 싶다. 극양식은 역사전망을 어느 정도 구체적으로 추동할 수 있기 때문이다.

극은 다분히 선동(der Aufruh)을 도모하는 양식이다. 그것도 〈도둑떼, die Räuber〉들의 이야기를 조용조용 혼자 읊어대는 시로는 표현이 불가능하다. 무대위에서 역동적인 움직임을 직접 보여줄 때라야 관객들이 흥분의 도가니 속에서, 역사 현실에 눈을 돌리게 된다. 우리 현실이 이렇게 참담한 것인가 하는 깨달음을 체감하게 된다. 괴테와 같은 시대를 살아가면서 일세를 풍미한 독일 문화의 거장 실러는 다분히 행동적인 인간이었다. 괴테가 무대에 올리기 심히 곤란한 〈파우스트, Faust〉를 썼다면 실러는 〈빌헬름텔〉이나 〈도둑떼〉를 씀으로써 무대예술의 정수에 도달한 걸로, 그는 실러를 정리하고 있었다.

극작가 실러의 현실인식은 교육에 대한 관심으로 전이된다. 〈미적 교육에 대한 편지〉라는 글이 그것인데, 이는 예술교육뿐만 아니라 교육 일반에서 중요한 자료로 평가받는다. 그는 자기 서가에 잠자고 있는 책을 다시 들쳐보아야 하겠다고 다짐을 두었다.

마르바하의 실러 문학박물관(Schiller's Literatur Museum)은 화려한 무대적 자료에 대한 기대와 달리 실러를 중심으로 한 독일 근대- 현대문학 자료들이 유리진열장안에 빼곡히 정리되어 있다. 하나 하나 읽고 디테일 속에서 문학의 진수를 발견하고자 하는 연구자들에게는 중요한 역사자료가 되겠지만, 들러보고 지나가는 이들에게는 눈요깃거리도 안 된다.

문학은 환영으로 존재한다. 일찍부터 사이버공간에 존재하는 것으로 규정되는 행위가 문학이라는 것은 '언어'를 다루어야 하는 세계의 벗어날 수 없는 숙명이기도 하다. 우리가 '단군'을 안다든지 '아킬레우스'를 이야기할 수 있는 것은 그게 언어적 서사로 존재하기 때문이다. 스크립트라고 하는 문서자료는 사이버공간의 언어를 현실공간으로 이끌어온 물건일 뿐이다. 자신의 기억 속에 언어형상으로 존재하는 헤세와 실러에 비하면 그들의 고향동네는 참조사항일 뿐 실체와는 멀다. 인간의 꿈꾸기는 일차적으로 사이버공간에서 시작하는 것이다.*

4. 예술이란/ 미술이란 무엇인가/2015년 10월 5일 아침

한 주일의 짧은 여행에 스투트가르트에서 이틀을 머물기로 한 이유는 간단하다. 하나는 국립미술관(Staatsgalerie Stuttgart)-독일에서 뛰어난 미술관-을 보기 위한 것이고, 다른 하나는 거기가 헤겔이 태어난 곳이기 때문이다.

가을로 접어들면서 우중충하게 하늘이 가라앉고 비가 내리기 시작하면, 유럽은 대륙 전체가 우울증에 빠져들기 시작한다. 밤부터 시작해서 아침 식사 때까지 추적거리면서 내리던 비는 아침 미사를 알리는 성당의 종소리와 함께 수그러들어 그쳐간다. 왕궁광장 혹은 고성광장(古城廣場, Schlossplatz)을 가로질러 찾아간 미술관은 휴일이라서 그런지 무료라고 한다. 그가 스투트가르트는 아주 좋은 도시라고 했더니, 계산대에 앉은 아가씨가 고맙다면서 어디서 왔는가만 묻는다. 무료지만 관람객의 국적은 미술관 통계자료가 되는 모양이다.

이 미술관에는 작품을 시대별로 전시하고 있다. 독일의 고전 작품, 네덜란드의 고전 작품, 이탈리아의 고전 작품, 매너리즘과 바로크시대의 고전 작품, 19세기 미술작품, 20세기 전반과, 20세기 후반에서 오늘날의 작품까지. 시대별 구획 가운데 유럽에서 유명짜한 작가들의 작품이 두루 수집되어 있다. 유럽미술의 종합전시장이라는 느낌이 짙다.

예술에 대한 이해나 취향에는 어떤 패턴이 있는 듯하다. 달리 말하자면 예술은 시대의 영향을 받기도 하지만 어느 시대를 특징지워 시대구분의 척도가 되기도 한다. 이는 예술이 어느 시대 사람들의 삶을 반영하고 창조한다는 뜻이다. 이는 다시, 시대를 훨씬 뛰어넘는 작품은 없다는 의미가 되기도 한다. 또 달리 말하자면, 어느 시대든지 그 시대는 그 시대 나름의 에피스테메가 있다는 것이다. 천박하게 말하자면 예술의 유행이고 좀 고상하게는 표현하자면 어느 시대의 아우라라고 해야 한다고, 그는 생각했다.

독일 고전작품들은 대개가 종교화들이다. 14세기에서 16세기에 이르기까지 기독교의 압도적인 영향을 반영하는 작품들이다. 물론 기법이나 시각의 변화가 없는 바는 아니지만, 종교가 곧 생활이었던 시대의 작품들이다. 이탈리아에서는 르네상스기를 넘어서서 시대변화를 읽게 되는 시기인데 독일은 개인의 자각과 현실의 대두가 늦어진 것을 알게 된다. 한마디로 유럽의 후진국이었던 셈이다. 전체적인 경향에서 벗어나 새로운 시도를 하는 작품들이 보이는데, Renhart Strigeldml 〈수염을 기른 남자의 초상〉이라든지 Hans Baldung(1484/5－1545)의 그림들, Lukas Cranach(1515~1586) 등의 작품에서 시대변화를 읽을 수 있다. 이들 화가들이 그린 개인의 초상화는 성화 영역의 성스러움보다는 세속의 삶을 지향하는 의지를 보이기 때문이다.

네덜란드의 고전 작품들은 대부분 익숙한 것들이다. 한스 멤링이라든지, 루벤스, 렘브란트, 호이엔 등 그가 전부터 보아온 작품들이 전시되어 있기 때문이었다. 17－18세기 네덜란드 그림은 한편으로는 종교화의 줄기를 이어가면서 다른 한편으로는 부상하기 시작하는 장사꾼들의 가족이나 그들의 생활을 그리는 그림이 하나의 다른 조류를 형성한다. 한스 멤링의 〈목욕실의 밧세바〉는 〈다윗왕과 소년〉이라는 그림과 나란히 걸어 서사를 형성하도록 한 게 눈에 띈다.

지난 여름 터키에 다녀오면서 관심을 갖기 시작한 바울이란 인물을 렘브란트라는 거장의 솜씨로 만나는 것은 예사로운 일이 아니다. 〈감옥에 갇힌 바울, Paulus im Gefängnis, 1627〉은 기록자로서, 편지작가로서, 여행가로서의 모습을 깊은 성찰에 빠져있는 모습으로 형상하고 있다. 네덜란드 사람들은 풍경과 생활을 예술로 끌어들인 용감한 이들이었다. 그러나 이러한 경향은 당시 해상무역으로 강성해지기 시작한 나라에서 부르주아들의 득세와 무관하지 않다.

이탈리아 고전 작품들은 종교화를 비롯해서 르네상스 시기 작품들이 주종을 이룬다. 이후 매너리즘 시대를 거치면서 절정을 이루었던 비적 추구는 그 후 점차 회화 스스로 자기부정을 시도하는 쪽으로 기울기 시작한다. 자기형성과 자기파괴를 엇바꾸어 거듭하는 예술의 진전은, 삶은 스스로 모색하고 변화를 만들어가는 게 하나의 원리라는 생각을 하게 한다. 영원한 진리가 있다는 믿음으로 일관하는 사람이 있는가 하면, 헤라클레이토스 말처럼 판타레이(panta rhei, 만물은 유전한다)를 외치면서 늘 새로운 시도를 하는 인간도 있게 마련이다. 나는 어느 편에 속하는가, 생각에 생각을 거듭해도 여전히 그의 전망은 아슴할 뿐이다.

음악도 그렇지만 미술에서도 우리가 가장 익숙한 게 아마 19세기인 듯하다. 물론 그 19세기는 20세기로 연결됨으로서 우리들 바로 윗세대라는 느낌을 준다. 실러 상을 조각한 다네커(Johann Heinrich Dannecker, 1758~1841), 카스파르 다비드 프리드리히(1774~1840) 도미에, 들라크루아, 쿠르베, 〈이피게니(Iphigenie, 1871)〉를 그린 안셀름 포이에르바하, 마네, 르누아르, 독일 인상주의 선도자 막스 리버만, 세잔느, 모네, 고흐, 시냑, 고갱, 알폰스 무하 등이 눈익은 그림들이 전시관을 메우고 있다. 로댕(1840~1917)의 조각작품 〈아이리스(Iris, Die Götterbotin, 1890/91)〉는 여성의 음부를 과감하게 드러낸 형상으로, 그게 신의 메신저라는 이름을 붙인 것은 새로운 시대를 알리는 선언으로 보인다. 오르세 미술관 현관에 걸린 귀스타브 쿠르베의 〈샘, La sourse〉이라는 작품만큼이나 충격적이다.

20세기는 회의와 파괴의 시대다. 두 차례에 걸친 세계적인 전쟁과, 산업화의 극단에서 이루어지는 환경과 인간의 파괴가 이 시대의 상징이기도 하다. 정신적 불안을 드러내는 뭉크의 작품을 앞머리에 전시한 것은 일종의 시대를 바라보는 안목이다. 그리고 피카소의 '청색시대'에 해당하는 작품을 거쳐 레제, 브라크, 마티스, 칸딘스키, 에곤 실레 등 예술의 새로운 경향을 혁명적으로 보여주는 작가들이 나열되기 시작한다. 키르히너, 모딜리아니, 파울 클레, 등을 거쳐 베크만에 이르면 독일 표현주의 경향을 짙게 반영한다. 에른스트, 달리, 자코메티 등 인간의 원형을 추구하면서 현실과의 갈등을 겪어나가는 작가들의 무서운 전율을 감지하게 된다.

형성보다는 해체를 미학의 원리로 하는 현대미술은 어쩔 수 없이 인간이란 무엇인가를 반성하게 하는 성찰을 담아내게 된다. 행위예술이라고 하는 예술가의 행위 그것이 형성이든 파괴든 아무 상관없는, 행위 자체를 예술로 돌려놓는 시대의 작품들은 다이너마이트 폭발장치와 그로 인해 무너진 건물의 부품들이 예술의 이름으로 전시장에 들어와 있다. 두아네 한손(1925~1996)이란 작가의 〈풀질하는 부인, Putzfrau?〉은 방바닥을 청소하다가 지쳐 주저앉은 부인의 모습을 그리고 있는데, 아무 표정 없이 존재 자체로 주저앉은(피곤한) 모습이 생활인의 마지막 이르는 지점이 무엇인지를 생각하게 한다. 그가 이 작품을 보다가 아내를 돌아보게 되는 것은 작품의 환기력 때문일 터이다.

그림을 혹은 예술을 미를 추구하는 것으로 규정하는 상식은 끝장이 난 것이라 해야할지 모를 일이다. 헤겔의 집을 찾아가면서, 그 방대한 양으로 전개한 미학이 근거를 상실한 것은 아닌가 하는 생각이 수그러들지 않았다. 그나마 문학을 설명하면서 서정시는 제쳐놓고－대비적으로 언급하고 있기는 하지만－ 그 엄청난 뭉텅이로 세상을 휘잡아 나아가는 서사에 주목한 것은 어쩌면 관념론자 헤겔의 현명함에 속하는 것일 터. 그러나 현대라는 시대에, 포스트모던을 지나 앞을 알 수 없는 질주의 시대에 헤겔이란 과연 어떤 존재인가. 알 수 없는 일이다. 그는 고개를 저을 뿐이었다.

일요일이라 헤겔하우스는 문을 닫았다. 헤겔의 휴식에는 변증법이 적용되지 않는 모양이다. 아니면 자신의 존재 자체 내에 모순을 모색하는 중인지도 모르지.*

5. 항상성에 대하여/2015년 10월 6일 아침

튀빙겐에 도착하기로 한 것은 오후 5시다. 그 사이 들러보고 싶은 데기 많다. 동부 산악지역의 산세를 보고 싶기도 하고, 프랑스의 스트라스부르그도 찾아가보고 싶었다. 전에 여행을 하면서 차로 경유한 도시이기 때문에 아직도 그의 여행의욕을 자극하는 대상이다. 그런데 일일티켓으로 다녀와 튀빙겐에 도착하자면 호수가 아름답고 알프스를 볼 수 있다는 보덴제 지역이 적절할 것 같아서 일일티켓을 구입하면서 열차시간을 확인했다. 보덴제 호숫가에 있는 콘스탄츠에 가면, 서너 시간 여유가 있을 듯한 일정이라 거기서 점심을 먹고 돌아오기로 했다.

콘스탄츠(Konstanz)는 어원이 일정함, 항상 같음, 늘 그러함을 뜻하는 영어의 콘스탄트와 동일한 것으로 유추된다. 그리고 거기를 가 보고 싶은 이유 가운데 하나는 이른바 큰스탄츠학파라고 하는 이들이 문학이론을 전개한 도시이기 때문이다. 어느 지역, 어느 시기 몇몇 사람들이 모여서 탐구영역을 획정하고 방법론을 개발하고 또는 그러한 활동을 전개한 이들을 학파라고 한다. 문학인들이 그런 모임을 만들어 운영했을 경우, 이를 유파라고 한다. 불어로 에꼴이라 하는 유파는 영어의 스쿨이나 독어의 슐레와 마찬가지로 사람들의 모임, 천한 말로 패거리를 뜻한다. 아무튼 콘스탄츠학파 사람들이 살았던 동네를 가보는 것 자체가 의미있는 일로 치부하고 나선 길이었다.

철로 연변으로 가을이 물들어오기 시작하는 숲이 펼쳐지다가 가을 작물로 덮인 광대한 벌판이 나타나기도 한다. 이곳 단풍은 연하게 물들다가 말라버리는 게 특징이다. 아직은 연하게 물들어 주로 노랑색과 주황색 단풍이 주종을 이룬다. 밭에는 밀이 자라올라와 연록색 융단을 깐 것처럼 부드럽게 펼쳐져 있다. 어떤 데는 유채가 꽃을 피워 봄 들판처럼 펼쳐지기도 했다. 아직 베지 않은 옥수수대, 밭을 갈아놓은 노지 등 벌판의 빛깔이 색동이다. 내년 이맘때면 또 저런 빛깔로 숲이 물들고 대지가 같은 빛깔로 펼쳐지리라, 철로연변 풍경이 그의 눈에 친숙하게 다가왔다. 조금씩은 변화가 있을 것이지만 같은 계절에는 늘 그런 모습과 빛깔로 벌판이 물들 것이다. 늘, 항상, 언제나…. 그러함, 그게 항상성이다.

지구의 자전 속도라든지 공전속도 등은 늘 일정하다. 시간이 일정하게 진행되고, 네 계절이 특별한 변화 없이 순환하는 것도 지구의 자전과 공전 속도가 언제나 같기 때문이다. 바다의 염도는, 어떤 범위 안에서, 언제나 같은 수준을 유지한다. 민물과 바닷물은 염도에 따라 구분된다. 사람의 경우도 마찬가지라서 숨이 고르고 심장의 박동이 일정하지 않으면 몸을 유지할 수 없게 된다. 심장이 리듬을 잃고 불규칙하게 뛰는 것을 부정맥이라고 한다. 심장이 멈추면 사람은 죽게 된다. 몸이 유지되는 것은 일정한 리듬으로 몸의 기관이 움직여주기 때문이다. 이러한 일정한 움직임으로 인해 생겨나는 일관된 특성을 항상성(호메오사타시스, homeostasis)이라고 한다. 이는 생명체가 자기를 유지하는 특성이다.

사람의 성격이나 행동 또한 이러한 항상성이 유지되어야 정체성을 지니게 된다. 자발머리 없이 나대는 사람은 불안하다. 한번 결정한 일을 끝가지 해내지 않고 이랬다저랬다 하는 사람은 일에 성공하지 못한다. 그래서 우물을 파도 한 우물을 파라 한다. 환경이 바뀌면 행동이 표변하는 사람은 보는 이를 어리둥절하게 한다. 사람의 성격이 한결같고 하는 행동이 언제나 올곧은 경우라야 그 사람의 인격이나 인품을 이야기할 수 있다. 볼 때마다 달라지는 사람은 그 다음을 예측할 수 없다. 그래야 재미있지만. 그는 혼자 웃었다.

항상성은 외적 자극에 대한 저항이라는 의미를 지니기도 한다. 일정한 상태를 유지하자면 외적 자극을 이겨내야 한다. 폭풍을 버티고 이겨내야 나무는 자기 모습을 유지할 수 있다. 공부하는 사람이 오락에 빠지면 결국 공부는 작파하게 된다. 학자가 정치를 하겠다고 나서면 대개는 정체성을 의심받게 된다. 폴리페서라고 지탄을 받는 이들 또한 학자로서 항상성을 잃은 결과이다. 나는 어떤 행동특성을 지니고 있는가, 하나의 인격체로서 나의 항상성은 어떻게 외현되는가, 그가 참으로 오랜만에 해보는 생각이었다. 어찌 보면 여행은 일상에서 잠시 이탈하는 일일 터이다.

차가 달리는 철로 연변에 붉은 기와를 덮은 집들이 지붕을 잇대어 마을을 이루고 있다. 붉은 지붕과 회칠을 한 벽과 벽에 적절하게 박힌 창들이 조화를 이루고 있다. 그런 집들이 숲속에 자리잡고 있어서, 숲을 배경으로 마을이 조화롭게 어우러진다. 사람들이 보는 풍경을 아름답게 만들어 주는 요건 가운데 하나가 사람이 사는 집들이다. 여기 집들은 대개 일정한 구조를 이루고 있지만, 자세히 보면 집들마다 다소 변화를 주어 개성을 살리고 있다. 항상성과 변화가 적절히 어울려 있는 셈이다. 그는 풍경에 빠져드는 중이었다.

콘스탄츠에서는 호숫가 근사한 식당에서, 그는 아내에게 점심을 사 주고 싶었다. 그런데 안내판을 대충 넘겨보고, 차에서 본 지리적 외양을 믿고 찾아간 곳이 호숫가 반대편이라서 시간을 한참 낭비하고 말았다. 호수에서 건너편 풍경을 잠시 바라보고, 사진을 몇 장 찍고서는 역으로 돌아왔다. 시간에 쪼들리는 것이다. 콘스탄츠학파는커녕 대학 구경도 제쳐놓고 튀빙겐으로 돌아와야 하는 일정이 되었다.

여행은 하나의 단위로서 항상성을 유지해야 한다. 그것은 여행 목적, 여행 운영 방법, 여행을 운영하는 주체 등이 여행의 성격을 규정한다. 그런데 그는 여행에 나서면 그의 항상성은 늘 휘둘린다. 외적 자극이 그를 휘몰아가기 때문이다. 이번의 경우도 여지없이 그렇게 돌아간다.

학회 일정으로 본다면, 내일 하루는 특별히 참석해야 하는 일정이 없는 것 같아 스트라스부르그 표를 사 놓고, 대학의 게스트하우스를 찾아왔다. 안교수의 안내를 받고, 시내를 안내해 주어 식당을 잡아 앉았다. 그의 초청을 주선한 이교수한테 전화가 왔다. 내일 계획을 이야기했더니, 한국측의 참여자가 적고 교수자격으로 온 사람은 그가 유일해서 학회에 다른 멤버들과 같이 참여해 주는 게 좋지 않겠는가 조심스럽게 이야기를 했다. 그 조심스러운 이야기가 찡하니 충격처럼 다가왔다. 이번 여행은 학회에 참여하는 여행인 것이다. 그게 이번 여행의 중심 혹은 항상성인 것이었다. 그는 아내에게 형편을 설명하고 스트라스부르그 표를 취소하기로 했다.

늘 똑같은 인간은 때로 지루하다. 그러나 늘 똑같다는 것이 목숨을 부지해주는 원리나 원칙인데 어쩌랴. 항상성을 유지하면서, 변화를 추구하는 가운데 창조성이 발양되는 것일 터. 어쩌면 이번 여행이 그의 항상성을 시험하는 계기가 될지도 모르겠다. 그런데 그의 항상성을 엮어나가는 가닥이 단순치 않은 데 문제가 있는 듯하다. 그는 문학연구자, 문학교육 실천가, 소설가 그런 가닥을 엮어가면서 지내온 셈이다. 그 스스로 자신의 삶의 가닥을 추려야겠다면서도 여전히 엉크러져 있었다.

게스트하우스 앞마당에 서 있는 굴참나무 도토리알들이 실팍해서 주워다가 책상위에서 놓았다. 갈색으로 익은 도토리 껍질이 전기스탠드 아래 반들반들 빛난다. 앙성 상림원의 도토리도 저렇게 익어서 떨어졌을 것이라며, 그의 얼굴에 웃음이 떠올랐다. 계절은 여지없이 가을이다.*

| 독일 여행에서 돌아온 우공을 환영한다고 로고포 멤버들이 모였다. 각각 한 마디씩 했다.

외서가 물었다. 그렇게 돌아다니고 독일 맥주는 언제 마셨소? 먹고 마시는 재미 빼면 여행은 반쪽인데, 우공 그렇게 열심히 사는 것은 장하지만 사는 게 무미하지 않겠소? 우공은 사돈 남말 한다는 식으로 빙긋이 웃었다. 소이부답이니 심자한이라는 이백의 한 구절을 생각하고 있었다.

남계가 말했다. 원여사가 맘이 좋으니까 그렇지, 우공같은 남편이랑 다닐라면 얼마나 피곤할까이이? 남존여비라고 몰라요? 남자의 존재이유는 여자의 비위를 맞춰주기 위함이니라 하는 위대한 금언 말이요. 하기는 남게는 여행지에서 손에 뭘 들고다니는 것을 본 적이 별로 없었다. 가끔 뭘 든다면, 아내의 여행가방을 들어주는 정도였다. 우공은 여행지에서 자기 짐은 자기 책임이 원칙이었다. 아내의 짐을 들어준 적이 별로 없었다.

석우는 자기 경험을 이야기했다. 나는 오스트리아 빈에 갔을 때 일 주일 내내 빈 시내를, 마누라랑 천천히 걸어다니는 걸로 시간을 보냈지요. 그거 괜찮더라구요. 우리가 그 동안 너무 설치고 돌아다닌 것 같지 않아요? 우공은 고질이 되어서 못 고칠라나? 그래, 보기에 따라서는 고질이라 할 만도 하겠지. 우공은 자기 삶이 떠돌며 사랑하는 과정이라는 생각을 반추했다.

우공은 여행의 나머지 날들, 김영하의 〈검은 꽃〉을 포스트식민주의적 시각에서 분석한 논문을 영어로 발표하는 그 고역에 대해서는 발설을 자제했다. 여행의 맥락으로 본다면 자랑할 만한 가치가 없는 일이었다.

5부

손이 걸어야

〈싸리꽃의 하루〉, 2016, 72.7㎝×53㎝, 아크릴

고욤 이야기

— 고욤이 감보다 달다

▌그건 아직도 모를 일이야. 우공은 전지가위를 들고 개복숭아 그늘을 어슬렁거리면서 혼자 중얼거렸다. 접목한 복숭아나무를 사다 심었는데, 냉해로 죽고, 돌연 개복숭아가 자라나기 시작하면, 복숭아의 원형이 무엇인지가 사뭇 궁금했던 것이다. 감나무 또한 마찬가지였다. 대봉시라는 감이 하도 탐스러워 묘목을 사다 심었는데 접붙인 감나무는 죽고 그 대목인 고욤나무만 살아서 고욤이 다닥다닥 달린다. 그것은 원숭이에서 인간까지의 거리만큼이나 아득한 의문이었다. 우공은 전에 써 두었던 원고를 찾아 읽어보았다. 읽은 원고를 수다철학원 현철 원장에게 보냈다.

아들이 감을 좋아해서 감나무를 좀 길러 보자는 셈으로 묘목을 사다 심기를 서너 차례 했다. 그런데 하나도 제대로 자란 게 없다. 묘목을 심은 첫 해에는 뿌리가 잡히고 윤기가 잘잘 흐르는 나뭇잎이 자라올라 기대를 잔뜩 걸고 다음 해를 기다리곤 했다. 봄부터 감나무 잎이 나오기를 기다리면서 자주 돌아보았다. 나무 줄기에 물기가 도는 듯

해서, 감나무라는 게 원래 잎이 늦게 피거니 하면서 기다렸다. 그런데 5월이 다 가도록 감나무 잎이 안 피고, 대신 둥지에서 고욤나무 싹이 나와 잎을 퍼뜨리면서 자라나는 것이다. 그러기를 서너 차례, 자그마치 사년이었다.

고욤나무는 자라는 세가 어찌나 왕성한지 검붉은색을 띤 어린잎은 주변의 거름기를 제가 혼자 빨아먹은 것처럼 윤기가 자르르 흘렀다. 대궁이 곧장 올라가면서 옆으로 잔가지를 벋어 평형을 이루어 자라는 모양은 오히려 감나무보다 더 기상이 높다. 좋다, 감나무 대신 고욤나무를 길러보자, 하면서 주변의 풀도 제쳐주고 가지를 잘라 통풍이 잘 되게 해 주었다. 그런데 한 서너 해 잎만 무성하고 열매가 달리지 않더니 작년부터 열매가 달리기 시작했다.

금년에는 열매가 제법 열었다. 여름에 개암 알맹이만하게 자라난 열매는 가을로 접어들면서 노르끼한 빛을 띠어 제법 고욤의 모양을 갖추어 갔다. 고욤은 서리를 맞게 두었다가 까맣게 익은 다음에 따야 제맛이라는 것을, 그는 아는 터라서 서리 오기를 기다렸다. 정작 서리가 왔을 때는 고욤 따는 시시껍질한 일은 잊고 지냈다. 고구마 캐는 일부터 무, 배추 등 김장거리를 거두어들이는 일이 호락호락하지 않은 것이었다.

지닌 일요일은 모처럼 날이 맑게 개었다. 한 주일 내내 들르지 못한 상림원이 궁금해서, 그는 아내와 함께 차를 몰고 갔다. 현관으로 들어가는 잔디밭길에 깨끗한 눈이 덮여 아무 짐승도 디디지 않은 채로 제법 정갈한 설경을 연출해 정신이 쇄락할 정도였다. 반송 솔잎 위에 눈이 쌓여 가지가 처지고 솔잎이 옆으로 어긋나게 벌어지고 어수선했다.

소나무나 영산홍처럼 가지가 조밀하고 잎이 짙게 어우러지는 나무들은 눈의 무게를 이기지 못하고 쓰러지기도 하고 가지가 부러진 것들도 있었다.

창 앞에 심은 대나무는 햇살을 따라 남쪽을 향해 기우숙하게 자라더니 짙은 댓잎 위에 눈이 내려 쌓이는 바람에 두어 줄기를 제하고는 모두 쓰러져 눈속에 묻혀버렸다. 본래 오죽이지만 눈위에 어지럽게 드러나 있는 것은 청죽보다 더 퍼렇게 날을 세우고 있는 댓잎들이었다. 대나무가 누워 버리니까 집 모양마저 달리보였다. 집이 훤하게 드러나 시원하기는 한데 허전하기가 이를데없다. 그는 대나무를 일으켜 세워 눈을 털어주었다. 본래 유연성이 있고 질긴 나무라서, 이전 같이 정갈하지는 않지만 대숲이 금방 회복되었다.

아래밭으로 내려가는 언덕길 가에 심은 개나리가, 터널을 이룰 정도로 무성하게 자라 올라가더니, 이게 눈의 무게를 이기지 못하고 모두 주저앉았다. 봄에는 캐서 정리해야 하겠다고 계획하고 있기는 했지만 눈에 꺾이고 주저앉은 모습은 안타깝다. 나무로서는 최후가 정갈하지 못한 생애가 되는 셈이었다. 사람으로 친다면 비명에 가는 꼴이기 때문이다. 가지가 늘어졌던 주목이며 낮게 자라던 향나무 가지가 눈에 묻힌 것을 풀어 주었다. 나무도 손이 가야 어린 시절을 잘 견딜 수 있는 것이다.

가을걷이를 끝낸 밭에 내린 눈이 푸른 기운이 돌 정도로 깨끗하다. 어디 숨어 있었던지 까투리 한 마리가 푸드득 날개를 치며 날아올라 산자락으로 숨어든다. 까투리가 숨어든 길을 따라 산자락 위로 펼쳐진 하늘을 바라본다. 오랜만에 보는 푸른 하늘이다. 근간 유럽의 겨울처럼 비가 잦더니 이어서 눈이 내리고 하는 통에 푸른 하늘 볼 날이 적었다.

밭자락 건너편 고욤나무에 까맣게 익은 고욤이 다닥다닥 붙은 게 눈에 들어왔다. 서리 내린 다음에 따자 하던 그 고욤을 오래 잊고 있었던 것이다. 그는 손에 잡히는 가지에서부터 고욤 알맹이를 따서 모자에 담았다. 땀냄새 좀 배면 어떠랴 싶었다. 본래 농사지어 걷어들이는 것치고 땀 배지 않은 게 어디 있을 것인가. 금방 모자에 굴썩하게 고욤이 모아졌다. 옛날부터 "감과 고욤은 두들겨 따야 잘 열린다."고 했는데 나뭇가지가 부러질까봐 가지를 찬찬히 휘어잡고 고욤 알맹이를 땄다. 과한 애정일지 모를 일이라고, 그는 생각했다.

조금 더 올라간 가지를 휘어잡고 고욤 알맹이를 따는 중에 나뭇가지 사이로 푸른 하늘이 잘게 갈라져 보였다. 나뭇가지 얼크러진 사이로 보이는 하늘자락에 손주들 얼굴이 어리기도 했다. 어려서 외갓집에서 고욤을 먹던 기억이 떠올랐다. 겨울, 외할머니는 광에서 잘 익은 고욤을 대접이 굴썩하게 떠다 놓고, 씨를 잘 가려 먹으라면서 그런 이야기를 했다.

"늙은이가 부지런해야 손주들이 고욤 얻어먹는 법이다."

그게 외할아버지가 부지런해서 너희들이 고욤을 먹는다는 것인지, 할머니가 따다 앙군 것이라 고욤이 시부정찮다는 뜻인지 알 수 없는 이야기였다. 그러나 생각해 보면 꼭 늙은이가 아니라도 어른들이 부지런해야 자식들이 잘 먹을 수 있는 것은 그때나 지금이나 다를 바가 없는 것 같다.

외할머니는 이가 빠져 홀쭉해진 볼을 오물거리면서 그런 말도 했다. "당장 먹기는 고욤이 감보다 달다." 입에 안기는 단맛으로야 고욤이 감 못지않다는 뜻이었던 것인데, 그게 "당장 먹기는 곶감이 달다."는 말을 고욤을 내놓으면서 변용한 것 같았다. 아무 전제조건 없이 "고욤이 감보다 달다." 하는 경우도 있다. 작아도 내용이 알차다는 뜻으로 쓰이는 말이다.

아내와 고욤 꼭지가 그대로 붙어온 것을 골라내어 정리해서 오지항아리에 넣고 한지로 뚜껑을 봉한 다음 시원한 마루에 내놓았다. 고욤을 손질하던 아내가 몇 알갱이를 입에 넣고 맛을 보고는 씨를 대여섯 개나 손바닥에 뱉아서 들여다보았다. "종족을 번식하려고 이렇게 씨를 많이 만들지, 자연의 이치가 참 신통해." 하면서 아내는 고욤 씨를 한참이나 들여다보았다. 모양은 감씨를 닮았는데 감씨보다 작은 고욤 씨가 앙징맞게 귀엽다. "이 씨 심으면 고욤나무 나오나?" 아내는 그저 지나가는 말처럼 한마디를 던진다. "물론 그렇겠지." 그도 심드렁하니 대꾸했다.

그의 대답이 신통치 않는 데는 까닭이 있다. 아직도 풀리지 않는 의문이 있기 때문이었다. 감씨를 심으면 고욤나무가 나오는데, 왜 그런가 하는 의문이 아직 그대로 남아 있는 터였다. 고욤씨를 심으면 감나무가 나오는 그런 가역반응(?)은 왜 안 일어나는 것인가? 고욤나무는 분류학상 감나뭇과에 해당한다. 짐작컨대 그럴 것이다. 같은 감나뭇과인데 어떤 놈은 열매는 튼실하고 큰데 나무가 약한 쪽으로 진화하고, 어떤 놈은 열매는 별 볼일이 없는데 나무는 튼튼한 쪽으로 진화했을 것이다. "고욤 일흔이 감 하나만 못하다."고 한다. 그러니 열매가 먹음직하고 맛이 단 감이 열리는 나무를 뿌리가 든든한 고욤나무에

접을 붙여 인간의 미각과 식욕을 충족했을 것이다. 자연의 평형이라는 게 그런 법이라서, 강약과 미추가 상보적인 관계로 조정되기 마련인 것 같다. 그러니 열매가 실하면 나무가 약할 법도 하다.

아무튼 "고욤 맛 알아 감 먹는다."고 한다. 비슷한 일에 대한 경험을 통해서 다른 일을 하게 된다는 뜻이다. 그런데 요즈음은 감부터 먹고 고욤은 그런 게 있는지조차 모르고 살아간다. 이전의 가치질서가 뒤집힌 세상에 살고 있는 셈이다.

오지항아리에 담아 놓은 고욤이 숙성되었을 때, 손주들에게 그걸 내주면 맛이나 보려고 할는지 모르겠다. 땡감 씹은 입맛이다. 땡감이나 풋고욤이나 떫기는 매한가지다. 본질은 같은 법일 터, 그는 스스로 혼란에 빠졌다는 느낌을 지웠으면 좋겠다는 생각을 했다.

(2015. 12. 6.)

▮ 현철 원장에게서 이런 답신이 왔다. 아직도 본질 타령입니까? 사물은 시공간에 갇혀, 우연적으로, 제멋대로 특수하게 존재할 뿐입니다. 각기 제타령으로 놀아나는 그런 사물들 밑바탕에 있어서, 사물이 각기 자기 모양을 넘어 초시공적, 보편적, 필연적인 것으로 만들어주는 그 무엇, 왈 에트바스etwas라는 게 본질이라고, 그건 분석이 안 되고 직관으로만 간파할 수 있다고 한, 훗설 그 양반이 팔십을 살았다는 것은(훗설1859.4.8.~1938.4.26) 기적이라 해야 옳을 겁니다. 안 되는 일을 된다고 우기는 그 근성이 철학을 하게 하는 것이기는 합니다만, 본질 논의는 장수에 별 도움이 안 됩니다. 그대도 칠십을 바라보는 나이 아닙니까. 철학으로 밥벌이하는 현철 드림.

생각해 보니 현철 원장의 말이 저저히 옳았다. 그렇다고 우공 자신이 근성이 그렇게 우악스럽지는 못했다. 우공은 모든 게임에 약했다. 화투를 쳐도 늘 잃었다. 그가 약간 추진력을 가졌다면, 아마 스스로 근성 약한 자신을 닦달하는 이력을 유지해 왔기 때문일 터였다.

인간이 언어를 가지고 하는 행위 가운데 문학이 가장 탁월한 것이라는 게 우공의 믿음이었다. 본질직관Wesensanschauung에 도달하기 위한 고투를 가장 치열하게 하는 것이 문학이기 때문이었다. '은유와 허구'는 분석을 거부하는 그 무엇을 지니고 있다, 그 무엇, 이름붙일 수 없는 그것은 결국 망나니에 지나지 않는다는 점에서는, 문학 또한 허접하기 이를 데 없는 환영幻影인지도 모른다는 생각으로, 우공은 머리가 아파오기 시작했다.

겨울 청개구리 울음

우화의 주인공들은 억울해 죽는다. 그게 요즈음 우공의 머리를 맴도는 화두이다. 우공은 개미와 베짱이라는 우화를 떠올려 보았다. 한마디로 개미의 근면성을 칭송하기 위해 베짱이의 놀고먹는 자의 최후가 얼마나 처참한가, 그 참담한 비극의 참상을 일러 무엇하겠는가, 그렇게 베짱이를 뭉개버리는 것이 아닌가. 토끼와 거북이라는 우화 또한 우공의 울분을 부추기는 동물학대적 발상에 기초한 우화인 것이다. 잘못된 게임이다. 게임의 조건이 같지 않은 것이다. 우공은 그런 생각을 하다가 전에 써 두었던 글을 찾아 다시 읽어봤다.

겨울에 청개구리 울음소리를 듣는 것은 흔치 않은 일이다. 겨울잠을 자는 동물이 아니던가. 그런데 겨울밤에 개구리 울음소리를 듣게 되었다. 연유는 이렇다.

얼마 전, 강추위에 얼어터진 게 없나 점검하기 위해 상림원에 왔던 적이 있다. 예상치 않게 관정 펌프가 얼었다. 그는 신상철 사장하테 급히 전화를 했다. 신사장은 마침 어머니 댁에 월동 점검을 하러 가려던 참이었는데, 그의 집에 먼저 들러 살펴보겠다고 했다. 후유, 살았다는 느낌이 들었다.

물이 안 나오면 한두 가지가 불편한 게 아니다. 식사를 준비하지 못하는 것은 물론, 화장실도 문을 닫아야 한다. 보일러도 물 없이 그대로 돌릴 수 없다. 염치불구하고, 정황이 어떻게 될지 몰라서 오는 길에 물 몇 병 사가지고 오라고 부탁했다. 신사장이 해빙 기구를 가지고 와서 공기압을 올리기 위해 전선을 연결해서 모터를 돌렸다. 기계 안에서 증기가 발생하도록 모터를 돌린 것이다. 관정의 펌프를 녹여주어 물이 다시 나오게 되었다. 그는 환호성을 지르고 싶은 걸 겨우 참고 무람없이 고맙다는 인사만 했다.

물을 받아다가 말라가는 화분에 뿌려주고 그 물로 저녁도 끓여 먹었다. 물이 이렇게 고마울 수가! 그들 내외는 물이야기를 하다가, 동네에 그들 일을 자기 일처럼 도와주는 사람이 있어서 얼마나 고마운지 모르겠다는 치사도 했다. 밤이 깊어 잠자리에 들었다. 그런데 어디선가 꽉꽉 하는 개구리 울음소리가 들렸다. 이게 환청이 아닌가 싶어 다시 귀를 기울였다. 그 때 또 두어 차례 꼬악꼬악 하는 소리가 들렸다. 틀림없는 개구리소리였다.

지난 가을 화분을 실내에 들여놓다가 유리창에 붙은 청개구리를 발견했다. 날이 꽤 싸늘해진 때라 청개구리를 밖으로 내몰면 얼어죽을지도 모른다는 생각으로 청개구리를 집어서 화분 위에 놓아 주었다. 그리고는 잊고 지냈다. 그 청개구리가 화분 어느 구석 흙을 파고 들어가 몸을 숨기고 있다가 보일러를 돌려 실내 온도를 높이고, 화분에 물을 주니까 제 철인 줄 알고 우는 것 아닌가 그렇게 짐작을 했다. 그 뒤에도 몇 차례 밤에 개구리 소리를 들을 수 있었다. "우리가 개구리 겨울잠을 깨웠나" 하면서, 그의 아내가 기지개를 켰다. 겨울에 개구리 울음소리를 들을 수 있는 게 얼마나 신통한 일인가, 서울에서는 도저히 할 수 없는 경험 아닌가, 그들은 약간 흥분에 들뜨기도 했다.

며칠 뒤 어제, 다음날 토지 측량을 할 일이 있어 직접 확인하려고 상림원에 왔다. 저녁 식사가 끝나고 화분에 물을 주었는데, 개구리가 꽈악 꽈악 거듭해서 우는 것이었다. 밝은 영하의 날씨였다. 그런데 달력을 보니 글피가 경칩驚蟄이었다. 글자 그대로 경칩은 땅속에 칩거하고 겨울을 나던 개구리가 놀라 튀어나온다는 절기 아닌가. "이놈이 철을 아네." 하면서 그는 아내와 청개구리와 연관된 이야기를 했다.

그 때 아마도 어머니는 신장염인지 무슨 병을 앓고 있었던 걸로 기억된다. 약을 먹고 자리에 누워 쉬고 있는 어머니에게 그는 옛날얘기를 해 달라고 졸랐다. 그의 어머니는 이야기를 했고, 그는 이야기를 들으면서 자기 의견을 끼워넣기도 했던 것 같은데, 이제는 선명한 디테일은 안 떠오른다.

옛날 아주 오랜 옛날에 어느 산골 개울가에 목와木蛙라는 청개구리와 몸이 성치 않은 어머니가 살았단다.(청개구리를 영어로는 Japanese tree frog라 하기도 한다. 일본청개구리와 함께 수원청개구리도 한국에 서식한다는데, 두 종의 차이가 뭔지는 잘 나타나 있지 않다.) 그런데 목와는 자기 어머니 말을 하나도 안 듣는 불효막심한 애였단다. 어머니 얘기는 모두 거꾸로 들었거든. 산으로 가라면 냇가로 가고, 나물을 뜯어 오라면 돌멩이를 가져오고, 공부하라면 나가 놀고, 그렇게 엄마 속을 썩이는 애였어. 너처럼 말야. 내가 언제 그랬어? 사실 나는 그 무렵 반에서 일이등을 하는 범생이였다.

그런데 청개구리 엄마 병이 위중해져서 곧 죽을 것 같았어. 그래서 엄마는 아들 목와를 불러놓고 얘기했대. 목와야 아무래도 내가 오래 못 살고 죽을 것 같다, 내가 죽으면 산으로 가지 말고 저 앞 냇가에 묻어 다오. 나도 죽으면 땅에다 묻어야 한다. 엄마의 눈자위가 약간 붉어진 게 보였다. 엄마 언제 죽을 건데? 불효막심한 아들은 그렇게 물었다. 엄마는 청개구리가 아니니까…. 냇가에 안 묻어도 돼. 아들은 입을 삐죽거리다가 주먹으로 눈가를 훔쳤다.

엄마가 죽었어. 목와가 생각해 보니까 엄마 속을 너무 썩였거든. 그래서 엄마의 마지막 소원은 들어주어야 하겠다고 생각했어. 생각한 끝에 자기 엄마를 냇가에다가 묻었단다. 냇가에 무덤이 생긴 거야. 강변의 묘지네. 그런 셈이지.

그런데 말이다, 엄마를 냇가에 묻을 때는 늦은 봄이었는데, 시간이 흘러 여름이 된 거야. 여름이면 장마가 지잖아, 장마가 져서 냇물이 불어오르니까 목와는 어머니 무덤이 걱정되기 시작했어. 어머니 무덤이 물에 떠내려갈 거잖아. 그러면 어머니 무덤에 가서 절을 할 수도 없고…. 그때서야 가슴을 치면서 왁왁 울어대기 시작했대. 엄마 말을 제대로 알아듣지 못한 게 한이 되었던 게야. 그렇게 시작한 울음이 여름 장마만 지면 아직도 계속된단다.

청개구리가 몇 년이나 사는데, 아직도 울어? 대를 이어서 울어. 엄마 죽으면 나도, 내 아들도, 그 아들의 아들도 울어? 걱정 마라, 나는 죽으면 화장해 달라고 할 거야. 화장해서 바닷가나 산자락에 뿌려 달라고 할 거니까. 그럼 불가사리나 조개가 울고, 참나무, 소나무 진달래도 울겠네. 공중에 뿌려라. 그럼 바람이 울지. 예끼. 그 두 음절 감탄어 속에 아들의 불효 총량이 도사리고 있었다.

지금 와서 그는, 어머니의 청개구리 이야기와 관련해서 이런 생각을 했다. 목와는 왜 어머니 이야기를 거꾸로만 들었을까? 혹시 어른들이 목와가 이야기를 그렇게 거꾸로 듣도록 의미론적 여건을 조성한 것은 아닌가. 청개구리들은 대화라는 것을 몰랐을까? 말이란 본래 주고받는 게 본질이 아니던가.

말이 일방적으로 건너갈 때 말하는 사람과 듣는 사람 사이에 대화가 성립되기 어렵다. 그렇다면 어른들의 이야기가, 이야기 방식이 목와의 듣기 방식을 그렇게 만든 게 아닌가, 그렇게 생각되었다. 말을 거꾸로 들어야 손해보지 않는 그런 언어환경에서 말을 바로 들어서 스스로 손해를 자청하는 것은 어리석은 짓일 게 아닌가. 그렇다면 목와는 자기방어를 위해 어른들 말을 거꾸로 해석해서 들었던 것은 아닌가. 말에 관한 한 잘못의 책임을 어느 한편에 전가하는 것은 무리를 가져오기 십상이라고, 그는 생각했다.

어른들이 목와에게 이야기를 바로 들을 줄 알도록 타이를 기회는 영 없었던 것일까? 타이를 기회가 있었는데 그냥 지나갔다면 어른들의 책임도 없다 하기 어려울 터이다. 타이른다는 것 자체가 어른들의 말에 절대적인 권위를 부여하고 하는 이야기일 터인데, 최소한 아이가 말을 거꾸로만 알아듣는다면 그 이유를 물어보아야 할 것이 아닌가? 이 우화는 세대간의 소통이 어렵다는 것을 상징할 수도 있고, 교육에서 언어 문제를 제대로 못 다루었다는 이야기가 될 수도 있을 것 같았다.

아무튼 이 청개구리 이야기는 어른들의 말은 모두 옳고 아이들 의견은 수용되지 않는, 언어적 불균형의 사회적 분위기를 반영한 것은 아닌가 하는 생각도 들었다. 자기가 여자 넘보면 로맨스고 남이 그런 짓을 하면 스캔들로 규정하는 사회 분위기와 별로 다를 것 같지 않았다. 그런 생각을 하고 있는데 또 청개구리가 곽곽 울어댄다. 나를 함부로 우화의 주인공으로 이끌어 어리숙하고 얼띤 놈으로 만들지 말라는 항변인가? 청개구리가 항변 어쩌구 하는 것은 다시 우화의 늪으로 빠지는 행동일 것 같아 버릇이 무섭다는 생각을 했다. 그 동안 얼마나 많은 의인법을 어설프게 구사해 왔던가. 그는 스스로 면구스러워 얼굴 매만지는 아내를 똑바로 쳐다보지 못했다.

아무튼 겨울철에 청개구리 울음소리를 듣는 것은 흔치 않은 체험이다. 여름에는 청개구리가 우는지 다른 개구리가 우는지 구분이 안 된다. 우리나라에는 참개구리, 금개구리, 산개구리, 좀개구리, 옴개구리 등이 서식한다고 한다. 그런데 사람들은 그런 종자를 잘 알지 못하기 때문에 그저 개구리라고 뭉뚱그려 부른다.

개구리는 주몽신화에 등장하는 금와金蛙처럼 신화적 존재로 부각되는 경우도 있다. 개구리와 유사한 두꺼비 또한 신화 내지는 민속적 존재로 상징적 의미가 크다. 상징적 의미라는 말은 달리 보면, 사물이 서사화되었다는 의미가 되기도 한다. 청개구리는 서사화 과정에서 어른들 속썩이는, 말귀 못 알아듣는 존재가 되었다. 좀 억울할 것이다. 문제는 청개구리보다 못한 인간들이 설치고 다닌다는 데 있다. 청개구리는 후회를 하고 울기나 한다지만 요즘은 자기 죄를 뉘우치지 않는 작자들이 악머구리 끓듯 하는 세태다.

악머구리는 참개구리가 잘 운다고 해서 붙은 이름이라고 한다. 악머구리 끓듯 한다는 말은 개구리 우는 소리가 자자벅적한 경우에 쓴다. 청개구리는 거기 끼지 않는 듯하다. 아무튼 '청개구리 성미'라고 하지만 정작 청개구리 눈에 인간은 어떻게 비칠지 모르겠다는 게, 그의 생각이 미친 문턱이었다.*

❙ 어느 저널에 이 글이 나간 것을 읽은 갸륵한 독자가 우공께 메일을 보내왔다. 우공 선생님 글 잘 읽었습니다. 마음 없는 청개구리에게, 너는 내 모양을 어떻게 보느냐고 물어보는 것은, 우화를 벗어나자면서 다시 우화 속으로 들어가는 격이 아닌가 모르겠습니다. 인간이란 게 본래 엉터리잖아요? 그나마 자기 우스운 꼴을 남에 빗대어 되짚어보는 게 어딘데요. 사람이 사람 이야기하기 어려우니까 말 못하는 짐승이며 초목까지 동원해서 이야기하자는 우화寓話, 글자 그대로 이야기가 깃들기 위해서는 뭔가 틀거리가 있어야 하지 않겠어요? 보복 없는 틀거리를 만들자면 우선 동식물 끌어다가 쓰는 게 편하겠지요. 이 지점에서 왜 우화등선羽化登仙이란 말이 떠오르나 모르겠네요. 우공 선생님과 함께 동파거사의 〈적벽부〉 읽을 날을 기대해 봅니다. 김호학 올림.

열쇠와 자물쇠

▎자신의 상상력이 어디로 튈지 모르는 사람들은 내심 불안하다. 한마디로 이야기가 안 된다. 우공의 경우도 그런 편이다. 열쇠와 자물쇠라는 글 한 편 써 놓고, 이재선 교수가 한국소설사의 원리를 열쇠와 자물쇠의 원리로 설명하던 것이 떠오르는 것이었다. 우공은 아는 소리 잘 하는 사람 앞에서는 입을 다문다. 그런데 모르는 것 많은 눈치를 보이는 사람들 앞에서는 다변이 된다. 그런 경향은 우공이 글을 쓰는 데도 변화 없이 나타난다. 이런 식이다.

이런 글은 제목 자체가 낡은 것이다. 지금은 보안을 전문으로 하는 업체들이 등장해서, 웬만한 집에서는 문단속을 그리 걱정하지 않는 편이다. 첨단장비로 문을 잠가두고 산다고들 한다. 폐쇄회로 텔레비전으로 드나드는 이들의 행동거지를 촬영해 두었다가 사건이 발생하면 녹화된 내용을 재생하여 범인을 색출하기도 한다. 그러니 자물쇠나 자물통, 열쇠나 열대 등은 낡은 시대의 유물이 될 수밖에. 컴퓨터의 열쇠는 물론이고, 은행 계좌의 열쇠도 이른바 아이디로 바뀌었다. 사이버공간의 열쇠인 셈이다.

현대에 낡은 방식으로 살면 때로 해프닝을 연출한다. 그의 집 재래식 열쇠가 그렇다.

아주 소박하게 집을 꾸리고 살자 하면서 헐렁한 잠금장치를 해 달라고, 공사 업자에게 부탁했던 것부터가 문제의 소지를 안고 있었다. 처음에는 열쇠를 잘 챙겨 가지고 다니는 것은 물론, 열쇠구멍에 열쇠를 넣고 돌리기만 하면 떨꺼덕 살갑게 열리곤 했다. 그런데 이가 안 맞기 시작하면서 열쇠가 도무지 말을 안 듣는 지경에 이르렀다. 손에 전달되어오는 감각으로 방향을 맞추고 힘을 다해서 돌려야 겨우 열리더니, 급기야는 펜치를 동원해야 열리는 잠금장치가 돼 버렸다. 결국 잠금장치를 새것으로 갈아치울 수밖에 없었다.

잠금장치를 갈면서 그는 몇 가지 생각을 했다. 아예 열어두고 다니면 어떤가 하는 게 하나의 안이었다. 그러나 그것은 너무 집을 방치하는 것은 물론, 다른 사람들의 관음증觀陰症을 부추긴다는 생각이 들었다. 관음증이란 음란한 장면을 몰래 들여다보며 낄낄거리는 도착심리가 아니라, 광이라든지 헛간 혹은 방안처럼 그늘진 곳을 무엇이 있나 들여다보고 싶어 하는 심리를 뜻하는 말로, 그렇게 써도 됨직하다. 그래서 다른 방법을 강구하자는 데로 식구들의 의견이 돌아갔다.

번호키는 어떤가? 재래식 번호키는 너무 허술하다. 그럼 전자식 잠금장치는 어떤가? 우리집에 안 어울린다. 보안카메라를 달면 어떤가? 사방이 문인데 몇 개를 달려고? 세콤를 설치하는 것은? 그런 장치를 할 만큼 값나가는 게, 우리집에는 없다. 그렇게 해서 다시 열쇠를 사용하는 재래식 잠금장치를, 약간 품질을 높여 설치했다. 문을 때려부

수거나 특수한 장비를 이용하지 않는 한, 밖에서 열기는 가망이 없는 그런 잠금장치였다. 그는 마음이 든든했다.

그런데 하루는, 서울서 일을 보고 늦게 출발하는 바람에 어두워져서야 앙성에 도착했다. 늦은 김에 저녁 먹고 들어가자 해서 읍내에서 삼겹살에 소주 한잔, 그 맛의 궁합을 즐겼다. 집에 올라와 보니, 내외간에 서로 믿거라 하고 나선 것이 둘 다 열쇠를 안 챙긴 것이었다. 그는 술도 했고, 아내는 피곤한 상태라서, 야밤에 운전을 해서 서울로 돌아가기는 여간 불편한 상황이 아니었다. 온천장에 나가 여관을 잡아 하루 자고 가기로 했다. 자기 집을 두고 여관신세를 져야 하는 게 우습기도 하고, 열쇠 하나 못 챙긴 것이 일상을 이렇게 일그러뜨리는가 하는 생각으로 기분이 처지기도 했다. 다음 주까지 시간을 대야 하는 원고가 밀려 있는 상태였다.

엊그제만 해도 그랬다. 주 후반을 좀 여유있게 보내자는 셈으로, 그는 아내와 금요일에 앙성으로 향했다. 집에서 정리해 버려야 할 것이라든지, 옮겨 놓아야 할 짐을 챙겨 가지고 출발했는데, 정작 앙성에 와 보니 아무도 열쇠를 챙기지 못한 것이었다. 전에 가지고 왔던 아내의 작은 가방을 다른 걸로 바꾸면서 열쇠를 옮겨놓지 못한 탓이었다. 그 가방에는 열쇠 둘이 다 들어 있는 것을 서로 믿은 나머지 아무도 열쇠를 안 챙긴 것이다. 처리해야 할 일감은 열어보두 못한 채, 대중탕에서 목욕만 하고 서울로 돌아왔다. 유난히 막히는 금요일 오후, 교통체증을 열 만한 열쇠는 없었다.

자물쇠를 만들기 시작한 것은 사유재산 제도가 생긴 이후일 터. 내 집에 함부로 들어오지 말라는 경계 표시로 대문을 만들고, 빗장을 질러 두었을 것이다. 그리고 여기는 내 영토라는 선언을 하면서 성을 쌓고 성문에다가 빗장을 해 질렀을 게 아닌가. 그게 '빗장 관'이라는 글자 [關]의 연원일 것으로 짐작된다. 그러한 큰 잠금장치가 개인의 소유물로 전이된 것이 자물쇠와 열쇠일 것이다.

재산이 집중되면서 남의 것을 훔치는 자들이 나타나기 시작했을 터이고, 이를 막아내기 위해서는 잠가 두어야 했을 것이다. 잠가두었다가 소용이 있을 때, 나만 딸 수 있는 권리를 가지고 다니도록 고안한 것이 자물쇠와 열쇠다. 자물쇠를 믿고 유유자적 돌아다닐 수 있는 부호의 배포가 얼마나 든든했을 것인가.

그러나, 자물쇠나 잠금장치는 남에 대한 의심에서 시작되는 것이다. 순천 영화세트장에서 보고 확인한 것인데, 1970년대 냉장고나 텔레비전에는 잠금장치가 되어 있었다. 전축에도 잠금장치가 있었던 걸로 기억된다. 학교에 근무했던 분들은 알겠지만, 교무실 책상 설합을 안 잠그고 나갔다가 비밀이 누설되는 일들이 다반사였다. 교무주임이 캐비넷을 제대로 안 잠그는 바람에 시험지가 유출되는 사건이 벌어지기도 했다. 그렇게 본다면 당시는 의심의 시대였던 듯하다.

열쇠가 많다는 것은 잠가두어야 하는 자물쇠가 많다는 뜻이다. 한편으로 그것은 부의 상징이고, 다른 한편으로는 욕심과 악업의 짐이 많다는 뜻이기도 하다. 찰스 디킨즈의 〈크리스마스 캐럴〉에 나오는 열쇠꾸러미가 그 경우에 해당할 것이다. 수전노 스크루지(Scrooge) 영감은 열쇠꾸러미에 매달려 시달리느라 성탄절도 안 챙긴다. 그러한 인생의 의미를 되돌아보게 하는 이야기이다. 요새도 가끔가다가 바지주머니 열쇠고리에다가 열쇠를 주렁주렁 달고 다니는 이들이 있는데, 그들을 볼 때마다, 그는 저렇게 사는 인생이 얼마나 버거울까 하는 생각을 하곤 했다.

열쇠 이야기를 하다 보니 로뎅의 〈칼레의 시민〉이 떠올랐다. 영국과 프랑스의 100년전쟁 마지막 무렵이었다. 1347년 영국의 에드워드 3세는 프랑스의 크레시 지역 전투에서 대승하게 되고, 도버해협 맞은편 칼레가 영국에게 함락된다. 에드워드 3세는 칼레 시민을 모두 죽일 작정이었다고 한다. 칼레 편에서는 영국에 교섭을 해서 칼레 시민을 살려 달라는 청을 넣는다. 그에 대한 영국의 대응은 칼레에서 의인 여섯 명만 나오면 그들만 처단하고 시민들은 안전을 보장한다는 것이었다. 칼레에서는 거상 유스트라시 드 생 피에르(Eustrache de St. Pierre)라는 인물이 죽음을 자청하여 나섰다. 이에 감명을 받은 시장, 상인, 법률가 등 5명이 자진하여 나섬으로써 영국이 요구하는 조건이 충족되었다. 칼레 시민대표들은 목에 밧줄을 감고 몸에 푸대자루를 두른 채 성문 열쇠를 들고 형장으로 나섰다. 이때 필리파 왕비(Phillippa of Hainault)는 태중이었다. 왕비가 나섰다. 만일 왕이 칼레 시민 대표를 죽이면 아이에게 불길한 일이니 용서해 달라는 것이었다. 왕은 왕비의 말을 들어 칼레 시민 대표를 풀어주었다.(이러한 내러티브 가운데는 후세인들의 분식粉飾이 있었다고 한다. 시민대표들은 일종의 패전국 사람들의 승복의례에 참여했을 뿐이라는 것이다.)

칼레 시민대표 가운데 하나가 들고 있던 시의 성문 열쇠는 가히 '천국의 열쇠'를 연상하게 하는 모습으로 조각되어 있었다. 모든 것을 포기한 연후에 찾아드는 정적과도 같은 시선으로 멀리 지평선을 바라보는 사내의 손에 들렸던 그 열쇠…. 칼레 전시민들의 목숨이 달린.

그는 잠시 자기 자물쇠와 열쇠를 생각해 보았다. 나는 얼마나 많은 열쇠를 흔들고 다니면서 자기의 보물들 혹은 비밀스런 재산을 지키려고, 자기가 채운 자물쇠를 기웃거리고 다니는 것인가. 그 스스로 그럴 재목이 못 된다는 것은 그의 얼굴만 봐도 누구나 금방 알 것이다. 그의 주머니에는 자동차 열쇠 하나가 달랑 들어 있을 뿐이었다.

열쇠 이야기에 딸려나오는 연상의 고리 끝에 정조대貞操帶가 붙어 있는 것은 그의 발상이 천박해서 그런가 의심도 해보았다. 아무튼 중세 기사들이 전쟁에 나가면서 마누라에게 정조대를 채웠다는데, 그 정조대 열쇠 복사본을 만들어 파는 전문가가 있었다고 한다. 의혹은 자물쇠를 만들고, 그 자물쇠를 푸는 것은 돈이다. 욕망은 진실을 감추고 호기심은 진실을 밝혀주는 열쇠다.

영어에서도 열쇠의 권력(the power of the key)은 교황권敎皇權을 뜻한다. 그런가 하면 황금열쇠(the golden key)는 뇌물로 주는 돈을 의미한다.

잠그는 자는 늘 여는 자를 넘어서지 못한다. 방법이야 도모하는 자마다 다르지만.

한마디만 더, 천국의 문을 여는 것도 지옥의 문을 여는 것도 인간 자신이다. 그는 그렇게 생각을 정리했다.*

❙ 익명의 독자한테 메일이 왔다. 그런데 말이지요, 천국의 자물쇠는 누가 만들지요? 지옥의 자물쇠는 제작자가 누군가요. 천국의 자물쇠는 인간이 만들고 지옥의 자물쇠는 신이 만들었을 거 같아요. 베드로가 들고 있는 천국의 열쇠는 스페인의 어느 대장간에서 제작한 것이라고 하던데요. 지옥의 자물쇠는 인간이 열 수 없기 때문에 신이 만든 것이지요. 우공은 고개를 갸웃했다. 그러나 논쟁을 할 여지는 없었다. 독자가 자기를 안 밝히기 때문이다. 모든 자물쇠 제조업자는 자기 신분을 안 밝힌다.

동파록凍破錄

— 얼어터진 이야기꽃

❙ 나이먹어 살기는 아파트가 편하다고 한다. 저저히 옳은 얘기다. 그러나 우공은 파초 이파리에 빗방울 듣는 소리가 듣고 싶어 목요일쯤이면 앙성 상림원에 가곤 한다. 앙성에 가면 쉬는 것은 고사하고 일에 시달리다가 녹초가 된다. 밭일이야 겨울에는 별로 드러나는 게 없다. 그런데 여기저기 얼어터지고 깨지고 하는 데는 손방이다. 겨울에 우공이 가장 걱정하는 것이 여기저기 얼어터지지 않을까 하는 것이다. 드디어 일이 벌어졌는데….

늘 그렇다. 남이 당하는 일을 보고는 "세상에 저런 일이!" 하면서 놀라워한다. 그런 일이 자기에게 닥치리라고는 생각하기조차 싫어하고, 나아가서 두려워하기까지 한다. 그런데 그런 일이 문득 자신에게 닥쳤을 때, 그 때서야 아, 이렇구나 한다. 그런 과정을 깨닫고 익숙해지자 마자 금방 잊어버리는 것이 인생의 아이러니인지도 모른다.

사계절이 뚜렷한 우리나라는, 기후상으로 분명히 복받은 나라다. 한편 그렇기 때문에 부지런하지 않으면 농촌에서 살아가기가 쉽지 않다. 그러다 보니 한 달은 물론이고, 한 주일인들 느긋하게 지낼 도리가 없다. 봄이면 봄, 여름이면 여름 계절마다 할 일들이 차곡차곡 밀어닥치곤 한다. 봄에 물 준비를 못 했는데 가뭄이 닥치면 꽃은 피었지만 열매를 볼 수 없다. 여름에 한발旱魃과 폭우暴雨를 대비하지 않으면 손끝에 피가 맺히게 가꾼 곡식이 못쓰게 되기도 한다.

자연 시간의 흐름을 따라 살아야 하는 농촌사회에서는 한 해 지나가는 것이 가히 시간과의 싸움이다. 씨를 뿌리고, 작물을 심고, 김을 매고, 익은 곡식을 거두고 하는 일들이 한 주일을 단위로 진행된다. 한 주일이 늦으면 한 해를 기다려야 한다. 잘 기른 배추며 무가 잠깐 사이, 한파가 몰아치는 바람에 밭에서 얼어버리기 십상이다.

우리나라 네 계절 가운데, 겨울이 가장 할 일이 적어 느긋한 시간을 가질 수 있다. 이전에는 농한기農閑期라는 말을 하기도 했다. 그러나 농사에서 벗어났을 뿐 생활을 하는 데도 일이 없는 것은 아니다. 겨울의 추위를 견디려면 채비를 해야 한다. 겨울을 나기 위해 준비하는 월동준비越冬準備를 하지 않으면 안된다. 그렇지 않으면 감내하기 어려운 일들이 벌어진다.

삶이 단순하던 때는 월동준비라고 할 게 기실 별것 없었다. 문으로 외풍이 들지 않게 문풍지를 한다든지 김치가 얼지 않도록 김장독을 땅을 파고 묻어 둔다든지, 수확한 고구마가 얼지 않게 보관하는 일 따위가 월동준비의 거의 전부였다. 그런데 생활이 복잡해지면서 월동준비도 따라서 여러 가지 유념을 해 두어야 할 일이 늘었다. 그 가운데 가장 힘든 것이 집안 곳곳이 얼어 터지지 않게 단속하는 일이다.

이전에는 얼어 터진다는 게 대체로 김치독이나 물항아리 같은 것들이었다. 간수를 잘 못해서 김치독이 얼어 터지면, 김치독 관리를 잘 못 했다고 며느리가 혼나면, 며느리는 김치독 잘 묻고 이엉을 엮어서 덮어 준 건너집을 바라보며 눈물을 닦기도 했다. 그러면 시누이가 안쓰러워서 "봄에 다시 사면 되잖아요."하고 달래는 걸로 끝이었다. 그런데 수도가 보급되고, 보일러가 생겨 파이프가 난방용으로 방바닥에 깔리고, 수세식 화장실을 쓰자니 화장실에 파이프가 들어가고 하는 과정에서 문제는 간단치 않게 되었다.

파이프는 속이 보이질 않는다. 속을 모르니 어디가 어떻게 고장이 났는지를 알 수가 없다. 수돗물을 흘려 놓아야 수도계량기가 얼어 터지지 않는다. 수도계량기는 수도국의 재산이지만 관리책임은 개인에게 있다. 평소 거들떠보두 않던 계량기가 얼어서 터져야 자기집에 그런 터질 물건이 있던가 한다. 수도꼭지를 믿거라 하고 그대로 두었다가 얼어 터지면 난감해진다. 먹을 물이 없어서 이웃집 신세를 져야 한다. 그리고 그걸 손보기 위해서는 사람을 불러야 한다.

보일러의 경우는 일이 더욱 복잡하다. 파이프라인이 다각적으로 얽혀 있기 때문이다. 물이 들어가는 입수 파이프가 밖에 노출되어 있으면 얼기 십상이다. 물이 돌아가면서 방을 덥게 하는 환수 파이프도 집의 구조에 따라서는 밖으로 노출되기도 하고, 얼어붙거나 터질 소지가 다분하다. 물이 빠지는 퇴수 파이프 또한 얼 수 있다. 관리가 잘 된 주택이나 아파트 같은 데서는 밖에 노출된 계량기통이나 얼 정도지만, 한데다 지어 놓은 주택의 경우는 얼어 터질 위험이 다분하다. 집에 물이 돌아가는 모든 과정에 위험요소가 곳곳에 마련되어 있는 셈이다.

지난 두 주일, 그는 앙성 상림원에를 가지 못했다. 그런데 그 사이

두 번이나 영하 10도로 기온이 곤두박질쳤다. 거기다가 그 전 주에는 실내에서 문을 닫고 있으면 답답할 정도로 날이 온화해서, 화장실 창을 환기가 되라고 열어 놓고 가기까지 했다.

아무튼 두 주일 만에, 쌀랑했지만 날은 화창하고 하늘이 맑아, 그는 겨울은 이래야 한다면서 양성 상림원으로 서둘러 달려갔다. 그런데 집에 들어서자 실내는 얼어붙을 지경우로 썰렁했고 방바닥은 얼음바닥 같이 찼다. 수꼭지는 얼어붙어 움직이지 않았다. 보일러 스위치를 넣었다. 잠시 윙하고 순환펌프 돌아가는 소리가 나다가는 멈추고 말았다. 난감했다. 점심을 같이 하자고 약속한 신사장에게 연락을 했다. 마침 집에 있었다. 금방 올라와 주었다. 기대를 잔뜩 하고 있는 내외에게, 자기로서는 다른 방법이 없다는 것이었고, 그런 일을 하는 기술자가 있으니 소개를 하겠다고 했다.

점심을 좀 일찍 먹었다. 추위에 쫓겨 일찍 먹은 셈이었다. 얼어붙은 집에 들어가 할 일이 없었다. 집에 들어갈 엄두가 나지를 않았다. 보일러 녹이는 기술자가 오기로 되어 있는 시간까지, 동네 집터를 돌아보기도 하고 새로 만들었다는 댐을 가서 구경하기도 했다. 쫓겨난 자의 여유였다. 히터가 돌아가는 자동차에 의존해야 하는 어설픈 여유였다. 한심한 경우를 당한 인간의 처지를 일러 "춥고 배고프다." 하던 이야기가 떠올랐다.

집에 돌아와 실내에 장치되어 있는 수도꼭지며 밸브 같은 것들을 일일이 점검하고, 화장실에는 전기 히터를 틀어 놓아 수도관이 녹게 했다. 그렇게 얼음이 녹는 데는 시간이 필요했다. 그가 막내와 과수 폐목을 정리하는 동안, 그의 아내는 부엌에서 살림을 정리하고 걸레질을 하면서 수도꼭지가 녹기를 기다렸다. 한참이 지나서, 아내가 밭에 나와 있는 남편에게 소리를 질렀다.

“물이 터졌어요. 빨리 좀 와 봐요.”

물이 터졌다면 수도꼭지가 다 녹았다는 게 아닌가. 그런데 웬 호들갑인가 하면서 느긋하게 하던 일을 하고 있는데, 다시 재촉이었다. 연장을 나무 옆에 던져놓고는 집안으로 들어갔다. 화장실 세면대 밑에서 물이 분수처럼 쏟아져 나왔다. 수도 파이프가 얼어서 터진 것이다. 날카로운 칼로 갈라놓은 모양의 틈새로 물이 세차게 뿜어나왔다. 그야말로 얼어터진, 동파가 된 것이다. 물이 얼면 부피가 늘어난다던 말의 실감이 이렇게 오는 것이구나 싶었다.

그때 언 수도 녹이는 기술자가 차를 몰고 올라왔다. 터져서 물이 새는 곳은 엘보였는데, 마침 기술자가 부속을 가지고 있어서 신사장이 갈아끼웠다. 물난리를 만났던 집안이 조용해졌다. 그런데 보일러는 복합 동결이 되었다는 것이었다. 입수 파이프가 얼고, 순환파이프가 속에서 얼어 물이 돌아가지 않는다는 설명이다. 보일러 본체와 연결된 파이프에 링거액 호스 같은 가느다란 줄을 끼우고는 그 안으로 고압 증기를 주입하여 언 게 녹게 하면 물이 돌아가게 된다는 설명이었다. 그런데 그 통수通水가 쉽지 않은 모양이었다. 해가 질 무렵이 되어서야 겨우 물이 돌아가기 시작했다. 그나마 다행이었다. 그는 후유 한숨을 내쉬었다.

한번 출장에 15만원을 받는다고 한다. 하루 문단속을 제대로 하지 못한 대가 치고는 혹독했다. 그러나 달리 생각하면 겨울에 눈을 볼 수 있고, 스키를 탈 수 있는 나라에 사는 보람 한 구석에 도사리고 있는 복병이 아니던가. 동파를 두려워할 게 아니라 대비를 하고 추운 겨울의 정취를 즐겨야 하리라. 여름과 겨울, 기온 차가 40도나 50도가 되는 환경에서 살 수 있는 적응력을 어디 쓸 것인가.

다행인 것은 우리 몸에는 동파될 만한 파이프라인이 없다는 점이다. 항온동물인 인간의 혈관은 증오 말고는 동파시킬 다른 힘이 없다. 그는 증오로 동파된 인간의 혈관과 심장을 생각해 보았다. 금방 냉혈한이라는 어휘가 그의 머리를 어지럽혔다.*

▌고생하셨네요. 전화 첫마디였다. 남계였다. 자기도 임실에 가지고 있는 집이 동파될까 염려해서 아예 난방을 전기로 한다는 것이었다. 아침에 일어나면 자리끼가 꽁꽁 얼고 세수하고 들어올 때 문고리에 손이 쩍쩍 늘어붙던 그런 추위도 견디고 살았는데 아무튼 자기는 추위를 못 견딘다면서 어려서 잘 먹지 못하면 나이들수록 추위를 탄다는 이야기를 했다. 그리고 하나 덧붙였다. 영하 20도에서 맨몸으로 인간이 얼마나 견딜 수 있는가를 실험했던 '마루타'들은 혈관이 얼어서 죽은 거 아니겠느냐, 그런 의문이었다.

우공은 말로 설명해야 뜻이 통하는 문장은 천하 악문이라는 이야기를 자주 했다. 말은 그렇게 하고 자기는 말로 설명해야 하는 문장을 쓰고 있는 꼴이 가소로웠다.

손이 걸어야 한다는 이야기

▌요즈음 우공은 몸에 대한 생각을 자주 한다. 나이를 먹는다고 몸에 대한 관심이 유별난 것은 아닐 터이다. 그러나 몸이 여러 가지 신호를 보내오기 때문에 몸을 돌보고 몸에 대한 생각을 안 할래야 안 할 수가 없다. 우공이 특히 관심을 가지는 것은 손이다. 이른바 자수성가自手成家란 자기 손으로 벌어서 집안을 이루었다는 뜻이 아니던가. 우공에게 자신의 생애는 결국 자기 손으로 이룩한 뙈기 밭이고 집 한 채였다. 우공은 자기 손을 물끄러미 쳐다보다가 컴퓨터를 켰다.

아마 독자들은 기억할 것이다. 어렸을 때, 갑작스런 배앓이를 하게 되는 경우가 잦았다. 그러면 할머니들이 아이를 데려다가 따뜻한 아랫묵에 눕혔다. 할머니는 손으로 아이의 배를 쓸어주면서 "내 손이 약손이다, 내 손이 약손이다."를 비손하듯이 되뇌었다. 아이는 우습기도 하고 약손이 무슨 약손, 하면서 신통치 않아 할 무렵이면 시나브로 배가 편해져서 일어나 나가 놀던, 그런 날들이 있었다는 것을 기억할 것이다. 요즈음엔 찾아보기 어려운 정경이다.

그의 어머니는 손이 걸었다. 음식을 맛지게 신속히 잘 만드는 것은 물론 뜨개질을 할 때면 남들 배는 빨리 일을 마무리했다. 어머니 손으로 밭에 곡식을 심으면 잎이 탐스럽고 이삭이 잘 여물었다. 감자도 알이 잘 들고 고구마도 뿌리가 실했다. 법 없이도 살 사람이라는 평을 듣던 그의 아버지 앞서서 집안을 일으킨 것도 어머니의 손이 건 덕이었다. 한편 어머니는 씀씀이가 커서 큰일 때나 명절에는 음식을 넘칠 정도로 풍부하게 만들었다. 손끝이 야무져야 한다면서 일을 완벽하게 처리하라고 이르곤 했다. 생각해 보면 그의 형제들은 어머니 손끝에서 자라난 폭이었다.

처녀 시절, 그의 아내는 얼굴이 곱고 손이 예뻤다. 송창식의 노랫말마따나 '손 한번 잡아봤으면' 하고 기회를 찾고 있을 무렵이었다. 건널목을 건너면서 여성을 보호하다는 명목으로, 그는 차가 오는 쪽에 서서 그녀의 손을 슬그머니 잡고 건널목을 건넜다. 그녀의 손은 부드럽고 따듯했다. 손가락은 유난히 길고 유연했다. 그의 손을 뿌리치지 못하고 슬그머니 감아드는 손은 가히 유혹적이었다. 그는 다음날 그녀의 손을 예찬하는 내용을 여러 장 써서 우편으로 부쳤다. 그의 아내는 그 편지를 지금도 보관하고 있다. 아무튼 그가 처음 잡았던 그 손으로 아이 삼남매 길러내고, 오늘까지 집안일을 휘갑해 나가는 걸 보면서, 그는 자기 아내의 손이 보배라는 생각을 거듭했다.

전에 누구던가, 죽은 다음에 무얼 남기고 싶은가 그에게 물은 적이 있다. 그는 그의 말과 글과 그리고 그를 만난 사람들이 그를 기억하는 이미지가 조금 남을 게 아닌가, 그렇게 심드렁하게 받았다. 자기는 그렇게 아무것도 남기지 않는 게 아니라고 했다. 그러면서 은근히 초상화나 조각 같은 것쯤은 남겨 놓아야 뒷사람들이 자기를 기억할 게 아닌가, 이야기를 했다. 그는 그 장면에서 영안실에 하얀 국화로 장식한 대 위에, 액자에다가 검정 리본을 드린 영정사진을 생각했다. 그래서 한 이야기가 그런 것이었다. 꼭 남기고 싶은 게 있다면 자기 오른손을 석고로 떠서 남기고 싶다고. 그 친구는 헙헙하게 웃었고, 그는 자신의 손을 들고 한참 쳐다보았다. 그의 손은 거칠고 투박했다.

그런 일이 있은 다음 그는 손을 소재로 한 작품들에 관심을 갖게 되었다. 손을 소재로 한 독립된 작품으로는 로뎅(A. Rodin, 1840~1917)의 〈대성당, La Cathédrale〉이 먼저 떠올랐다. 두 사람의 오른손이 약간 비틀린 듯, 서로 마주잡기 직전의 긴장된 순간을 포착한 작품이다. 그런데 이 작품이 '대성당'으로 이름이 붙은 까닭은 선명치 않았다. 이 작품에 서로 마주잡기 직전에 있는 두 개의 오른손은, 두 사람의 손으로 보아도 좋고 달리 보면 신과 인간의 만남, 그 긴장된 순간을 의미하는 것 같기도 했다. 그런데 그 작품의 이름이 왜 '대성당'인가? 대성당은 주교 관구의 중심 성당을 뜻한다. 이 정도의 성당이면 하나의 '완벽한 세계', 신과 인간이 만남이 이루어지는 공간의 의미를 지닌다고 보아도 무리가 없을 듯했다. 그것은 가톨릭이라는 말의 어원이 보편적, 우주의 그런 뜻을 지니는 것과 맥이 닿는 듯하다. 우주적 창조가 이루어지는 시공간이 두 손 가운데 나타나 있는 것이리라, 그는 그렇게 짐작했다.

그 작품은 미켈란젤로의 〈천지창조〉를 떠올리게 했다. 신은 오른손 검지를 들어 아담의 손가락을 모은 왼손를 향해 생명을 전하는 긴장된 순간을 그리고 있기 때문이다. 우주적 생명의 창조, 그 긴장된 순간을 포착하고 있다는 점에서 두 작품은 상통하는 면이 있다. 최소한 손은 창조의 원동력이며, 생명의 우주적 창조를 주관하는 게 손인 셈이다.

손이 놀라운 표현력을 지닌 로뎅의 다른 작품이 기억난다. 도버해협 프랑스 편에 있는 칼레 시청 앞에 서 있는 〈칼레의 시민, Les Bourgeois de Calais〉이 그것이다. 그 작품은 흔히 '노블레스 오블리주'의 예로 인용되기도 한다. 그는 그 내용을 '열쇠' 이야기에 포함시켜 넣었던 기억이 떠올랐다.

로뎅이 작품을 만들어 칼레시에 헌정한 것은, 사건이 있은 후 500년이 지난 1895년이었다. 그런데 이 작품은 놀랍도록 인물들의 개성이 살아있다. 아울러 인물들의 손을 처리한 예술적 기법이 탁월하다. 칼레시 성문의 열쇠를 든 인물의 손은 좌절감으로 겨우 열쇠를 손에 걸고 있는 것으로 표현되어 있다. 이 절체절명의 순간에 머리가 터질 것 같은 고뇌에 사로잡힌 인물은 경련하는 손으로 머리를 움켜쥐고 있다. 하늘을 바라보면서 호소하는 한 시민의 손은 펴지도 못한 채 떨고 있다. 무릎 아래로 축 처진 절망의 손들. 손의 갖가지 형상이 작품에 생명력을 불어넣고 있다. 이런 작품들을 만든 천재 예술가 로뎅 자신은 자기 손을 어떻게 생각했을까. 아무튼 예술 창조의 원동력은 손에 달려 있다, 그는 그런 생각을 자주 하는 편이었다.

칼레의 시민 여섯 사람은 결국 구제된다. 이들을 자신의 '손'으로 처형하려던 에드워드 3세의 왕비 필리파 드에노는 임신중이었다. 왕비는 자기가 임신하고 있을 때 사람을 죽이는 것은 아이에게 좋지 않다,

그러니 저들을 살려달라고 왕에게 '손'으로 빌며 간청했다. 왕은 이 청을 받아들여 칼레의 유지들 '손'을 풀어주었다. 그렇게 죽기를 각오하고 나서는 사람들은 구원을 받기도 하는 법이라고 그는 생각했다.

많은 경우 철학자들은 말년에 윤리학이나 미학으로 다가간다. 근대 기획의 역작으로 널리 알려진 〈돈의 철학〉을 쓴 게오르그 짐멜(Georg Simmel, 1858~1918)도 비슷한 경우에 해당한다. 그가 쓴 〈렘브란트: 예술철학적 시론〉(김덕영 옮김, 도서출판 길, 2016.3)는 1916년에 나왔으니까 저자의 생애 최후의 저작이다. 부제에서 짐작할 수 있듯이 이 책은 렘브란트의 작가론이 아니라 짐멜의 예술철학에 대한 탐구에 해당한다.

이 책 앞에 도판들이 18편 붙어 있는데, 그 가운데 그의 눈길을 끄는 것은 〈유대인 신부〉라는 작품이었다. 손 때문이다. 부제가 '이삭과 레베카'라고 되어 있기는 하지만 그림에서는 결혼 장면을 보게 된다. 그런데 이 신혼부부의 손이 만만치 않은 의미를 지닌 것으로 보인다. 신랑은 왼손을 신부의 어깨에 살그마니 올려놓고 오른손으로 신부의 왼쪽 가슴을 지긋이 누르듯 끼어안는다. 그 위에 신부의 손이 신랑의 손을 겸허하게 수용하는 모습이 나타난다. 신부의 오른손을 붉은 치마를 입은 아랫배에 차분히 놓여 있다. 이것은 단지 정태적인 손이 아니라 일종의 제스처에 해당한다. 이 신랑신부의 제스처 가운데 손으로 만들어낼 수 있는 삶의 의미의 정점에 달한 것이다.

짐멜은 본문에서 이 그림의 '제스처'에 대해 이렇게 쓰고 있다.

"남편이 부인에게 몸을 돌려 그녀를 포옹하는 모습, 그리고 그녀가 그의 용기를 북돋워주는 동시에 마음을 진정시켜주려고 자신의 손을 그의 손에 갖다 대는 모습— 이 모습은 일시적인 운동이 아니다. 제스처는 전적으로 개인에게만 귀속된다. 그러나 그것은 개인의 삶이 개별적인 요소들에 의해 결정되는 모든 것을 해체하면서 마치 현상의 동질적인 영역처럼 발산되는 지층에서 비로소 구성된다. 요컨대 그 그림에서는 이 삶이 서로 결합된 두 인물을 에워싸고 있으며 자신이 심지어 렘브란트의 개체화 이전의 형식들보다 훨씬 높다. 그 삶은 각각의 인물 안에 있는 자신의 근원점을 떠나지 않으면서 논리적으로 표현할 수 없는 방식으로 두 인물이 공유하는 하나의 삶으로 용해된다."(221쪽)

설명이 좀 까다롭기는 하지만 그는 본문의 한 문단을 옮겨 적었다. "우리가 삶을 진정으로 보는 것은 그것이 모든 시간적 순간과 단면을 넘어서는 연관 속에서인데, 이는 보는 과정 자체가 하나의 삶의 과정이라는 사실을 통해서 성립될 것이다."(92쪽) 신혼부부 내외가 보여주는 제스처는 우리 삶의 단편을 생애 전체와의 연관속에서 볼 수 있도록 한다는 뜻으로 이해된다. 이들 신혼부부 내외의 제스처를 우리 삶으로 이끌어올 때, 오늘 그가 손으로 하는 일들에 그의 생애 전체와 의미연관을 가지고 달려들도록 이끈다고, 그는 생각했다.

아무튼 이 작품은 빈센트 반 고흐가 이렇게 '손으로' 써놓은 감동적인 명품이다. "다 말라 푸석푸석한 빵조각만 먹으며 이 그림 앞에서 2주 동안 앉아 있을 수만 있다면 내 인생에서 10년을 포기해도 좋다." 신랑신부의 손만 보고 이렇게 허풍을 떨지는 않았겠지만, 손을 빼고는 이런 찬사는 나올 수 없다. 말하자면 사랑에 손이 건 사람들이다.

손은 인간 유기체에 통합되어 있다. 손목, 팔뚝 어깨, 목, 몸통 그리고 머리로 신경전달 통로가 연결되어 있다. 앉고 서는 것은 물론, 걷고 뛰는 일 또한 손이 균형을 이루어주지 않으면 맘대로 되지 않는다. 머리에서 하는 명령을 손이 따르지 못하면 일을 해낼 수 없다. 따라서 손만 떼어놓고 이야기하는 것은 무리다. 흔히 손발이 안 맞는다는 말을 하는 것처럼.

현대인들은 손을 너무 안 쓰고 산다. 밥 짓고, 집을 세우고, 옷을 마름질하는 일은 모두 손으로 한다. 흔히 어른들은 손으로 애를 받는다는 말을 한다. 손으로 똥오줌 가리게 해주고, 손으로 기른다. 손발이 다 닳도록.

사람 살아가는 일 전체가 손으로 이루어진다고 해도 과하지 않다. 그렇다면 손을 부지런히 훈련해야 한다. 손으로 해낼 수 있는 일들을 기계에 미루어 두는 것은 어리석은 짓이다. 그런데 점점 손보다는 기계에 의존한다. 그리고 손질할 일들이 점점 줄어드는 게 현실이다.

공작인으로 불리는 호모 파버(homo faber)는 모순에 처해 있다. 손 편하게 하기 위해 도구를 만들었는데, 그 도구에 의존해 살다보니 손이 무뎌졌다. 그렇다고 사서 고생하자 할 수는 없다. 인간은 편하게 살려 하고 게으른 게 본성이다. 그대로 두면 손이고 발이고 점점 게을러진다. 그는 그런 생각이 편견이기를 바라는 편이었다.

교육에서도 손을 특별히 훈련하지 않는 실정이다. 연필깎기와 글씨 쓰기를 제대로 가르치지 않는다. 공작시간에 칼질하고 톱질할 일이 별로 없다. 현대인은 손을 안 쓴다면서, 손을 써야 한다고 〈브리꼴레르〉란 책이 나오기도 했다. 그러나 우리 생활환경이 기성품으로 조립되다보니 '손질'해서 쓸 일이 별로 없다.

손을 위한 교육과정이라도 만들어야 할 모양이라고, 그는 생각했다.

손이 걸어야 자기 생애를 스스로 감당할 수 있는 것은 물론, 남에게 손을 내밀어 같이 나아갈 수 있는 게 아닌가.

그는 생각했다. 이제 글을 마무리하고, 침실에서 자고 있는 아내의 손을 잡아보아야 하겠다고.*

❙ 우공이 원고를 마무리했을 때 정시경이 집에 들렀다. 우공은 원고를 보여줄 참이었다. 그런데 정시경의 요청은 딴청에 가까운 것이었다.

"전에 뉘른베르크에 갔을 때, 우형이 뒤러 생가에 들러 그림 사왔지요? 그 가운데 〈멜랑꼴리아〉도 있었고…, 혹시 〈기도하는 손〉은 안 샀던가요?" 딸아이가 '위대한 손' 모으기 숙제를 해야 한다는 것이었다.

우공은 여행 중에 산 엽서들을 정리해둔 서랍을 열었다. 알브레히트 뒤러의 판화 〈기도하는 손〉은 서랍에 얌전히 들어 있었다. 정시경은 그림을 받아들고 좋아라 했다. 그러면서 그 그림의 내력을 아는가 물었다. 우공은 사실 그 그림의 내력은 몰랐다. 들어보자 했다.

뒤러와 한스라는 친구가 있었다. 둘이는 집안이 가난해서 공부할 여건이 못되었다. 둘이 노동을 해서 학비를 벌기로 했다. 먼저 공부 눈이 트는 사람에게 학비를 대기로 했다. 뒤러가 먼저 공부 눈이 틔었다. 친구 한스가 뒤러의 학비를 가지고 왔다. 한스는 뒤러에게 봉투를 내밀고는, 뒤러가 대성하게 해달라고 기도했다. 뒤러는 회필을 잡고 그 '기도하는 손'을 스케치하기 시작했다.

'손은 손이다. 손을 손으로 대접해야 한다.' 그런 이야기를 하려던 우공은 입을 다물었다. 뒤러의 손을 위해 노동을 한 한스의 손은 수단과 목적이 같아질 수 있는가, 그런 의문이 들어서였다.

생고깃집과 추사의 글씨

▍ 소설을 쓰다보면, 그게 새로운 세계를 열어주는 통로 역할을 하는 계기가 되기도 한다. 우공은 얼마 전에 〈추사의 소나무〉라는 소설을 하나 썼다. 추사와 백파선사가 격렬한 논쟁을 벌이고, 한국 차문화를 정착시켰다는 초의선사 이야기를 하나의 통일된 내러티브로 엮은 작품이었다. 한국 근대 초기 유교와 불교 사이의 학술적 교류를 보고자 했던 시도였다. 그리고 추사의 또다른 면모를 부각시키고 싶었다. 아무튼 그 작품 하나 마무리하는 중에 추사와 연관된 일이라면 눈이 번히 뜨이곤 했다. 그런 의욕은 식당으로까지 가지를 뻗었다.

집을 어울리지 않게 치장한 경우, 이를 두고 "가게 다리 입춘"이라고 험담을 한다. 더 나아가 "개발에 주석 편자"라는 말도 있다. 성서에는 거룩한 것을 천한 것에게 주지 말며, 진주를 돼지(porcos) 앞에 던지지 말라는 이야기도 나온다.(마태 7장) 어제 회식을 했던 생고기집이 이런 말들을 떠올리게 하는 데는 연유가 있었다.

나이가 들면서 육식을 줄이고 채식으로 전환할 것을 권하는 이야기를 흔히 듣는다. 세간의 이야기가 맞는다는 생각을 하게 된다. 그는 근래 들어 실제로 고기맛이 그렇게 입에 당기지 않았다. 버릇대로 삼겹살에 소주 한잔 하는 식으로 고기를 먹기는 한다. 또는 복날, 개를 못하는 그로서는, 애들이 사 주는 삼계탕 한 그릇이 보양식이 된다. 늙어서 근육이 다 빠져 나가면 몸이 허해지니 단백질을 적절히 섭취해야 한다는 권유까지 물리치면서 고기를 거절할 생각은 없었다. 그는 육고기에 대해서는 적절한 선에서 거리를 유지하며 지내는 편이다.

그런데 어제 젊은 사람들과 어울려 함께 대접을 받을 일이 있었다. 어느 생고기집이었다. 고기를 부위별로 인원수에 맞춰 시키고 조금 더 보충해서 먹었다. 막걸리를 곁들여 먹은 고기맛이 그런대로 괜찮았다. 물론 불판을 달구면서 쇠기름 덩어리를 올려 불판에 윤활성을 더하는 방식은 쇠기름 냄새를 풍겨, 고기를 먹기도 전에 식욕을 짓무르게 하기는 했다. 조금 덜 구운 고기가 맛있다면서 앞접시에 집어놓아 주는 종업원에게 고맙다고는 하면서도, 접시 바닥에 벌겋게 번지는 육즙 피는 식욕을 꺾어내렸다.

고기를 꼭 이렇게 먹어야 하나 하는 생각을 하면서, 그는 잠시 건너편을 멍하니 바라보았다. 문기둥 사이에 추사체로 쓴 주련이 몇 개 붙어 있는데 눈에 들어오는 게 있었다. 최고의 요리는 두부와 오이 생강 나물이다 하는 구절이 그것이었다. 왈, 大烹豆腐瓜薑菜라는 것이었다. 전에 추사고택에서 이 주련을 보고 글을 쓴 적도 있고 해서 낯이 익었다. 거기 대를 이루는 구절이 高會夫妻兒女孫 이라는 것이다. 사람들이 모여서 어울리는 최고의 자리는 아내와 아이들과 손녀들이라는 것이다. 그런 주련을 써 붙인 집에서 지글지글 기름내를 피우며 고기를 굽고 있는 모양이 영 안 어울린다는 느낌이었다.

건배를 제의해서 술을 한잔 하고, 그는 다시 건너편 창을 바라보았다. 그런데 창틀 사이에 문기둥마다 붙여 놓은 주련의 내용이 맥이 서지를 않는다. 글깨나 읽은 사람들은 자기가 읽고 있는 글에 맥이 서지 않을 때 당혹스러워한다. 얼마간 주의를 쏟아부어 맥을 세우려 해 보다가 영 맥이 안 잡히면, 때로 자신의 무식함을 한탄하기도 한다. 그런데 大烹豆腐瓜薑菜 앞에는 好古有時搜斷碣(호고유시수단갈)이라는 구절이 버티고 있다. 끝의 석 자는 간신히 독파가 된다. 옛것을 좋아해서 뭐를 못했다는 것 같은데 맥이 안 선다. 그 다음에는 石室文高兩漢風 돌집, 석실에 문기가 높아 양한의 풍모가 있다는 뜻인 듯한데, 두부 과강채를 먹으면서 만족하는 소박한 삶 가운데 어찌 한다는 뜻인지 종잡을 수가 없다.

추사의 대련을 순서를 잘못 잡아 건 것인가 하고 다시 살펴보니 그것도 아니다. 書藝如孤松一枝라는 구절은 작가 이문열의 〈금시조〉에 인용되기도 한 것이라서 익숙했다. 그런데 이어지는 구절이 또 혼란을 불러온다. 그의 기억으로는 書藝如孤松一枝 다음에는 화법 이야기가 나오던 것인데 그게 아니다. 畵法有長江萬里라고 이어지던 게 떠오르는데, 秋水文章不染塵이라니. 그 문장 자체는 가을 물과 같은 싸늘한 감각의 문장이라야 세속의 먼지에 물들지 않는다는 뜻이다. 어찌 보면 어울릴 것 같기도 하고, 아닌 것 같기도 하다. 이런 어지러운 맥락 가운데 고기며 술이 그렇게 입에 척척 어울릴 까닭이 없다.

그가 집에 돌아왔을 때는 감기가 덮쳐 콧물이 나오고 기침이 거우러졌다. 대접받은 데 답배를 한다고 맥주집에 들렀는데 담배꾼들 사이에서 목이 잠질 지경으로 고통을 참으면서 앉아 있던 터라 옷에 배었던 담배냄새와 고기 기름 냄새가 함께 어우러져 기침을 돋아내는 것이었다. 고기 대접을 받은 것이 속이 우글거리고 골치가 띵띵 아파왔다. 화식하는 인간의 죽은 후에 떨어진다는 무간지옥無間地獄의 공간을 헤집고 나온 것 같은 느낌이라면 과장일지 몰랐다. 대충 씻고 잠자리에 들었다. 결국, 그는 어지러운 꿈으로 잠을 설쳤다.

아침에 깨어 양치질을 하는데 아직까지 쇠기름 냄새가 남아 있는 듯했다. 고기 좋아할 일이 아니라는 생각을 하면서, 어제 어지럽게 걸려 있던 주련을 찾아보았다. 마침 제주 추사박물관에 갔다가 사온 서첩이 있었다. 그러면 그렇지 주련의 한 구절씩을 잘라다가 순서없이 걸어 놓았던 것이다. 하얗게 칠한 판자에 청남색으로, 그것도 추사체가 분명한 필체로 웅숭깊은 내용이 전개되던 그 주련이 가게다리 입춘 격이라는 것을 비로소 알게 되었다. 공연히 好古, 書藝, 文章 그런 단어를 조합해서 뜻을 붙여 보고는 그게 자신의 문장론이라도 되는 듯 생각했던 것은 쑥스러운 일이었다.

추사가 본래 대련 형식으로 쓴 글은 다음과 같은 것이었다.

好古有時搜斷碣(호고유시수단갈)
研經婁日罷吟詩(연경누일파음시)

石室文高兩漢風(석실문고양한풍)
珠林書妙三唐字(주림서묘삼당자)

書藝如孤松一枝(서예여고송일지)

畵法有長江萬里(화법유장강만리)

春風大雅能容物(춘풍대아능용물)

秋水文章不染塵(추수문장불염진)

이들 대련 가운데 大烹豆腐瓜薑菜(대팽두부과강채) 高會夫妻兒女孫(고회부처아녀손)라는 작품이 자리잡고 있던 것이었다.

이런 대련을 툭툭 잘라다 마구 걸어 놓았으니, 정연하게 뜻이 전달될 까닭이 없다. 혹자는 말할 것이다. 하나를 처들어 주면 다른 하나는 스스로 알아서 떠올리고 뜻을 완성할 일이지, 순서 없이 걸었다는 것을 탓하는 짓은 당신의 지식이 짧은 데 대한 푸념이 아닌가 하고. 아무튼 추사의 흩어진 대련을 찾아 맞추어보는 가운데 추사의 글씨를 다시 한번 볼 기회를 얻은 셈이었다.

조상들은 대대로 집의 벽에다가 그림을 그리기보다는 의미있는 문구를 글로 써서 현액을 만들어 걸거나 기둥에 주련으로 붙여 놓는 게 일반이었다. 사찰의 벽에 그린 그림이라면 진리를 찾아 떠나서 진리를 찾는 과정을 그린 심우도尋牛圖를 떠올리게 한다. 사찰 안에는 물론 탱화幀畵가 걸려 있게 마련이다. 그러나 어둑신한 대웅전 실내에서 탱화를 감상하기는 졸연치 않다. 절 기둥에 붙어 있는 주련들을 읽어 보면서 절의 유래를 생각하고, 불도의 심도를 짚어보는 일이 절에 더욱 가깝게 다가가도록 한다고, 그는 생각해왔다.

그가 전날 과음한 걸 눈치챘는지, 아내가 아침에 전복죽을 쑤었다. 그걸 두부과강채豆腐瓜薑菜라 하면 과장일 시 분명하다. 그러나 감기로

열이 나고 잘 먹지 못하는 남편에게 전복죽 만들어 주는 아내가 대회大會의 첫항목이 되는 까닭을 알 만했다. 그는 전복죽을 먹으면서 추사가 유배생활을 했던 제주의 추사 박물관에 걸려 있던 현판이며 대련으로 되어 있던 글씨들을 떠올려 보았다. 결국 가게다리 입춘도 보기 따라서는 글감이 되기도 한다는 생각을 하면서 그는 아내를 바라봤다. 그의 아내가 남편을 향해 눈을 찡긋해 보였다.*

(2013. 5. 13.)

▌ 외서가 우공이 글을 보낸 뒤에 책을 하나 부쳐왔다. 이성현이라는 화가가 쓴 〈추사코드〉라는 책이었다. 이성현이란 이는 조선조 청백리열전 등 많은 작품을 남긴 고 이용선李鏞善씨의 차남이라는 것을 출판사를 통해 알았다. 이용선은 1957년 자유문학 지 추천으로 문단에 데뷔한 뒤 〈동학〉, 〈거부열전〉, 〈청백리열전〉, 〈한국의 명산특산〉, 〈조선의 큰 부자〉 등을 남겼는데, 언론계에서 일하다가 1994년부터 2000년까지 전주일보 주필을 맡았다고 소개되어 있었다.

아무튼 우공이 위 글에 인용한 부분은 〈추사코드〉에서 이렇게 해석된다고 되어 있다. "부자가 모두 삭탈되는 팽형을 당하고 후손조차 두지 못해 조상님 제사도 모실 수 없는 처지가 되어 술로 시름을 달래고 있는데, 어떤 이가 이제 술 그만 드시고(과), 생강은 늙을수록 매워진다 하였으니 노익장을 과시하며(薑) 혼인을 청하라 하네. (추사선생의) 고귀한 뜻을 함께할(高會夫) 얼굴 예쁜 계집(娃)을 찾아 너의 후손을 생산할 수 있도록 돕겠다며 꼬드기네.(臾)" 이게 추사의 장난일까 아니면 필자의 의도적인 오독일까.

우공은 오독은 정독의 한 방편이란 생각을 이따금 하곤 했다. 잘못 읽은 게 아니라 자기 주관에 따라 읽는 게 오독이다. 그러한 오독은 텍스트를 해체하고 탈구축을 하는 길을 열어준다는 게 우공의 지론이었다.

새로 단장한 춘향의 매력

신중현의 미인이라는 노래는 "한번 보고 두번 보고 자꾸만 보고 싶네 / 아름다운 그 모습을 자꾸만 보고 싶네" 그렇게 흘러간다. 우공은 춘향을 신중현의 노래처럼 자꾸만 보고 싶은 까닭이 무엇인지를 생각하곤 했다. 독자들이 자꾸만 보고 싶어 하는 작품을 자기도 하나는 꼭 쓰고 싶었다. 그런 생각을 하면서 국립극장엘 갔다.

사람들은 새로움에 대한 기대 충동과 더불어 극장을 찾는다. 고전의 경우 그 새로움에 대한 기대는 더 크게 마련이다. 내용이나 이야기 줄거리는 우리 문화권에서 누구나 공유하고 있는 문화자산이기 때문에, 연출과 연기와 음악과 무대와 그런 것들이 얼마나 새로워졌는가 하는 기대를 가지게 되기 때문이다. 물론 새로운 작품은 이전의 감동에 대한 보상 또한 없지 않다.

그는 〈춘향 2010〉을 보러 가면서 미당 서정주의 시 〈추천사鞦韆詞〉를 먼저 떠올렸다. 그에게 전달되어 온 안내장의 바탕에 울렁이는 꽃

여울 위로 서로 엇갈려 오가는 그네 이미지가 추상적으로 그려져 있고, 거기 쓰인 '춘향'이라는 문자 도안의 '향'자가 댕기머리를 날리면서 그네를 뛰는 모양을 연상하게 하는 것이었기 때문이다. 〈추천사〉에는 향단에게 그넷줄을 밀어 달라는 절절한 요청 가운데, 안온하고 아무런 갈등이 없는 현실에 안주할 수 없는 정신의 변화와 승화를 추구하는 대목이 포함되어 있다.

"이 다수굿이 흔들리는 수양버들나무와/ 벼갯모에 뇌이듯한 풀꽃데미로부터,/ 자잘한 나비새끼 꾀꼬리들로부터/ 아주 내어 밀듯이, 향단아."

이러한 탈출과 승화의 욕구는 순정한 예술 충돌일 터라서 사소한 세속적 범접을 허용치 않는다.

무한청정의 그 하늘로 치솟아 올라가 존재의 변신을 꾀하고 싶은 심정은 이렇게 나타난다. "산호珊瑚도 섬도 없는 저 하늘로/ 나를 밀어 올려 다오./ 채색彩色한 구름같이 나를 밀어 올려 다오./ 이 울렁이는 가슴을 밀어 올려 다오!"

아무런 장식도 없는 존재의 의미 그 자체가 오롯이 드러나는 그 하늘에 펼쳐지는 '채색한 구름' 그것은 이제까지 아무도 그려보지 못한 세계일 터이다. 그런 새로움에 대한 기대가 사람들을 극장으로 이끌어 들인다. 그가 〈춘향 2010〉을 보는 기대 또한 그런 것이었다.

봄밤의 꽃잔치를 연상하게 하는 음악이 연주되는 가운데, 막이 열리고 무대가 펼쳐지면서, "아 이건 전에 못 보던 것이다" 하는 새로운 느낌이 다가온다. 무대 정면에 수평으로 된 계단이 깔려 있고, 그 위로, 안쪽부터 짙은 녹색, 적색, 황색의 사각 막이 층서를 이루어 펼쳐져 있다. 그 안에 오작교를 상징하는 다리가 걸려 있다. 양쪽으로 높직하게 그네줄이 내려와 있고, 오른쪽에는 정자의 난간을 간단하게 설치하여 이도령이 올라가 춘향이 그네타는 모양을 보며 노래할 수 있게 배치를 했다. 이전의 사실적 배경을 중심으로 하던 무대에서 산뜻한 전환을 시도한 것이다. 이러한 무대는 끝까지 원형으로 이용되면서 몇 가지 소도구를 활용하여 배경을 변화시켜 나간다. 무대가 달라진 것이다.

무대 배경과 함께 극의 장이 바뀔 때는 고서古書 춘향전 책장을 펼치는 방식으로 전개를 하는 것도 새로운 아이디어다. 바라봐서 왼편에는 춘향전의 본문이 나오고 오른쪽에는 해당 내용을 그린 삽화가 펼쳐진다. 그 앞에서 도창이 전개된다. 고서를 강조하는 것도 의미있는 일이긴 하지만, '창극춘향'의 전체적인 분위기와 어울리는 색조로 변용할 필요가 있을 것으로 보인다. 문서자료를 제시하는 것이 아니라 '춘향전'이라는 소설과, 판소리 '춘향가'와 연관성을 환기하면서 그 맥락 안에서 수용할 수 있도록 조정하는 것이 '춘향'의 봄향기 이미지를 부각하는 데 효과적일 것이다.

이번 〈춘향 2010〉의 새로움에서 오는 매력 가운데 하나는, 춘향과 월매의 성격을 적극적인 성격으로 변화를 시도한 데 있다. 본래 '춘향전'은 적극적인 시도는 물론 나아가 혁명적 사상을 담고 있다. 시대적 제도상의 질곡에 항거하고, 오롯한 사랑을 성취하기 위해 목숨을 바칠 각오로 나서는 인물이 어찌 적극적이지 않을 수 있겠는가. 전통적 여성상이니 하는 식으로 해석이 기울어져 성격적 적극성이 다소 뒤로 물러서기도 하였던 게 사실이다. 그런데 이번 공연에서는 춘향과 월매의 성격의 적극성이 부각되어 새로움을 더한다. 이도령이 그네타는 춘향을 보고 반해서 만나자고 했을 때 멈칫거리지 않고 나서는 것이라든지, 이도령을 맞아들이는 월매의 행동은 이전에 비하면 괄목할 만한 변화다. 그런데 이별의 장면에서 춘향이 후회하는 모양이라든지, 옥에 갇힌 춘향으로 인해 실망하는 월매 등에서는 적극성이 다소 혼란을 겪게 된다. 성격의 변화는 통일성이 뒷받침되어야 미적인 자질을 얻게 된다.

창극에서 집단 무용이라든지 합창과 재담을 곁들여 진행되는 놀이판은 일종의 고정 러퍼토리처럼 되어 있다. 한판 어우러지는 장면은 의당 관객의 기대 사항이 되기도 한다. 이번 〈춘향 2010〉에서는 이도령이 암행어사가 되어 남원으로 가는 길에 만나는 농부들의 농부가와 거기 이어지는 농악놀이가 압권이다. 희망의 상징 솟대로 무대를 장식한 앞에서 부르는 농부가는 힘차고 메기고 받는 격식이 절제되어 있다. 그리고 한판 펼쳐지는 농악놀이와 땅재주는 '춘향'이야기와 독립된 밀도높은 연행예술의 한 장면을 연출한다. 현대적으로 변용된 땅재주는 고난도의 훈련을 요하는 것이기도 하다. 그런데 이 장쾌한 한판의 농악과 땅재주는 이를 사이에 두고 극을 두 부분으로 나누는 것 같은 분리효과를 가져온다. 전체의 플롯 가운데 몇 장면에 긴장미 있는 배분도 고려해 볼 만하다. 연출자가 의도했던 '재미와 의미'를 아우를 수 있기 위해서는 균형감각과 통일성이 기본 요건이다.

판소리 '춘향가'의 압권 가운데 하나는 이른바 '쑥대머리'로 불리는 옥중장면이다. 목숨이 경각에 달린 [命在頃刻] 상황에서 소식이 돈절

된 임을 그리며 자신의 신세를 생각하는 장면이라 그 정서는 가히 처연하다. 소설 '춘향전'에서는 꿈에 허수아비가 보이고, 높은 수레를 타게 되는 장면으로 되어 있다. 이번 창극에서는 이 부분을 상징주의 심리극에서 볼 수 있는 효과를 도모하였고, 그 효과는 두드러지게 살아났다. 큰칼을 쓰고 옥중에 앉아 있는 춘향과 잡귀 잡신이 몰려와 흐느적 흐느적 춤을 추면서 춘향의 앞을 지나가는 모양은 춘향의 혼미한 의식을 여실히 드러낸다. 그리고 거기 이어지는 '쑥대머리'는 관중들의 '잘헌다'하는 추임새를 불러온다.

'춘향'은 판소리, 소설, 창극 어디서든지 봉고파직封庫罷職의 통쾌한 결말에 박수를 보낸다. 그리고 춘향과 이도령의 재회, 거기 이어지는 잔치에 흐뭇한 성취감을 가지게 된다. 고생 끝에 온 낙이라서 그 의미가 더욱 크다. 그래서 자칫 잔치를 배설하고, 군무 속에서 부르는 노래로 마무리를 하게 되는데, 이번 〈춘향 2010〉에서는 전체 주제를 아우르는 아리아로 마감한 연출 효과를 드러낸다.

> 먹구름 하늘 가려도 달빛은 사라지지 않네
> 들풀은 아무리 밟아도 새싹은 다시 피어나네,
> 나 이제 그대 품에 안고 저 들판을 달리리라.
> 봄 향기 가득 품고 창공에 날아오르리.
> 또 다시 피어나는 온누리 가득할 봄 향기.

아리아 가운데 '십장가'나 '쑥대머리' 등은 판소리 창법을 제법 익힌 이들이라야 한 대목 부를 수 있다. 이에 비하면 '사랑가' '박석티' 그리고 마지막 장면의 사랑의 이중창 등은 얼마간 연습을 한다면 일반인들도 부를 수 있는 노래다. 창극에서 이런 노래를 만들어 보급하여, 그 노래가 관중을 창극에 이끌어들일 수 있게 할 만도 하다.

창극은 운명적으로 무대예술인 극이다. 극적인 언어와 무대성을 살리는 방향을 모색하는 것이 창극이 새로워지는 한 방법이다. 이번 〈춘향 2010〉은 무대성을 살려 깔끔하게 미적으로 다듬어진 예술성이 돋보인 작품이다.

"천길 땅밑을 흐르거나/

도솔천의 하늘을 구름으로 날더라도/

그건 결국 도련님 곁 아니어요" 하는 미당의 〈춘향유문〉 한 구절을 떠올리는 것은, 춘향의 정신이 결국은 우리들 정신의 한 가닥이 아니던가 하는 공감 때문이다.*

▌공연장에서 만났던 평론가 유별란 씨가 전화를 해왔다. 술을 한잔 하자는 것이었다. 우공은 이혜리가 가요무대에 나와 부르던 '아이 좋아라'를 흥얼거리면서, '이리봐도 내사랑 저리봐도 내사랑' 그런 구절도 불러가면서 약속장소로 나갔다. 선생님, 사랑해본 적 있어요? 사는 게 모두 사랑인데, 사랑이 따로 있나? 세상 한번 확 바꿔보고 싶지 않으세요? 한때는…. 우공은 숨이 턱 막혔다. 내가 별란씨 만나 술 마시는 건 사랑 아닐까? 딴소리 마세요. 사랑이 식으면 소설 죽어도 못 쓴다니요. 뭐를 어떻게 하라는 거야? 맹랑한 친구구먼, 우공은 거품이 소복한 기네스 잔을 기울였다. 소설 안되는데, 까짓거 리뷰나 하나 써 주세요. 유별란 씨는 손을 할랑할랑 흔들면서 맥주집을 나갔다. 우공은 집으로 돌아와 장르를 알 수 없는 글 한 편을 썼다.

우공이 그린 저자 근영

— '다마스쿠스 가는 길' 복원하기

▌매일 매일 살아가는 것이 자기 자서전을 쓰는 일이라고, 우공은 기회 닿을 때마다 이야기하곤 했다. 기쁜 마음으로 땀흘린 하루의 기록은 다른 사람도 기쁜 마음으로 읽는다. 우울과 절망으로 구겨진 날의 기록은 독자를 우울에 빠지게 한다. 기록할 게 아무것도 없는 날은 자서전의 빈 페이지가 된다. 어느 잡지에서 〈나의 인생 나의 문학〉이라는 코너에 넣을 글을 써달라는 원고 청탁이 왔다. 소설에 들려 사는 우공은 그 원고를 소설로 쓰자는 작심을 하고, 그가 쓴 아래 글을 잡지사로 보냈다.

그해 겨울 가장 춥다는 날이었다. 영하 20도로 곤두박질한 기온 때문에 얼어죽은 강시가 속출하리라는 예보를 방송사마다 내보냈다. 추위와 더위는 인간의 불평등을 가장 여실하게 드러내는 지구적 장치였다. 며칠 전에 있었던 'K—픽션' 이사회에서 부이사장으로 선임된 한용우는, 같은 집단의 동료 소설가들을 위해 할 일이 무엇인가를 생각했다. 적극적인 일보다는 자기가 자리를 비켜주는 소극적인 일들이 그의 과업이라는 생각이 들었다. 그것은 양보하고 욕심을 버리는 방법이라야 했다. 한용우는 책장에 놓인 자기 사진을 쳐다봤다. 막내가 찍어준 것이었다.

한용우는 근간, 소설에서 위인들을 어떻게 무리없이 다룰 수 있는가 하는 방법론에 몰두했다. 소설이 갑남을녀들의 이야기 가운데 삶의 진실을 발견하는 문학이라고들 하지만, 인간의 존재조건을 훤칠하게 넘어설 수 있는 길이 열리지 않는 게 한계였다. 자본주의를 바탕으로 하는 근대이념에 매몰된 소설론의 한계도 거기 있었다.

사도 바울은 예수의 열두 제자 가운데 들지 않는 인물이다. 그러나 하느님이 보낸 예수를 만나는 사건을 바탕으로 구축된 그의 짱짱한 신학은 인간의 원질적인 신앙을 대변하는 것이었다. 그래서 한용우는 사도 바울에 관심을 가지고 글들을 읽는 중이었다. 바울의 신앙이 신비주의에 속한다는 논지가, 알버트 슈바이처의 글로 읽는 가운데 터득되었다.

그 날은 아침부터 저녁까지 알버트 슈바이처의 〈사도 바울의 신비주의〉라는 책을 읽느라고 바깥출입을 하지 않았다. 한용우는 저녁어스름에 알알한 눈을 감고 소파에 머리를 기댔다. 그때 전화가 울렸다. 〈K－픽션〉의 문채수 주간이었다. 새 팀이 구성되는 인수인계 시점에서 일들을 챙기느라고 수고하겠다는 인사를 겸해서 전화를 하려던 참이었다.

"문채수인데요, 간단하게 말씀드릴랍니다."

한용우는 간단한 얘기는 뒤에 하자고 해놓고 인사부터 했다.

"그렇지 않아도 전화를 하려던 참이었는데, 가난한 소설동네에 문학지 주간을 맡아 고생이 많으시겠습니다."

"수고야, 뭐어. 한데 다음달 나가야 하는 우리 잡지에 '나의 인생, 나의 문학' 코너 원고청탁이 안 되어 있어서 부득이 한부이사장님께 전화를 드렸습니다."

좀 난감한 부탁이었다. 다른 필자들에게 지면을 할애하기 위해서는 무슨 장자 붙은 이들은 원고를 내는 게 조심스러웠다. 한용우는 더구나 대학에서 가르치다가 정년을 한 터라서, 작가로서 배수진을 치지 않고 먹고사는 문제 해결할 수 있는 여건은 갖추어진 셈이었다. 더구나 지난해 연말에 발표한 중편소설 〈도도니의 참나무〉가 'K－픽션소설상'을 받았기 때문에, 같은 잡지에다가 글을 싣는 기간이 바투 다붙어 있어서 꺼려졌다. 또 소설가로 제대로 대접받고 싶어 협회에 나갈 결심을 한 것인데, 소설 쓰는 사람으로서는 인생과 문학을 이야기하는 건 아무리 잘 보아줘도 잡문에 지나지 않았다.

"문주간님, 이번은 그냥 지나가고 다른 기회에 소설이나 하나 실어 주시지요."

그렇게 한가롭게 이야기할 계제가 아니라면서, 인생과 문학 이야기하는 그런 글이야 손쉽게 쓸 수 있지 않겠느냐, 그러니 한 사오십 매 써서, 사진 여남은 장하고 다음 주 주말까지 보내달라는 것이었다. 한용우는 일을 깔끔하게 처리하는 문채수 주간의 성격을 아는지라, 얼마나 다급했으면 이런 전화를 했겠나 하면서 생각을 고쳤다.

"그렇게 믿고 있겠습니다. 잘 부탁합니다."

전화가 끊겼다. 인사를 하고 어쩌고 할 여지가 없었다. 전화를 받으면서 메모장에 적어 놓은 글 제목을 다시 살폈다. '나의 인생, 나의 문학'

이라니, 아직 인생을 이야기할 만큼 삶의 체험이 정리된 것도 아니고, 문학은 스스로 여전히 데뷔땅의 풋내가 나는 단계라고 스스로 생각하고 있는 터라서 더욱 할 이야기가 없었다. 강의실에서라야 일당 볼모로 잡혀온 청중처럼 질문이 없는 젊은이들이라 필요한 부분 인용하고, 때로 자기가 쓴 책 내놓고 읽어보라 하면서 설렁설렁 넘어갈 수 있다지만, 소설가들이 읽는 전문지인데 생각할수록 막막한 과제였다. 사실 전문가 집단에서 동료들 눈길만큼 무서운 게 어디 있겠나 싶었다.

글이 갈피가 안 잡히는 것은 물론 사진도 챙길 만한 게 별로 없었다. 가끔 옆에 다가와 팔장을 끼어도 되는가 물으면서 사진 같이 찍자는 팬들이 있기는 했지만, 그 사진을 받은 적이 별로 없었다. 문단의 선배나 동료들과 찍은 사진이 거의 없었다. 한용우 자신이 카메라는 대상을 바라보는 하나의 예술장치라라면서, 노상 카메라를 들고 다니지만 대장쟁이 집에 식칼 없다는 격으로 자기 사진은 쓸만한 게, 별로 없었다.

그런데, 다시 생각하면 '나의 인생'이라니, 나의 과거를 털어놓으라는 주문이 아닌가. 미래를 설계하고 실천하는 데 도움이 안 되는 과거는 이야기하지 말자는 게 한용우의 생활준칙 가운데 하나였다. 뜬금없이 〈과거를 묻지 마세요〉라는 유행가가 떠올랐다. 마침 장사익이 부른 노래가 실린 씨디가 책장 한구석에 꽂혀 있었다. 씨디를 카트리지에 넣고 스위치를 눌렀다. 기타반주에 이어 노래가 시작되었다.

"장벽은 무너지고 강물은 풀려, 어둡고 괴로웠던 세월도 흘러, 끝없는 대지 위에 꽃이 피었네." 그럴 것이었다. 생애가 넘을 수 없는 장벽으로 둘러쳐지고 강물은 꽁꽁 얼어붙어, 세월 자체가 어둡고 괴로웠을 것이다. 한용우 그의 생애 또한 그런 과정을 안 거친 바 아니었다. 그런데 끝없는 대지 위에 꽃이 핀다는 것은 유보사항으로 남겨두어야 할 미래의 몫이었다. 아직 과거를 이야기하고 싶지는 않았다.

노래는 이어졌다. "아, 꿈에도 잊지 못할 그립던 내 사랑아, 한 많고 설움 많은 과거를 묻지 마세요." 애달프게 가버린 사랑과 가슴에 쌓인 한과 지워지지 않는 설움을 노래하는 것이었다. 과거를 묻는, 과거를 풀어먹는 글을 쓰고 싶은 생각은 팥알만큼도 없었다.

저지난 해 미국문인들의 초청을 받아 갔을 때, 한용우는 자기 문학의 생애는 계절로 구분되지 않는다는 이야기를 한 적이 있었다. 내 인생의 사계에서는 겨울에도 싹이 트고 잎이 벌어 꽃이 피어난다, 나아가 내 문학은 눈속에서도 꽃을 피워낸다. 인생을 사계절로 비유하고 내 나이쯤 되면, 조락의 계절이니 동면의 철이니 하는 수사를 동원해서 겨울을 생각하게 하는 것은 자학이나 마찬가지다, 작가는 늙지 말아야 한다, 작중인물이 늙지 않는 것처럼. 그렇게 당찬 이야기를 했던 기억이 되살아났다.

잡지라는 게 한 꼭지 펑크나면 필자의 사정을 들어 양해를 구할 수도 있는 거 아닌가 하는 생각을 하면서도 마음이 불편한 가운데, 두 주일이 훌쩍 가버렸다. 그 사이 범종을 모티프로 하는 소설을 하나 썼다. 제목이 '맥놀이'였는데 한국 범종의 기막힌 음향과 형태와 장식 등을 미학적으로 해석하면서 성폭행 모티프를 엮어넣은 작품이었다. 성폭행하는 가해자를 칼로 찔러 죽게 하고 도피행각을 벌이는 가운데, 작중인물의 칼에 찔린 인물은 죽지 않았고, 참회를 하는 사이 장편소설 하나를 끝내는 결말로 이어지는 작품이었다. 일을 앞두고 해찰하는 버릇을 언제 고칠까 하는 생각이 들었다. 소설가는 소설을 쓰는 동안만 작가라는 말을 기억하면서 하는 해찰이었다.

마감일을 사흘 앞두고 문채수 주간한테 또 전화가 왔다.

"원고 잘 돼가지요?"

"아직 손도 못 대고 있습니다. 소설은 하나 썼는데 그걸로 메꾸면 안 되겠습니까?"

"기획코너라 곤란합니다. 달리 대책을 강구해야 하겠네요."

이건 다른 필자를 모색한다는 뜻이리라, 한용우는 드디어 풀려나는구나 하며 후유 숨을 내쉬었다. 한용우의 예측은 금방 틀려 돌아갔다. 사람을 보내겠다면서 구술을 해 주면 녹취해서 원고를 만들겠다는 대안을 내놓았다. 용코로 걸린 셈이었다. 사람이 온다고 해도 과거는 이야기하기 싫고, 더구나 문학에 대한 이야기는 정리해서 말할 게 아무것도 없었다. 소설에 대한 이야기도 폭폭하기는 마찬가지였다. 이런 국면을 만든 것은 필시 괴롭힘을 당하는 일종의 업보였다. 그럴 까닭이야 없겠지만, 사람이 유하고 물컹하니까 이런 부탁을 강요해오는 것 아닌가, 그런 시덥잖고 엉뚱한 생각도 들었다.

천영재 국장이 자기 후배라면서 얼굴 예쁘장한 여학생을 대동하고 찾아왔다. 이름이 윤푸른이었다. 시적 이미지를 떠올리게 하는 음상이었다. 윤기가 잘잘 흐르는 눈엽嫩葉을 생각하게 하는 이름이었다. 얼굴도 이름처럼 윤기가 잘잘 흘렀다.

천영재 국장은 한용우의 등단 작품을 비롯해서, 그가 출판한 소설집 목록과 장편소설 목록을 깔끔하게 정리해서 책상 위에 내놓았다. 천영재 국장이 가지고온 자료 가운데는 한용우가 책을 낼 때마다 머리말로 달아 두었던 글들이 망라되어 있었다. 그걸 대충 정리하면 그의 문학인생을 정리하는 글 한 편은 누워서 떡먹기나 다름이 없었다. 고마운 일이었다.

한용우는 자기가 낸 소설집들을 떠올려 보았다. 당시 전남대에 근무하던 소설가 박양호 교수가 소개해서 낸 첫 작품집이 〈불바람〉이었다. 그리고 장기매매 문제를 다룬 〈귀무덤〉, 불임과 그 극복을 다룬 작품과 유럽체험을 소재로 한 〈양들은 걸어서 하늘로 간다〉, 정년을 기념해서 낸 〈멜랑꼴리아〉는 이정숙 교수가 표지 그림을 그려 주고, 그와 생애를 같이 운영해 나가는 친구들이 장별로 해설을 써준 것이었다. 경인교대에서 문학교육을 다루는 박인기 교수, 숙명여대에서 한국고전문학을 가르치는 정병헌 교수, 그리고 강릉대에서 소설론을 가르치는 최병우 교수가 그들이었다. 파초의 사랑이란 부제를 단 〈초연기蕉戀記〉는 충주 상림원에서 지내는 동안 소재를 얻어 쓴 소설들을 모은 것이었다. 그리고 중편집 〈도도니의 참나무〉는, 원고 양이 넘쳐서 반으로 갈라 두었다. 그 절반을 묶은 〈사랑의 고고학〉은 출판을 기다리는 작품이었다.

"장편소설은 두 편만 쓰셨어요?"

윤푸른이 물었다. 그는 지금 쓰고 있는 것도 있고, 앞으로 더 쓸 것이라는 생각을 하면서 대답은 하지 않았다. 작가가 승부를 걸 수 있는 것은 역시 장편소설이었다. 생태학적 상상력으로 우리 환경문제에 접근한 〈생명의 노래 1.2〉는 서울대 김병종 교수의 같은 이름의 그림이 표지에 장식되어 있었다. 환경문제, 생태문제, 생명문제는 우리 시대의 최대의 화두이기도 하다는 생각을 했다. 〈시칠리아의 도마뱀〉은 이념, 윤리, 제도 등을 넘어서는 생명의 알맹이가 무엇인가 추구하는 내용을 담은 장편이었다.

"나보다 천국장이 나를 더 잘 아는구먼. 뒷조사라도 한 모양이지요?"

"공개된 자료는 뒷조사 필요 없어요, 감춰두었던 사진이나 충분히 챙겨 주세요."

"사진이래야 신인상 시상식에서 누군가 찍어준 게 있고, 근래에는 김윤식 선생께서 평생 저술을 모아 전시한 적이 있는데, 거기서 정호웅 교수가 찍어준 게 고작이요."

"그래도 지면이 칼라풀하려면 사진이 담쑥담쑥 들어가야 합니다. 앨범 있으면 내놓으세요. 저 윤푸른더러 골라보라고 하면 돼요."

"하긴 사진만 훑어보고 글은 안 읽고 던져버리는 게 잡지지."

사진은 더 찾아보기로 했다. 윤푸른이 녹음기를 탁자 위에 내놓자 천영재 국장이 질문을 시작했다.

"선생님은 작가 이전에 소설론을 연구하고 가르치는 교수로서, 문학교육의 연구자와 실천가로서 빛나는 활동을 전개했고, 작가교수회 회장직을 맡은 적도 있는데요, 연구와 창작은 서로 길항관계에 놓이는 걸로 이야기되지 않습니까? 선생님께서는 연구와 창작 사이에 갈등은 없었습니까?"

"둘 다, 아니 셋 모두 즐거운 일이지요. 창작과정이 피를 말리느니 하는 허풍은 실감이 적어요. 나는 욕심많게도 소설을 쓰면서 문학연구, 문학교육까지 한다고 나섰으니 세갈래길을 간 셈이지요."

"유행가투네요, 이리 갈까, 저리 갈까, 차라리 돌아갈까."

"잘못 생각입니다. 노래가사처럼 고향에도 살아보고 타향도 체험하고, 좀 뭣하면 남에게 길도 일러주고 그러는 거지요. 산다는 게 말예요. 나는 삶에 관한 한 통합주의 내지는 종합주의자예요."

"한꺼번에 두 마리 토끼 못 잡는 법인데…"

"그 법 어떤 국회의원이 발의한 건지 몰라도, 전제가 틀렸어요. 한 마리는 오늘 잡고 다른 놈은 내일 잡으면 되지, 왜 한꺼번에 두 마리를 잡으러 이쪽저쪽 쫓아가요?"

한용우는 자기 책상에 놓여 있던 〈사도 바울의 신비주의〉를 들어 보여주면서, 저 윤푸른 학생도 알겠구먼, 그렇게 이야기를 시작했다.

"이 책을 쓴 알버트 슈바이처는 출생지부터가 프랑스와 독일을 왔다갔다한 알자스입니다. 우리가 잘 아는 알퐁스 도데의 〈마지막 수업〉 그 무대가 알자스로렌으로 되어 있잖아요? 거기도 프랑스와 독일 양쪽을 왔다갔다한 땅이지요. 언어와 문화의 뒤섞임이 있던 지역인 셈이지요. 슈바이처는 스물넷에 철학박사학위를 받았고, 이듬해에는 신학박사 학위를 취득했어요. 목사로서 목회를 하다가, 그가 삼십이 되던 해 의학을 공부하기 시작해서 의사가 되어 아프리카에 선교사로 가기로 결심하지요. 그의 공부는 지금 프랑스 영토인 스트라스부르대학에서 거의 이루어졌습니다. 슈바이처는 파이프오르간 연주 전문가로서 요한 세바스찬바흐 연구에 몰두하기도 했지요."

"슈바이처는 타고난 천재니까 그런 뚜렷한 업적을 낼 수 있지 않았나요?"

"난 달리 봐요. 천재성은 누구에게나 있는데 그 능력을 발휘할 기회를 일찍 포기하는 거지요. 문학으로 말하자면, 장르의식이 너무 강해서 시인은 시만 써야 하고, 소설가는 시를 건드리지 말아야 예의고, 비평가가 소설 쓰면 반드시 실패한다 하고 그러지요. 송충이는 솔잎 먹어야 산다는 식인데, 솔잎 없어지면 떡갈나무 잎이라도 먹어야 사는 거잖아요? 인간 식성이 잡식성인 것처럼, 언어로 하는 작업은 언어운용주체로서 한계를 엄격하게 설정하는 것은 억지라고 봐요. 문학이 역사며, 사상, 종교, 철학 등과 연을 대지 않을 수 없는 이유가 그거지요. 현실 얘기만 한다면 개론문학과 다를 게 뭐겠어요? 문학을 하는 주체 안에 그가 운용하는 언어는 통합되어야 하고, 거기 그가 꿈꾸는 세계가 형상화되어야 해요."

"오랜 교수경력에서 쌓인 말솜씬가, 달변이시군요. 한용우 선생께서는 시집도 냈지요?"

"시집? 두 권 냈어요. 하나가 〈청명시집〉이고, 뒤에 나온 것이 〈낙타의 길〉인데, 청명시집은 한자가 고약해요. 들을청 자[聽]와 울명 자[鳴]를 썼고, 거기다가 시집이라서 시집이라고 붙인 건데, 윤푸른 학생은 표지 사진을 찍어 둬요, 사물은 농익은 때가 되면 자기 내면에서 울려나오는 소리를 내는데, 그게 울음이고 그 울음, 본질적인 울음을 잘 듣는 귀를 가져야 한다는 것, 슈바이처 말로는 '생명경외'의 물질차원의 형상이 '울음'이 아닌가 싶어요. 그러니 시인은 그 울음을 잘 들어야지요. 슈바이처 말로는 이렇게 되어 있어요. 여기 이 책을 보세요. 거기 503페이지 읽어보세요."

윤푸른 학생이 시집 표지 사진을 찍는 동안 이야기가 이어졌다.

"이런 구절이 나오네요. 인용한 것인데, '인생과 세계에 대해 사색한다면 직접적으로, 절대 불가피하게 생명경외에 다다른다. 다른 방향으로 가는 다른 결론이란 없다.' 단호하네요. 그 생명경외가 시적상상력의 핵심이라는 것이지요?"

"그렇지요. 〈낙타의 길〉은 내 삶의 길이 낙타가 사막을 건너는 것 같다는 푸념이 담겨 있기도 해요. 그러나 낙타의 울음을 듣는 일이기도 하고요."

"문학을 연구하는 연구자로서 어려움은 없었나요?"

"문학연구는 그 내부에 방법론을 지니고 있지 않다는 점. 문학이 인간의 일인데, 인간을 다루는 문학내적 방법론이 없는 셈이지요. 인간을 이해하기 위해 심리학, 사회학, 철학, 신화학, 신학, 그리고 의학, 또는 해부학이나 생리학 그런 학문들이 발달하지 않았어요? 그런 방법론들은 문학 밖에서 개발된 방법론인데 문학연구를 그런 방법론을 빌려서 하지요. 그나마 문학언어의 고유성이라든지, 장르의 규칙성을 바탕으로 하는 수사학 등은 문학내적인 방법론에 가깝지요. 그러니까 언어자체라든지 문학의 순수성이라든지 그런 용어를 규정 없이 쓰는 것은 학문 진전에 지장을 줘요."

윤푸른 학생이 커피를 타가지고 왔다. 한용우는 어디까지 이야기를 해야 하나 잠시 망설였다. 윤푸른 학생은 서재를 둘러보면서 한용우의 이름이 달린 책들을 빼서 탁자 위에 가지런히 늘어놓았다.

"연구시가 소설보다 한결 많네요. 이번에는 소개 안 할 건데, 저걸 다 선생님 손으로 쓰셨어요? 대단해요, 선생님, 손좀 만져봐도 되지요?"

윤푸른 학생이 한용우에게 다가와 손을 잡고 손등을 쓸어보다가 손가락을 하나하나 꼭꼭 주물렀다. 윤푸른의 손은 포근하고 따뜻했다.

그런데 가락지를 힘주어 만졌을 때 손마디에 격심한 통증이 일어났다. 언제던가 밭에서 돌을 골라 돌담을 쌓다가 치인 것이 관절염으로 진전되어 손마디가 부어오르고 시도 때도 없이 통증을 일으켰다.

"이제 소설얘기로 들어가 볼까요? 선생님의 대표작을 꼽는다면?"

한용우는 고개를 가로 저었다. 대표작이라니? 과거를 이야기하지 말자던 것도 그렇거니와, 사실 노래가사처럼 '한 많고 설움 많은 과거'를 털어놓자면, 자기도 누구못지 않을 것이었다. 그러나 그런 이야기를 하다보면 결국 인생이나 문학에 대한 너절한 고정관념을 주절주절 늘어놓기 십상일 것 같았다. 다른 방식으로 이야기를 해야 한다는 생각이 들었다.

"소설에서 중요한 것은 소설이 아무리 보통 또는 그 이하의 인간을 다룬다고 해도, 그것이 문학인 한은 현실 그 이상의 어떤 세계를 상정하지 않을 수 없는 겁니다. 물론 계통적으로 본다면, 소설에서 갑남을녀 그 보통인간을 그림으로써, 역사에서 담아내지 못하는 삶의 밑바닥을 형상화함으로써 역사의 통합성을 도모할 수 있는 소설의 공적은 인정해야 하겠지요. 그러나 인간의 내밀한 소망과 이승세계를 타고넘은 꿈을 다뤄야 하겠지요. 그런 점에서 소설은 신비주의적 요소를 지니고 있다고 볼 수도 있어요."

소설장르의 중요성을 어디까지 이야기해야 하는가 망설이고 있는데, 천영재 국장이 물었다.

"그런 이상을 담은 선생님의 작품은 어떤 게 있지요?"

"나는 지금 내 문학의 미래형, 소설의 앞날을 이야기하고 있는 겁니다. 내 문학의 완료형에 해당하는 과거는 '얄궂은 운명'이라 생각하고,

그 과거는 묻지 마세요. 우리 다시 슈바이처로 돌아갑시다. 이양반이 이 책 첫머리에다가 이렇게 쓰고 있어요. 우리 윤푸른 학생이 좀 읽어줘요."

한용우가 건네주는 〈사도 바울의 신비주의〉를 받아든 윤푸른 학생은 간지가 끼워져 있는 페이지를 열고 읽었다.

"바울은 신비주의자이다. 별행. 신비주의란 무엇인가? 물음표. 이어서, 인간이 지상적인 것과 초지상적인 것, 시간적인 것과 영원한 것 사이의 단절이 극복된 것으로 보고, 아직은 지상적이고 시간적인 것 안에 존재하지만 자신이 초지상적인 것과 영원한 것 안에 들어가게 됨을 체험하게 되는 도처에 신비주의는 존재한다."

초지상적인 것, 영원한 것은 주로 시인들의 소관사입니다. 지상적인 것과 시간적인 것은 서사 영역일 터인데, 그게 소설가의 몫일 것 아닌가, 나는 그렇게 생각하지요. 그런데 소설이 사건을 다룬다는 점은 대단히 중요해요. 사건이 뭡니까? 대상과 부딪쳐 내가 깨지고 마침내 내가 그 대상 안에 들어가 그 대상과 더불어 즐기면서 함께하는 것, 그게 사건이지요. 그래서 문학도 사건으로 향유되어야 하고, 그런 방식으로 교육되어야 한다고 봐요. 예수 측을 압박하고 위협하며 심지어는 잡아죽이기까지 한 사울이 다마스쿠스에 가는 길에 태양보다 더 밝은 빛에 휩싸여 띵에 넘어지는데, 예수께서 히브리어로 말씀하시는 것을 듣게 돼요. 사울이 당신이 누군가 묻자, 나는 네가 핍박하는 예수다, 네 발로 일어서라, 그렇게 말했다고 되어 있어요. 그리고 사울이 부활한 예수를 본 것을 증언하고, 예수가 앞으로 보여줄 것을 증거하는 사도를 만들려고 한다는 말을 듣게 되지요. 그것은 바울로서는 존재의 전환과 믿음의 증거를 획득하는 엄청난 사건이었지요. 이 사건을 두고 전향이니 회심이니 이야기하는 학자도 있지만, 예수를 만나는 그래서 그 안에서 예수와 함께 죽고 예수와 더불어 부활하는 사건의 핵심에 들어가는 것이지요. 결국 바울은 신과 세속의 중간에 존재하는 그리스도 안의 존재로 자기인식을 하는 신비주의자라고 슈바이처는 설명해요. 그 사건은 문학적 사건이기도 하다고 봐요. 내가 문예지에 처음 보낸 작품이 그래요."

"선생님은 기독교문학 전공자예요?"

"아, 김동리 선생 못 봐요? '무녀도'와 '을화'를 쓴 작가가 '사반의 십자가'도 썼잖아요? 나는 대가가 되려면 멀었지만, 소설의 대가는 하늘도 우러러보고 땅도 디뎌보고 그래야 해요."

윤푸른 학생이 카메라를 챙겨들고 다가와서, 녹음기 테이프 돌아가는 시간이 끝났다고 알려주었다. 이야기가 너무 길어진다는 눈치였다.

"문학적 사건이라면 구체적으로…?"

"사건은 진행형입니다. 진행형은 과거보다는 미래에 더 짙은 연계성을 가집니다. 사건으로서 살아가는 문학적 삶은 어떤 거겠어요? 문학 안에서 문학과 더불어 즐거워하면서, 다시 문학을 한다는 것이 무엇인가 성찰하는 비평의식을 길러가는 것, 그게 지속으로서의 문학적 사건일 것이고 문학교육이 터를 잡고 있는 것 또한 그 부근이 되겠지요."

"과거는 묻지 말라니까 입을 닫기로 하고, 앞으로 어떤 소설을 쓰려고 하세요?"

"저 책상위에 놓인 게, 내가 지금 작업하는 것들인데, 일이 많아요."

책상 위에는 교정을 보다가 던져 놓은 교정지가 한 뭉치 놓여 있었다. 〈호텔 몽골리아〉라는 소설집 교정지였다. 그 옆에 중편소설집 〈도도니의 참나무〉 원고뭉치도 보였다.

"문채수 주간께서 이 원고 뭐라 안 할라나 모르겠네요. 장르가 모호해서 말이지요."

"장르? 그거 문학을 정리하는 편의적 장치일 뿐이라구. 사건은 장르 따라서 전개되지 않아요. 기적에는 장르가 없어요. 우리들 작업하는 소설은 한 편 한 편이 기적이고 사건이고, 또 그래야 마땅해요."

돌아가기 전에 보여줄 게 있다면서, 한용우는 천영재 국장과 윤푸른 학생을 데리고 거실을 건너갔다. 거실 옆에 딸린 다용도실 문을 열었다. 물을 철커덕 튀기면서 비린내를 풍기는 것은 커다란 수조 안에 들어앉은 악어였다. 한용우는 삼년 째 악어를 기르고 있었다. 그것은 한용우가 쓰는 장편소설의 제목인 〈악어〉이기도 했다.

장편소설 원고가 마무리되면 'K-픽션'에다가 연재를 하자 할까 하다가, 한용우는 손바닥으로 이마를 거세게 후려쳤다. 윤푸른 학생이 깨들깨들 웃었다. 그것은 자신의 욕심을 향해 내리치는 죽비였다.*

▌소설의 대가 김동리 선생도 잡지에 장편소설을 연재하다가 그만둔 적이 많다는 이야기를 어느 평론가에게서 들은 우공은, 책상 위에 놓여 있는 장편소설 〈악어〉 원고를 펴놓았다. 전체 이야기는 알리 파샤라는 혹독한 독재자의 행적을 그리는 걸로 설계되어 있었다. 그리고 이야기를 전개하는 방식은 부부가 그리스 여행을 갔다가 아이를 잃어버리고, 그 아이가 당하는 테러를 알리 파샤의 이야기와 병치하는 것이었다.

우공은 테라스 문을 열고 악어가 들어 있는 수조를 들여다봤다. 악어가 우공을 향해 작은 눈을 조금 떴다가는 다시 감았다. 아무래도 알바니아나 그리스, 터키 그런 데로 한바탕 돌아와야 작업이 될 모양이었다.

수필의 허구성을 생각하다가 아예 소설로 전환하자는 것이 우공의 시도였다. 우공은 머리말 뒤에 붙은 픽션에세이란 글을 찢어버리고 '허구의 울타리'란 글을 다시 썼다. 그것은 말하자면 자기 책에 자기가 다는 '발문'이었다.

작가의 문학론

허구의 울타리

— '픽션에세이'라는 말에 대하여

삼십년 넘게, 우공은 소설에 매혹되어 살았다. 프랑스 계몽기 소설가 라블레 식으로 말하면 이렇다. "소설은 모든 진리와 지식과 철학으로 영혼을 가득 채울 권능을 가지고 있다." 라블레는 소설의 자리에 '와인'을 놓았다. 와인은 사람을 매혹한다. 매혹은 미혹과 상통한다. 매혹은 사로잡힘이다. 타동사 '사로잡다'가 피동형이 되면 '사로잡히다'가 된다. 사로잡힌 인간은 자율성을 상실한다. 귀신들린 인간에게 세상은 온통 귀신으로 들끓는다. 소설에 들린 우공은 뭔가 이야기가 들어 있는 것이면 모두 소설로 보려고 한다.

한때는 그랬다. 문학의 가능성에 대한 믿음은 언어에 대한 믿음이라고, 우공은 서슴없이 말했다. 문학은 언어작업이라는 전제에서 나온 말이었다. 젊은 혈기에 휘둘려 그런 말을 뱉아내지는 않았다. 인간사를 겪을 만큼은 겪고 환희와 절망이 수차례 교차한 다음의 말이었다.

우공이 말하는 문학은 물론 소설이었다. 소설에 들린 눈으로 보면 세상은 온통 소설로 가득 차 있다.

언어에 대한 믿음은 오래지 않아 의문으로 돌아왔다. 사물과 언어는 아스라한 거리를 유지하고 맞닿기를 끝없이 거부한다. 문학이 가치있는 경험의 언어적 형상화라 해도, 그 가치가 누구의 가치인가는 확정적으로 이야기하기 어렵다. 그리고 언어적 형상화란 것은 얼마나 허술한 장치인가. 말을 가지고 무엇을 그린다는 것이 터무니없는 망상이라는 것은 일찍이 이천오백년 전에 노자가 설파한 바다. '뭐라고 이름을 붙이면 그것은 이미 진리와는 거리가 멀다, 명가명비상명名可名非常名'이라는 한 줄이 그것이다. 호흡을 가다듬고 구체적 예를 들기로 한다.

이양하의 '나무'는 이렇게 시작된다. "나무는 덕을 지녔다." 나무의 덕을 조목조목 열거한 다음 끝에 가서 이런 구절을 결론 삼아 내놓는다. "불교의 소위 윤회설이 참이라면, 나는 죽어서 나무가 되고 싶다."

첫 문장은 서술자가 안 드러나는 비유로 되어 있다. 서술자가 안 드러나기 때문에 오히려 서술주체가 보편주체의 성격을 띤다. 보편주체는 고유명사의 건너편에 존재한다. 그 가운데에 '나, 너, 그'라고 하는 대명사가 자리잡는다. 세상에 유일한 존재라는 고유명사 또한 말이라서 하나의 기호일 따름이다. 실체와 언어 사이는 극복이 안 된다. 언어의 본질적 속성이 그렇기 때문이다. 소설에서는 언어와 실체 사이에 극복할 수 없는 거리를 솔직하게 인정한다. 일인칭서술이 의심을 받는 이유가 이것이다. 내가 내 이야기를 해도 서술자를 '나'라는 대명사로 쓰는 한 허구일 수밖에 없다. '나'는 나의 실체가 아니기 때문이다.

비유는 대상을 구체적으로 파악하기 위해 동원되는 언어장치이다. 비유는 [A = B] 라는 모순율을 인정하는 데서 출발한다. 나무가 덕을 지니자면 나무는 인간이 되어야 한다. 덕은 '인격이 갖추어져서 남을 경복敬服시키는 힘'이라고 규정된다. 그런 힘은 인간에 귀속되는 자질이다. 따라서 [나무 = 인간]이라고 속성을 전환해야 "나무는 덕을 지녔다."는 문장이 의미를 지니게 된다.

나무가 사람이라 친다면 그 나무(=사람)는 이러저러한 덕을 지녔다고 본다는 '의미'가 살아나는 것이다. 나무를 사람으로 친다는 말은, 그 앞에 '만약'이란 말이 생략된 것이다. 만약萬若은 '만에하나'라는 만일萬一과 같은 뜻으로 쓴다. 이는 가령假令 가사假使처럼 어떤 상황이나 조건을 가정할 때 쓰는 말이다. 원의(tenor)와 유의(vehicle) 사이의 거리를 소거한 채로 명제를 만들어내는 것이 비유다. 비유의 세계에서는 돌도 연꽃을 피운다.

산문은 [A = A]라는 동일률에 바탕을 둔다. 나무는 나무일 뿐 사람이 되지 못한다. 표현의 구체성을 위해서라면 산문에서 비유를 못 쓸 이유는 없다. 대신 조건을 명시적으로 제시한다. 시가 은유양식이라면 산문은 직유양식을 지향한다. 직유는 어떤 문장이 비유라는 것을 겉으로 드러낸다. "나무는 덕을 지녔다."가 아니라 "나무는 성자인 양 덕성스럽다."고 한다면 모순율에 대한 양해사항을 제공한 셈이다. 이러한 양해사항은 '소위, ~이라면, 싶다' 등의 어휘로 전환되기도 한다. 소위所謂는 이른바의 한자어다. 불교의 윤회설을 나는 꼭 그렇다고는 믿지 않지만, 남들이 그렇게들 말하는 것에 기대어 말하는 것이라고 양해를 구한다. 살아 있는 사람이 저승 이야기하는 것은 확신을 얻지 못한다. 죽은 다음은 알 수 없는 세계다. 윤회설을 끌어들이고, 종결사를 '싶다'는 원망형으로 써서 양해를 구하는 것이다.

비유는 허구의 세계다. 늑대같은 놈이 "나는 네가 좋아서 순한 양이 되었지" 하는 비유(= 허구)로 노래하면 그 노래를 듣는 여친은 그 양을 위해 풀밭이 되어준다. 둘 다 허구의 세계로 들어선 결과다. 노래방을 나와 여친을 여관으로 끌고가려고 손목을 잡는 순간, 남친이 늑대라는 것을 비로소 알게 된다. 남친이라는 보통명사의 가면을 벗고 민낯을 드러내는 인간 실체인 '늑대' 이야기를 하는 것이 소설이다.

문학 가운데 소설만큼 언어의 본래 모습을 잘 보여주는 게 없다. 소설은 누가 어떤 정황에서 이야하는 말인가를 구체적으로 보여주려 애쓴다. 소설언어의 특징 가운데 하나가 구체성이다. 소설을 쓰는 이들에게 $A = f(P \times E)$라는 공식은 실감이 안 간다. 이를 평범한 말로 풀면, 어떤 행동은 어떤 사람과 어떤 환경의 상호작용, 혹은 함수관계라는 것이 된다. 이 풀이에 달린 '어떤'에 대해 감성적인 언어가 씌워지지 않는 한 그것은 문학의 영역을 벗어난다. 소설은 무엇보다 구체성의 문학이다.

문학을 크게 두 가지로 구분한다면 이야기와 노래가 된다. 소설, 희곡, 수필 등은 이야기 영역에 들고 시는 노래 영역에 든다. 시에서는 그 내용이 사실인가 아닌가를 따지지 않는다. 소설과 희곡은 아예 허구라는 이름으로 사실과는 거리가 먼 가공의 산물이라고 선언한다. 그런데 같은 이야기 가운데 수필은 유독 사실, 경험, 체험 등을 강조한다. 경험이나 체험을 진솔하게 고백하는 글쓰기가 수필의 특징이라고 한다.

소설에 들려 산 우공으로서는 수필 연구자들이 주장하는 '사실'이나 '경험' 같은 것을 곧이곧대로 받아들이려 하지 않는다. 소재를 선택하는 데서부터 허구개념이 작동한다. 실제세계는 스펙트럼처럼 연속되어 있다. 어느 날 친구를 만나 수필 쓰는 이야기를 했다고 하자. 그 이야기를 글(수필)로 쓰려고 시도할 경우를 예로 들자. 제목은 안이하지만 "친구와 나눈 수필이야기" 정도로 달 수 있을 터이고.

어떤 사실이나 경험을 글로 쓰자면, 그 사실이나 경험을 시간적으로 공간적으로 잘라내야 한다. "친구와 나눈 수필이야기"는 그 사실 전후사는 잘라버려야 글감이 된다. 버스타고 이동한 공간, 이야기가 끝나고 집으로 돌아온 공간은 잘라버려야 한다. 소재를 선택하는 것 자체가 사실과 독립된 글의 시공간을 만드는 작업이다. 물리적 시간과 실재의 공간에 비하면 '글의 시공간'은 구성된 것이다. 구성된 시공간은 허구의 시공간이다.

글쓰기 일반이 그렇듯이 사실이나 경험은 언어로 서술된다. 언어로 서술된 경험은 허구다. [경험 = 허구]라는 등식을 용납하는 자리에서 보면 모든 경험이 재구성된 경험이다. 인간의 행동은 4차원 안에서 이루어진다. 별다방에서 만나 2시간 동안 이야기했다면 별다방이라는 3차원공간에 시간이라는 한 차원이 추가된다. 게다가 언어행위라는 이야기가 만들어내는 하나의 공간이 다시 생성된다. 이를 논자들은 텍스트공간이라 한다. 원론적으로 말하자면 4차원공간에서 이루어지는 체험이 선조적으로 진행되는 언어로 환원될 때, 수행의 공간이 차원이 달라 사실 그대로를 제시할 수 없다. 언어로 서술된 경험은 허구다. 또는 경험의 언어적 재구성이다. 소설은 물론 역사도, 철학도, 수필도 물론 허구개념이 도입되지 않는다면 글이 되지 않는다. 수필문학도 예외가 아니다.

우공은 근간 장르개념 끌어들이지 않고 쓴 글들을 정리하는 뜻에서 다시 훑어보았다. 그런데 그 글들이 영 낯설었다. 처음 썼을 당시에는 그런 느낌이 없었다. 그 낯설음은 시간의 흐름에 연유하는 것이다. 어떤 대상을 시간적 거리를 두고 바라볼 때 사실이 허구로 전환된다. 그때는 이렇지 않았는데 하는 거리감은 의식을 이중화시킨다. 자기가 쓴 글을 자기가 읽는 것은 사실을 허구화하는 인식기제다.

남들이 보면 경험을 진솔하게 고백한 글이라고 할 것인데, 우공은 그것을 허구적으로 재구성한 경험으로 치부한다. 허구수필이나 픽션에세이, 줄여서 픽세이라는 용어를 권장하려 한다. 이 용어는 아직 사전에 등록되어 있지 않다. 소설 쪽에서는 일찍부터 사실성을 내세우는 소설을 팩션(faction – fact + fiction)이라는 양식이 일반화되어 있다. 허구를 본질로 내세우는 소설이 사실을 기록한 것이라고 강조하는 마당에 경험의 사실성을 강조하더라도 수필에 허구를 도입하지 말라는 법이 없다. 그리하여 허구의 울타리를 좀 더 넓게 친다면 문학에 기여하는 일이 되지 않겠나. 서정, 서사, 극 나아가 비평까지 수필의 울타리를 빠져나가 자기 울타리를 따로 친 것들이 아니던가. 일정한 형식이 없다는 것은 형식화되기 이전의 원형이라는 뜻도 된다.

우공은 그가 겪은 일, 기획한 일, 도모하고 있는 일들을 구조가 다소 느슨한 이야기로 쓴 것들을 허구수필이라는 뜻에서 '픽션에세이'라고 이름붙이기로 했다. 이는 사마천의 글쓰기 방법을 원용한 시도이기도 하다. 본문 앞에 도언을 달고 끝에 평을 덧붙이는 형식은 글에 새로운 맥락을 부여하는 일이다. 이는 불교의 전적에서도 자주 활용되는 글쓰기 방법이다. 수필도 허구라는 주장이 미망이 아니기를 바랄 뿐이다, 그게 〈떠돌며 사랑하며〉에서 구체화하려는 우공의 소망이다.*

우한용 픽션에세이

떠돌며 사랑하며

인쇄 2017년 11월 10일
발행 2017년 11월 19일

지은이 우한용
발행인 서정환
펴낸곳 수필과비평사
주소 서울시 종로구 삼일대로 32길 36(익선동 30-6 운현신화타워 빌딩) 305호
전화 (02) 3675-3885, (063) 275-4000 · 0484
팩스 (063) 274-3131
이메일 sina321@hanmail.net essay321@hanmail.net
출판등록 제300-2013-133호
인쇄 · 제본 신아출판사

ISBN 979-11-5933-130-5 03810
값 15,000원

이 도서의 국립중앙도서관 출판예정도서목록(CIP)은 서지정보유통지원시스템 홈페이지(http://seoji.nl.go.kr)와 국가자료공동목록시스템(http://www.nl.go.kr/kolisnet)에서 이용하실 수 있습니다.(CIP제어번호: CIP2017029793)

Printed in KOREA